Lisa Wren

Achtsamkeit angewöhnen

Schritt für Schritt zu mehr Ruhe und Ausgeglichenheit im Alltag

Bibliografische Information der Deutschen Nationalbibliothek

Die Deutsche Nationalbibliothek verzeichnet diese Publikation in der Deutschen Nationalbibliografie; detaillierte bibliografische Daten sind im Internet über http://dnb.dnb.de abrufbar.

Der Umwelt zuliebe verzichten wir auf Einschweißfolie

10 9 8 7 6 5 4 3 2 1
27 26 25

ISBN 978-3-86894-591-1 (eBook)
ISBN 978-3-86894-592-8 (Buch)

St.-Martin-Straße 82, D-81541 München

www.pearson.de
A part of Pearson plc worldwide
Programmleitung: Lisa Ostermeier
Bearbeitung und Fachlektorat: Antje Wulff, Trilog Verlag
Produktion: Wolfgang Achatz
Druck: GraphyCems, Villatuerta, Navarra
Printed in Spain

INHALTSVERZEICHNIS

Lob für Achtsamkeit angewöhnen

„Lisa Wren schöpft aus ihrer eigenen Erfahrung, das Leben mit Achtsamkeit zu verändern, um Menschen zu helfen, mit Präsenz und Widerstandsfähigkeit zu arbeiten – und zu leben. Dieses Buch bietet ein klares und praktisches Programm, das für alle, die sich mit ganzem Herzen darauf einlassen, von großem Nutzen sein kann."

Ed Halliwell, Autor von *Into The Heart of Mindfulness*; Direktor, Mindfulness Sussex

„*Achtsamkeit angewöhnen* ist, als wäre man mit warmherzigen, unterstützenden Freundinnen und Freunden zusammen – es bietet Ermutigung, Einfühlungsvermögen und sanfte Ratschläge, um die Unordnung des Menschseins zu bewältigen."

Shannon Phillips, Achtsamkeitslehrerin und Managerin, Breathworks Community of Practice

„Lisas einfühlsame und kreative Lehren bieten einen Weg in die Achtsamkeit, der für den modernen Alltag zugänglich, ausbaufähig und praktisch ist."

Vidyamala Burch OBE, Gründerin, Breathworks

„Lisas Juwel von einem Buch stellt ihre praktische, mitfühlende und einnehmende Herangehensweise an Achtsamkeit zusammen, um den Lesenden zu helfen, sie vollständig zu verstehen und eine sinnvolle tägliche Praxis zu entwickeln."

Ashley Lodge, Leiter der Abteilung Wohlbefinden, Oxford University Hospitals NHS Foundation Trust

„In *Achtsamkeit angewöhnen* hat Lisa eine Anleitung zur Achtsamkeitspraxis geschrieben, die einladend und inspirierend ist. Sie räumt mit Mythen über Achtsamkeit auf und integriert neue Ideen zur Bildung positiver Gewohnheiten und zur Motivation, die zeigen, wie es möglich ist, Achtsamkeit selbst in das geschäftigste Leben einzubauen. Ich empfehle *Achtsamkeit angewöhnen* für alle, die neu im Bereich der Achtsamkeit sind, und für diejenigen, die bisher Schwierigkeiten hatten, ihre Praxis beizubehalten."

Gerry McCarron, Klinischer Leiter und Kognitiver Verhaltenstherapeut, Onebright Mental Health

Pearson Commitment

Wir bei Pearson haben eine einfache Mission: Wir wollen Menschen helfen, durch Lernen mehr aus ihrem Leben zu machen.

Wir kombinieren innovative Lerntechnologie mit bewährten Inhalten und pädagogischem Fachwissen, um ansprechende und effektive Lernerfahrungen zu bieten, die den Menschen helfen, wo und wann immer sie lernen.

Vom Klassenzimmer bis zur Vorstandsetage tragen unsere Lehrplanmaterialien, digitalen Lernwerkzeuge und Testprogramme dazu bei, Millionen von Menschen weltweit zu unterrichten – mehr als jedes andere private Unternehmen.

Jeden Tag trägt unsere Arbeit dazu bei, dass das Lernen gedeiht, und wo das Lernen gedeiht, gedeihen auch die Menschen.

Um mehr zu erfahren, besuchen Sie uns bitte unter **www.pearson.de**

Danksagung der Autorin

Es gibt viele Menschen, die zur Entstehung dieses Buches beigetragen haben, aber zuerst möchte ich mich bei Tracy bedanken – denn ein Buch zu schreiben, war Deine Idee! Danke an das Team bei Pearson, das mir den Raum gegeben hat, endlich alles zu Papier zu bringen.

Danke, Gerry McCarron, dass Sie mich in die Achtsamkeit eingeführt haben und mich dann während meiner Genesung und darüber hinaus weiter unterstützt haben. Ed Halliwell, für Ihre einfühlsame und unterstützende professionelle Supervision, die mir das Selbstvertrauen gegeben hat, zu unterrichten, und für die wertvollen und kraftvollen Fähigkeiten der Reflexion und Selbstbefragung. Ashley Lodge, mein Achtsamkeitspartner, wir haben über viele Jahre hinweg gemeinsam gelernt und gelehrt. Du hast immer an mich geglaubt und mir geholfen zu glauben, dass alles möglich ist. Vielen Dank an Gerry, Ed und Ashley für ihre Durchsicht und ihren wertvollen Beitrag zum Manuskript dieses Buches.

Paul Webster und Donatella Fitzgerald, die mich (und das Achtsamkeitsprogramm) mit ihrem Engagement, ihrer Energie und ihren Ideen am Leben erhalten haben. Shannon Phillips, für Ihre erstaunliche Kreativität, mit der Sie mir geholfen haben, mich, meine Ideen und dieses Buch der Welt zu präsentieren.

Dieses Buch beruht auf der Leidenschaft, dem Wissen und der Strenge derjenigen, die die Wissenschaft vorantreiben. Ich habe mich von der Arbeit von Jon Kabat-Zinn, Mark Williams, Danny Penman, Rebecca Crane und vor allem von der Energie und dem Humor von Ellen Langer inspirieren lassen.

Vielen Dank an das Mindfulness Network für die hervorragende Lehrendenausbildung und an die Menschen, die ich auf diesem Weg kennengelernt habe – Ausbildende und Auszubildende –, es ist wirklich eine Gemeinschaft, auf die ich stolz sein kann; und an die Oxford Mindfulness Foundation für meinen allerersten Achtsamkeitskurs und für die Bereitstellung der täglichen Übungen, die mir geholfen haben, während des Schreibens dieses Buches ruhig und konzentriert zu bleiben!

Alle Erfolge, die ich in meinem Berufsleben hatte, sind das Ergebnis jahrelanger Unterstützung durch meine Familie, insbesondere durch meine Mutter und meinen Vater, die unendlich stolz und meine größten Fans sind! Mein wunderbarer Ehemann Dan hat unglaublich viel für mich getan – einschließlich vieler Stunden professioneller Hilfe bei den Aufnahmen, die ein wesentlicher Bestandteil dieses Buches sind. All meinen Freundinnen und Freunden sowie meiner Familie danke ich für Euren Enthusiasmus, Eure Fragen und Euer Interesse an meiner Arbeit; Eure Ermutigung und Euer Glaube an mich haben mich immer wieder aufrechterhalten. Mein besonderer Dank gilt meinem erstaunlichen Freundeskreis bei der Arbeit und insbesondere denjenigen, die meine Geschichte aus erster Hand miterlebt haben. Mein Team inspiriert mich jeden Tag.

Meine Dankbarkeit gilt allen, die an meinen Kursen, Seminaren und Sitzgruppen teilgenommen haben – diese menschliche Verbindung ist so wohltuend und ich habe genauso viel gelernt wie gelehrt. Durch den Austausch lernen wir, und wenn wir zusammen sind, wissen wir, dass wir nicht allein sind.

Zur deutschen Ausgabe des Buchs

Für die Bearbeitung der deutschen Übersetzung danken Verlag und Autorin der Lektorin Frau Antje Wulff.

Für die Bearbeitung und Tonaufnahmen der Übungen danken wir Frau Jenny Ebermann. Zu Ihrer Arbeit als Achtsamkeitslehrerin erfahren Sie mehr auf Ihrer Webseite: *https://jennyebermann.com/*

Eine Übersicht aller Achtsamkeitsübungen finden Sie auf der Webseite zum Buch unter *www.pearson.de/wren.*

Quellennachweise

Text- und Bildnachweise

Cover: Getty Images: Olli Turho/iStock/Getty Images; **Erste Schritte**: Freepik Company S.L.: Flaticon, übernommen von https://www.flaticon.com/free-icon/brain_1766468?related_id=1767004&origin=search; O.W. Barth: Kabat-Zinn, J. (2013) Gesund durch Meditation: Das vollständige Grundlagenwerk zu MBSR. Barth, S. 19; **Kapitel 1:** Hogrefe Publishing Group: Niemiec, R. (2013) Mindfulness and Character Strengths: A practical guide to flourishing. Hogrefe Publishing, S. 7;

Kapitel 2: PopTech: Ellen Langer, Rede auf der PopTech-Konferenz, 2013, www.youtube.com/watch?v=4XQUJR4uIGM; Goldmann Verlag: Clear, J. (2020) Die 1-%-Methode. Minimale Veränderung, maximale Wirkung. Goldmann; **Kapitel 3:** Siedler Verlag: Kahneman, D. (2012) Schnelles Denken, langsames Denken. Siedler; Marie Åsberg: Dr. Marie Åsberg, Karolinska Institut, Stockholm; **Kapitel 5:** Elsevier: Schutte, N.S. und Malouff, J.M. (2023) The connection between mindfulness and flow: A meta-analysis. Personality and Individual Differences, Band 200; **Kapitel 6:** Beltz Verlagsgruppe: Wells, A. (2011) Metakognitive Therapie bei Angststörungen und Depression. Beltz; **Kapitel 7:** Narayana Verlag: David, S. (2020). Emotionale Beweglichkeit. Für freie Entfaltung mit klarem Blick und offenem Geist. Unimedica; **Kapitel 8:** Verlag Franz Vahlen GmbH: Langer, E. (2015) Mindfulness. Das Prinzip Achtsamkeit. Die Anti-Burn-out-Strategie. Vahlen, S. 146.

Bildnachweis

COV Getty Images: Olli Turho/iStock/Getty Images.

Erste Schritte

Achtsamkeit angewöhnen basiert auf meinen persönlichen Erfahrungen mit dem Wohlbefinden am Arbeitsplatz und meinen anschließenden akademischen Studien, Lehr- und Mentoring-Tätigkeiten. Dieses Buch behandelt Themen wie den Umgang mit Unsicherheit, Überforderung, Angst und Stress sowie die Verbesserung von Konzentration und Produktivität. *Achtsamkeit angewöhnen* ist gleichermaßen lehrreich und inspirierend und bietet Trost und Unterstützung auf einer Lernreise, die sanft, flexibel, effektiv und mitfühlend ist. Sie lernen Tag für Tag mit kurzen Trainingseinheiten, die Sie in Ihrem eigenen Tempo absolvieren können. Sie werden Fähigkeiten erwerben, die Sie sofort anwenden können und die bei regelmäßiger Anwendung einen dauerhaften positiven Einfluss auf Ihr Leben haben können. Dieses Buch wird Ihnen helfen, in Ihrem eigenen Interesse zu handeln und sich für Ihr eigenes Wohlbefinden einzusetzen, damit Sie sich besser fühlen, gesünder arbeiten und in Ihrem Leben und Ihrer Karriere vorankommen können.

Meine Geschichte

Vor vielen Jahren habe ich in meiner örtlichen Buchhandlung ein Buch über Achtsamkeit gekauft. Ich erinnere mich, wie ich das Buch in den Händen hielt. Seit vielen Monaten litt ich unter Angstzuständen und Panikgefühlen. Ich war völlig ausgebrannt und lebte in einem Zustand der Unruhe und Erschöpfung. In einer Therapie hatte man mir Achtsamkeit empfohlen. Ich schlug das Buch auf und sah eine kurze Einführungsübung. Alles, was ich tun musste, war, die Gefühle des Atmens wahrzunehmen – die Luft, die durch meine Nase einströmt, das Heben und Senken meines Brustkorbs –, und wenn meine Gedanken davon abschweiften, meine Aufmerksamkeit wieder auf diese Empfindungen des Atmens zu richten. Es hörte sich seltsam an und ich hatte meine Zweifel, aber ich beschloss, es trotzdem zu probieren. Ich stand an meinem ruhigen Platz zwischen den Bücherreihen und nahm das Gefühl des Atmens wahr. Nach kurzer Zeit merkte ich, dass ich mich nicht mehr auf diese Empfindungen konzentrierte, sondern stattdessen dachte: „Warum in aller Welt tue ich das?“, „Kann mich jemand sehen?“ und irgendwie zwangsläufig: „Aber ich fühle mich immer noch ängstlich!“. Ich richtete meine Aufmerksamkeit wieder auf meinen Atem und dann: „Mache ich das richtig?". Etwa eine Minute später wurde mir klar, dass ich an etwas anderes gedacht und meinen Atem oder sogar meinen Aufenthaltsort völlig vergessen hatte. Ich lenkte meine Aufmerksamkeit zurück und wieder zurück und wieder zurück und spürte, wie die Aufmerksamkeit kam und ging. Nach kurzer Zeit spürte ich, wie die Angst und die Aufregung für einen Moment nachließen, und dann war es wieder vorbei. Ich weiß, dass sich das nicht nach einer weltbewegenden Erfahrung anhört, aber es war das erste Mal seit einiger Zeit, dass ich keine Aufregung mehr verspürte. Diese paar Sekunden der Erleichterung fühlten sich sinnvoll an. Ich wusste, dass es möglich war, dass Achtsamkeit funktionieren konnte – und das tat sie auch.

Natürlich steckt in der Achtsamkeit noch viel mehr als das, was ich beim Bummeln in der Buchhandlung erfahren und geübt habe, und der Nutzen kann unglaublich groß sein. Durch diese einfache Fähigkeit, die regelmäßig geübt wird, ist es möglich, positive Veränderungen herbeizuführen und zu erkennen, dass unsere Fähigkeit, dies für uns selbst zu tun, weitaus größer ist, als uns bewusst ist, ob wir uns nun besser, ruhiger oder glücklicher fühlen, unser Potenzial ausbauen oder bessere Entscheidungen treffen wollen, die mit unseren Werten und Wünschen übereinstimmen. Das Arbeitsumfeld kann ein schwieriger Ort sein, um sich zurechtzufinden und um gesund, ausgeglichen und maßvoll zu bleiben. Es ist leicht, vom Kurs abzukommen. Die schreckliche Zeit in meinem Leben, von der ich gerade sprach, liegt viele Jahre zurück. Ich verwende den Begriff ‚Burnout' ganz allgemein, um eine Reihe von Symptomen zu beschreiben: Angst, Unruhe und Panik, Schlafstörungen, Erschöpfung und Depression. Ich habe es nicht kommen sehen. Mir war nicht klar, dass mein ‚Ruhe'-Stresslevel im Laufe der Zeit auf ‚hoch' eingestellt worden war; der geistige Raum, in dem ich existierte, war auch außerhalb der Arbeitszeit nie ruhig oder friedlich. Die Symptome waren heimtückisch. Sie übernahmen meine Welt, aber ich machte einfach weiter, versuchte, auf Ressourcen zurückzugreifen, die längst aufgebraucht waren, und wendete Bewältigungsmechanismen an, durch die ich mich eher schlechter als besser fühlte – wie zum Beispiel längere Arbeitszeiten, um die ‚Kontrolle' wiederzuerlangen. Ich dachte endlos nach, rationalisierte, versuchte, positiv zu denken, sehnte mich danach, mich besser zu fühlen, und fragte mich, warum ich mich so fühlte. Ich dachte, dachte, dachte und versuchte verzweifelt, mir einen Reim darauf zu machen. Meine Gedanken liefen buchstäblich auf Hochtouren, bis es völlig unerträglich wurde. Ich suchte Hilfe, als ich am Rande des Abgrunds stand, aber als ich das tat, war ich auf dem Weg der Besserung – und darüber hinaus. Achtsamkeit in Kombination mit anderen Techniken der Positiven Psychologie, die ich in *Achtsamkeit angewöhnen* teile, veränderte meine Sichtweise und vermittelte mir die Fähigkeiten, die ich brauchte, um meine Karriere und meine eigene psychische Gesundheit effektiv zu steuern.

Für wen ist dieses Buch gedacht?

Das Lernen, das dieses Buch vermittelt, steht jedem offen. Ich verwende den Begriff ‚Achtsamkeit am Arbeitsplatz' im weitesten Sinne: Sie stehen vielleicht kurz vor dem Eintritt ins Berufsleben oder haben eine langjährige Karriere hinter sich, Sie arbeiten ehrenamtlich, sind aktiv im Ruhestand oder jonglieren mit Arbeit und anderen Verpflichtungen. Wenn Sie irgendeine Art von Beruf ausüben oder einen solchen suchen, wird dieses Buch hilfreich sein. Im Folgenden finden Sie einige einfache Aussagen, die einige der Situationen, bei denen dieses Buch unterstützt, grob zusammenfassen. Vielleicht möchten Sie sich die Aussagen, die Sie ansprechen, notieren.

- Ich fühle mich die meiste Zeit über gestresst.
- Ich mache mir ziemlich viele Sorgen und ängstige mich über die Dinge.
- Ich kann recht gut mit Stress umgehen, würde aber gerne meine Widerstandsfähigkeit weiter verbessern.
- Ich möchte meine geistige Fitness steigern und mein Wohlbefinden verbessern.
- Es wäre nützlich, über Fähigkeiten zu verfügen, um am Arbeitsplatz mit den üblichen Schwierigkeiten, der ‚Politik', unangemessenen Anforderungen und Erwartungen, schwierigen Persönlichkeiten, Unsicherheit oder Veränderungen umzugehen.
- Ich arbeite viel und finde es sehr schwer, nach Feierabend nicht mehr an die Arbeit zu denken.
- Ich bin nicht sehr glücklich und möchte mich beruflich neu orientieren.
- Ich habe meinen Sinn und Zweck verloren; ich glaube, ich brauche eine Veränderung.
- Ich habe den Bezug zu dem verloren, was mich bei meinen Lebensentscheidungen motiviert. Ich bin so sehr in der Arbeit gefangen, dass ich mich selbst nicht mehr richtig erkenne.
- Ich möchte bei der Arbeit mehr leisten und meine Produktivität steigern, ohne dabei meine Gesundheit zu opfern.

Oder

- Sie sind sich nicht sicher, warum Sie dieses Buch in die Hand genommen haben, aber Sie haben das Gefühl, dass es Ihnen helfen könnte! Dies ist ein guter Anfang.

Was Sie erwartet – achten Sie auf sich selbst

Achtsamkeit und die Fähigkeiten, die Sie in diesem Buch erlernen, sind sehr sanft. Dennoch sollten Sie die Verantwortung für Ihre eigene Gesundheit übernehmen und um Hilfe und Unterstützung bitten, wenn Sie diese benötigen – insbesondere wenn Sie unter anhaltenden psychischen Symptomen leiden. Dieses Buch ist nicht als klinische oder therapeutische Maßnahme gedacht. Bitte lassen Sie sich vor der Teilnahme an einem Achtsamkeitskurs beraten, wenn Sie derzeit unter emotionalen Problemen oder Traumata leiden oder wegen Ihrer psychischen Gesundheit in Behandlung sind. In diesem Fall sollten Sie nur in Absprache mit Ihrer Ärztin oder Ihrem Arzt bzw. mit einer Person, die Sie berät, an einem Achtsamkeitstraining teilnehmen.

Einige der Aktivitäten im Kurs beinhalten sanfte, achtsame Bewegungen. Diese sind fakultativ, und wenn Sie körperlich oder in Ihrer Mobilität eingeschränkt sind, werden Alternativen angeboten. Bitte bleiben Sie sicher und bequem und treffen Sie gute Entscheidungen für sich selbst.

Sie können die Gesamtheit der Informationen und Aktivitäten in diesem Buch als *Einladung* betrachten – das ist sehr wichtig: Sie sind die Expertin oder der Experte für Ihre Erfahrungen. Eine der Fähigkeiten, die wir lernen werden, ist es, besser zu erkennen, wenn wir uns zu sehr anstrengen, und sanft zu einem Ort des Wohlbefindens oder einer handhabbareren Herausforderung zurückzukehren. Daran werden wir immer wieder erinnert.

Der Kurs ist frei von jeglichen religiösen oder rituellen Assoziationen.

Die Praktiken, die Sie erlernen werden, werden in barrierefreien Formaten für Lesende mit körperlichen Behinderungen, Seh- und Hörbehinderungen vermittelt – die Unterschiedlichkeit wird mit gezielt konzipierten Übungen gefeiert.

Wenn sich irgendetwas mental unangenehm anfühlt, machen Sie bitte nicht weiter – im Abschnitt *Ressourcen* finden Sie weitere Unterstützung.

Was ist Achtsamkeit?

Dieses Buch stützt sich auf viele verschiedene achtsamkeitsbasierte Ansätze und verbindet diese miteinander. Ich werde Achtsamkeit zunächst im weitesten Sinne definieren, indem ich das Grundprinzip erkläre, das allen in diesem Buch verwendeten Ansätzen zugrunde liegt. Am besten gelingt dies mit einer einführenden Achtsamkeitsübung – wir können leichter verstehen, was Achtsamkeit ist, wenn wir *sie erleben*. Eine Übersicht aller Achtsamkeitsübungen finden Sie auf der Webseite zum Buch unter *www.pearson.de/wren*.

Verwenden Sie den untenstehenden QR-Code, um auf die Übung zuzugreifen.

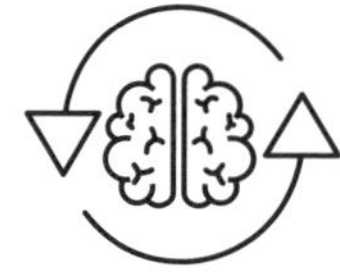

Wie Sie gerade in dieser kurzen Übung erfahren haben, ist es möglich, die Anblicke, Geräusche, Farben und Texturen des Lebens, die körperlichen Gefühle und Empfindungen, die immer vorhanden sind, die wir aber normalerweise nicht wahrnehmen, *aktiv wahrzunehmen*. Wenn wir uns dafür entscheiden, können wir uns ihrer bewusst werden und bewusst zu der Erfahrung übergehen, *hier und jetzt* zu sein. Wenn Sie den Begriff ‚der gegenwärtige Moment' hören oder wenn Achtsamkeit als *präsent sein* beschrieben wird, ist genau das gemeint. Es ist auch möglich, unser ‚inneres' Erleben wahrzunehmen – unsere Aufmerksamkeit auf die Gedanken und Gefühle zu lenken, die ‚unter dem Radar' existieren oder die gewöhnlich von selbst laufen. Später in diesem Buch werden wir entdecken, dass wir Menschen viel Zeit in einem Zustand verbringen, der das Gegenteil von ‚präsent sein' ist, dass wir ‚auf Autopilot' leben, denken, arbeiten und uns verhalten. Wir sind uns nicht nur nicht bewusst, was um uns herum oder in uns vorgeht, sondern wir sind uns unseres Zustands der Unbewusstheit überhaupt nicht bewusst!

Wie Sie soeben erfahren haben, ist es üblich, dass wir, sobald wir uns entschieden haben, mit unserer Aufmerksamkeit absichtlich präsent zu sein, wieder ins Unbewusste abdriften, weg von einer ‚direkten' Erfahrung der Gegenwart. An dieser Stelle sei erwähnt, dass es völlig normal ist, dass die Aufmerksamkeit automatisch von psychologischen Auslösern wie Gedanken und Emotionen in Beschlag genommen wird. So kann es beispielsweise sein, dass wir uns aktiv dazu entschlossen haben, für ein paar Augenblicke präsent zu sein, dann aber feststellen, dass wir uns in einem Tagtraum oder einer Sorge verloren haben oder dass wir beginnen, etwas zu planen oder uns an etwas zu erinnern, das wir erledigen müssen. Wenn wir Achtsamkeit praktizieren, müssen wir nicht versuchen, den Geist von den Gedanken zu befreien oder sie wegzuschieben. Stattdessen können wir die Gelegenheit nutzen, um *zu bemerken*, was spontan auftaucht, ohne uns in irgendeiner Weise in unsere Gedanken und Gefühle einzumischen – ohne sie zu beurteilen, zu analysieren oder bei dem zu verharren, was auftaucht. Dies ist eine der Fähigkeiten, die wir lernen und üben können und die das Leiden, das durch schmerzhaftes Grübeln und Spekulationen entsteht, verringern kann.

Definitionen von Achtsamkeit

Nachdem wir nun die Erfahrung der Achtsamkeit gemacht und die allgemeine Prämisse, was Achtsamkeit ist, vorgestellt haben, können wir zu einigen akademischen Definitionen übergehen. Es ist nicht notwendig, sich detailliertes oder technisches Wissen über die Psychologie oder Neurowissenschaft der Achtsamkeit anzueignen, aber einige grundlegende Definitionen können hilfreich sein, um unser Verständnis zu unterstützen.

Thich Nhat Hanh war ein buddhistischer Mönch, Autor und Friedensnobelpreisträger, der einen großen Einfluss auf die Lehre der Achtsamkeitspraxis hatte. Er definierte Achtsamkeit so, dass wir uns unserer Erfahrungen *bewusst* sind, indem wir unsere Aufmerksamkeit auf das richten, was gerade geschieht. Was auch immer wir tun, egal wie banal, routinemäßig, herausfordernd oder aufregend es ist, wir können uns entscheiden, es mit unserem *ganzen* Geist, Körper und Herzen zu tun – ob wir nun zu Mittag essen, in einer Schlange warten, eine Präsentation halten, zwischen zwei Meetings spazieren gehen, eine Prüfung ablegen oder unseren Kindern eine Gutenachtgeschichte vorlesen. Und darüber hinaus können wir lernen, das, was wir tun, *um seiner selbst willen* anzugehen und auszuführen, anstatt es nur zu tun, um es zu erledigen. Wenn Sie also einen Bericht schreiben, die Regale auffüllen oder Unkraut jäten, ist es möglich, dies mit Achtsamkeit zu tun, indem Sie auf alles achten, was damit zusammenhängt, anstatt nur zu versuchen, es aus dem Weg zu schaffen. Das ist etwas ganz anderes, als eine Sache zu tun und an etwas anderes zu denken – ein Denken, das uns normalerweise von der Gegenwart wegführt. In dieser Definition finden wir die *Natürlichkeit der Achtsamkeit*. Ein achtsamer Zustand ist wie ein ‚Erwachen' oder ein Weg zurück ins wirkliche Leben und dazu, ganz Sie selbst zu sein.[1]

Die wahrscheinlich beste ‚operationale' Erklärung von Achtsamkeit stammt von Jon Kabat-Zinn, der ein Pionier der Forschung war, die Achtsamkeit in die Mainstream-Wissenschaft und Medizin brachte. Jon Kabat-Zinn ist emeritierter Professor für Medizin an der University of Massachusetts Medical School und der Gründungsdirektor des Center for Mindfulness in Medicine, Healthcare and Society. Er war der frühere Direktor der weltbekannten Stress Reduction Clinic, die Patienten und Patientinnen durch ein Programm namens Mindfulness-Based Stress Reduction (MBSR, achtsamkeitsbasierte Stressreduzierung) zu erheblichen Verbesserungen ihrer körperlichen und geistigen Gesundheit verholfen hat. Jon Kabat-Zinns Definition von Achtsamkeit lautet: „auf eine ganz besondere Weise aufmerksam [sein], und zwar gezielt im gegenwärtigen Moment und ohne zu werten."[2]

Das bedeutet wörtlich, dass wir unsere Aufmerksamkeit absichtlich zielgerichtet einsetzen. Wir setzen uns die *Absicht*, während einer ‚Meditation' *aufmerksam* zu sein. Das bedeutet einfach, dass wir unsere Aufmerksamkeit auf den gegenwärtigen Moment fokussieren – wie die Empfindungen der Atmung, die Geräusche um uns herum oder die Bewegungen des Körpers. Diese werden oft als ‚Anker' für den gegenwärtigen Moment bezeichnet und wir werden sie im Laufe dieses Buches erkunden.

Jon Kabat-Zinns Definition liegt die Haltung des **Nicht-Wertens** zugrunde. In diesem Zusammenhang bedeutet dies *Unvoreingenommenheit*, ein Loslassen von Kritik oder Bewertung und Mitgefühl und Freundlichkeit uns selbst gegenüber.

Ellen Langer ist Professorin für Psychologie an der Harvard University und eine anerkannte Autorin und Vordenkerin auf dem Gebiet der Achtsamkeit und anderen Bereichen der positiven, sozialen und klinischen

1 Thich Nhat Hanh (2024) *Das Wunder der Achtsamkeit*, Arkana.

2 Kabat-Zinn, J. (2013) *Gesund durch Meditation. Das vollständige Grundlagenwerk zu MBSR*, Barth, 19.

Psychologie.[3] Sie forscht seit mehr als 40 Jahren über Achtsamkeit. Die Langer'sche Achtsamkeit[4] kann im Gegensatz zu einem strukturierten und formalen meditativen Ansatz gesehen werden und wird oft als ‚direkte Achtsamkeit' oder ‚Achtsamkeit ohne Meditation' bezeichnet. Diese Definition konzentriert sich auf die menschliche Fähigkeit, neue Perspektiven zu entwickeln, offen für neue Informationen zu sein, flexibel in der Art und Weise, wie wir Dinge angehen, und durch Neues im gegenwärtigen Moment belebt zu werden. Langers Definition von Achtsamkeit beinhaltet den entgegengesetzten Begriff der ‚Acht*losig*keit', den sie als einen Zustand beschreibt, in dem wir uns auf alte Erkenntnisse und Routinen verlassen, ohne uns dessen bewusst zu sein, dass dies der Fall ist. Wenn wir achtlos sind, nehmen wir unweigerlich eine singuläre Perspektive ein, während wir den Kontext einer Situation nicht wahrnehmen. Langer beschreibt Achtlosigkeit als anstrengend, weil wir versuchen, Probleme mit alten Denk- oder Arbeitsweisen zu lösen, die nicht mehr der Realität entsprechen. Langer vertritt die Ansicht, dass Achtsamkeit energetisierend und erfrischend ist und dass wir uns lebendig fühlen, weil wir uns auf das Leben einlassen. Ein achtsamer Zustand ist etwas, in das wir uns hineinbegeben *wollen*, sobald wir uns bewusst sind, wie es sich anfühlt.

Losgelöste Achtsamkeit (Detached Mindfulness, DM) ist ein Element der metakognitiven Therapie (Metacognitive Therapy, MCT).[5] MCT wurde von Dr. Adrian Wells entwickelt, der Professor für klinische und experimentelle Psychopathologie an der University of Manchester ist und international für seine Fortschritte in der kognitiven Verhaltenstherapie anerkannt wird. Er liefert eine sehr nützliche, strukturierte und umsetzbare Definition von Achtsamkeit, die er als das gegenwärtige Bewusstsein von Gedanken, Erinnerungen und Überzeugungen (‚Kognitionen') beschreibt. Nach seiner Definition ist Achtsamkeit *flexibel*. Wir können unsere Aufmerksamkeit auf einen Gedanken lenken (wir bemerken, dass wir einen Gedanken haben), aber wir müssen uns nicht in Gedanken verstricken, die weit über diesen Gedanken hinausgehen. Wir können uns zum Beispiel an einen unangenehmen Meinungsaustausch mit einer Kollegin oder einem

3 Ellen Langer, Professorin für Psychologie, Harvard University. https://scholar.harvard.edu/langer/biocv

4 Langer, E. (2015) *Mindfulness. Das Prinzip Achtsamkeit. Die Anti-Burn-out-Strategie*, Vahlen; Langer, E. (2017) *Emotional Intelligence Mindfulness*, Harvard Business Review Press.

5 Wells, A. (2011) *Metakognitive Therapie bei Angststörungen und Depression*, Beltz.

Kollegen erinnern. Es ist normal, dass uns belastende Ereignisse wieder ins Gedächtnis kommen, aber wir müssen das Gespräch nicht noch einmal durchspielen oder nacherleben oder weiterhin imaginäre Ergebnisse vorhersagen oder uns selbst dafür kritisieren, was wir gesagt oder nicht gesagt haben. Diese *Folgegedanken* mögen sich unvermeidlich und unaufhaltsam anfühlen, aber in dieser Definition von Achtsamkeit wird die menschliche Fähigkeit zur *selbstgesteuerten Flexibilität der Aufmerksamkeit* hervorgehoben: Es ist möglich, sich von Gedanken zu lösen, die uns sonst gefangen oder schmerzhaft beschäftigt halten würden. Mit DM können wir lernen zu erkennen, dass ein Gedanke, den wir haben, *nur ein Gedanke* ist, dass er nicht notwendigerweise auf Tatsachen oder auf der Realität beruht, dass er nicht die objektive Tatsache ist, von der wir annehmen, dass er es ist, und, was wichtig ist, dass wir einen Gedanken im Geist *beobachten* und einen Standpunkt dazu einnehmen können.[6] In dieser Definition ist Achtsamkeit ermächtigend, sie kann einen schmerzhaften Gedankenfluss (wie z.B. ‚Was-wäre-wenn'-Szenarien) unterbrechen und *Ihnen* helfen zu entscheiden, wohin Sie *Ihre* Aufmerksamkeit richten. Für mich war allein die Erkenntnis, dass dies möglich ist, eine Offenbarung und ein Wendepunkt sowohl für meine psychische Gesundheit als auch für die Art und Weise, wie ich mit Arbeitsstress umgehe. Die Informationen und Übungen in diesem Buch werden Ihnen dabei helfen, den Ansatz und die Fähigkeiten zu verfeinern, die Sie dafür benötigen.

Ein feiner Unterschied

Im Zusammenhang mit all den Definitionen, die ich gegeben habe, ist es sehr wichtig zu verstehen, dass Achtsamkeit keine Technik ist, die dazu verwendet werden sollte, ‚unerwünschte' Gedanken und Gefühle zu vermeiden, zu unterdrücken oder wegzuschieben. Wir werden dies später in diesem Buch, insbesondere in Lektion 4, im Detail untersuchen, aber kurz gesagt, bietet Achtsamkeit eine andere Strategie, die die Abschaltung, Störung und Unterbrechung unterstützt. Es liegt in

6 Die Fähigkeit, unsere Gedanken zu beobachten, wird in der Psychologie als Metakognition bezeichnet, die auch ein grundlegendes Element der Achtsamkeit ist. Wir werden dieses Konzept in diesem Buch sowohl direkt (Lektion 5) als auch allgemein im Rahmen der angebotenen Achtsamkeitsübungen erkunden.

der Natur von Gedanken und Gefühlen, dass sie durch den Geist und den Körper gehen, sie kommen und gehen. Es ist jedoch unser aktives Vermeiden oder der Versuch, unsere Gedanken und Gefühle zu verstehen oder zu ‚lösen', der schmerzhafte Spekulationen im Spiel hält, und es ist dieses Denken, das geistiges Unbehagen und Leiden erzeugt. Achtsamkeit kann uns dabei helfen, das Grübeln oder anhaltende und wenig hilfreiche Gedanken über die Arbeit oder unsere aktuellen Ängste oder Belastungen loszulassen – was etwas ganz anderes ist als das Vermeiden oder Verdrängen von Gedanken. Diese Unterscheidung kann zu Beginn einer Achtsamkeitsreise etwas verwirrend erscheinen, aber Sie werden lernen, sie zu treffen. Wie Adrian Wells es ausdrückt, ist Achtsamkeit eher eine „Tu-Nichts-Strategie"[7] in Bezug auf unsere Beziehung zum Denken. Wenn sich das Denken wie ein Tauziehen anfühlt, bedeutet dieser Ansatz, das Seil fallen zu lassen, aber wir müssen lernen, wie das geht. Es ist die Fähigkeit und Praxis der Achtsamkeit, die die Art der Beziehung, die wir zu unseren Gedanken und Gefühlen haben, verändern kann, so dass wir sie anders erleben können, und das ist es, was direkt und kraftvoll Ruhe und Wohlbefinden unterstützen kann.

Welche ‚Art' von Achtsamkeit ist das?

Achtsamkeit angewöhnen ist eine Synthese verschiedener Ansätze (siehe Abbildung 1.1), die ich auf der Grundlage meiner persönlichen Erfahrungen bei der Überwindung von psychischen Problemen am Arbeitsplatz, meiner akademischen Studien in Psychologie und Neurowissenschaften und meiner Ausbildung zur Achtsamkeitslehrerin zusammengeführt habe. Das Buch bietet einen strukturierten Achtsamkeitskurs mit acht Lektionen (mit Peer-Reviews), der sich auf die achtsamkeitsbasierte Stressreduzierung (MBSR) stützt. MBSR ist ein weit verbreiteter Lehrplan, der ursprünglich von Jon Kabat-Zinn für Menschen mit körperlichen und psychischen Schmerzen entwickelt wurde. Der MBSR-Lehrplan ist der Ausgangspunkt für viele achtsamkeitsbasierte Programme und wird in seiner ursprünglichen und angepassten Form in klinischen und nicht-klinischen Einrichtungen weltweit gelehrt und eingesetzt. Ich habe MBSR um

7 Wells, A. (2011) *Metakognitive Therapie bei Angststörungen und Depression*, Beltz.

Elemente der achtsamkeitsbasierten kognitiven Therapie (Mindfulness-Based Cognitive Therapy, MBCT) ergänzt,[8] die ursprünglich zur Vorbeugung von Depressionen entwickelt wurde (und inzwischen viele Anpassungen für die allgemeine Bevölkerung aufweist). Der metakognitive Ansatz, der im Mittelpunkt der DM steht, passt gut zur MBCT und wird in den von mir angebotenen Achtsamkeitsübungen mit Leben erfüllt. Um das Lernen relevant zu machen, greife ich auf viele alltägliche Herausforderungen am Arbeitsplatz zurück, die ich in meiner beruflichen Laufbahn und bei der Arbeit mit Menschen aus vielen verschiedenen Branchen, Sektoren und in unterschiedlichen Funktionen und Führungsebenen erlebt habe. Ich setze Achtsamkeit und andere Techniken der positiven Psychologie und des Coachings ein. Dabei greife ich direkt auf die Erfahrungen zurück, die ich bei der Bewältigung der schwierigen Beziehung zwischen psychischer Gesundheit und den Anforderungen von Arbeit und Karriere gemacht habe, die sich so oft als Gegensatz zueinander anfühlen. Ich stütze mich insbesondere auf einen alltäglichen Achtsamkeitsansatz, der von der Langer'schen Achtsamkeit und den Lehren von Thich Nhat Hanh beeinflusst ist. Dieser bringt Achtsamkeit in alles ein, was wir tun, wo und wann immer wir wollen, und bietet eine Methode, um mit der Neugier und Einsicht ‚aufzuwachen', ins Leben zurückzukehren.

ABBILDUNG 1.1 Einflüsse und Ansätze, die zur Einzigartigkeit von Achtsamkeit angewöhnen beitragen

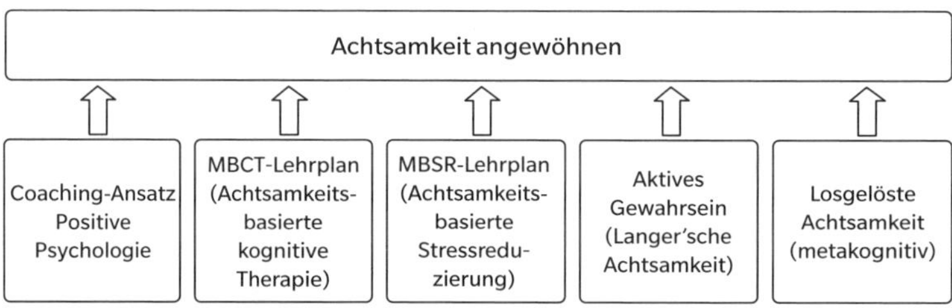

Wie werde ich lernen?

Natürlich werden Sie allein durch die Lektüre dieses Buches viel über Achtsamkeit lernen – durch die Themen, die ich vorstelle, durch

8 Crane, R. (2011) *Achtsamkeitsbasierte kognitive Therapie*, Arbor; Segal, Z.V., Williams, J.M.G. und Teasedale, J.D. (2015) *Die achtsamkeitsbasierte kognitive Therapie der Depression*, dgvt.

Metaphern und indem Sie sich achtsam auf die alltäglichen Arbeits- und Lebenserfahrungen und Szenarien beziehen, auf die ich mich immer wieder stütze. Das Konzept der Achtsamkeit und die ihm zugrunde liegende Psychologie werden Ihnen beim Lesen des Buches einleuchten. Wenn sich die Informationen zu einem Ganzen fügen, kann es verlockend sein, sich auf das Lesen und die Sinnfindung zu versteifen. Sie werden feststellen, dass Sie mit Hilfe von Worten und Konzepten nach einem tiefen Verständnis streben. Es ist jedoch wichtig zu bedenken, dass *Achtsamkeit*, egal wie gut Sie glauben, sie verstanden zu haben, *nur dann wirklich wird, wenn sie praktiziert wird*, wenn sie von der Buchseite gelöst und in Erfahrung überführt wird. Wenn Sie das nicht verstehen, stellen Sie sich vor, Sie lernen Radfahren, Skifahren oder Schwimmen anhand eines Buches, und Sie werden sehen, was ich meine! Sie werden niemals die Elemente auf Ihrer Haut spüren, die nötige Körperkoordination erlernen oder den emotionalen Auftrieb aus den Seiten eines Buches erfahren! Wir müssen Achtsamkeit erfahren, um achtsam *zu sein*.

ABBILDUNG 1.2 Drei Methoden zum Üben und Lernen von Achtsamkeit, die in Achtsamkeit angewöhnen angeboten werden

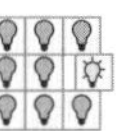

Achtsame Unterbrechung

Konzentriertes Üben	Aktives Gewahrsein	Achtsame Unterbrechung
Kurze, regelmäßige Achtsamkeitsübungen (manchmal auch als Meditationen bezeichnet). Diese bieten das gezielte Training, das dem Gehirn im Wesentlichen beibringt, achtsam gewahr zu sein.	Eine informelle Art, Achtsamkeit im Alltag zu praktizieren. Wir richten unsere volle Aufmerksamkeit auf das, was wir tun, und "wachen auf". Dadurch wird Achtsamkeit real und bringt uns regelmäßig "zurück ins Leben".	Das Gegenteil von dem, was wir immer tun, auf die Art und Weise, wie wir es immer tun! Wir nehmen kleine, aber bewusste Änderungen an der Routine oder an regelmäßigen Dingen in unserem Tag vor – und beobachten, wie das Leben aus dieser Perspektive aussieht und wie es sich anfühlt.

Sie können selbst entscheiden, wie oft Sie jede dieser Übungen machen und wie viele / für wie lange. Die einzige Empfehlung ist, jeden Tag etwas zu tun – Regelmäßigkeit ist der Schlüssel.

Nehmen Sie sich daher bitte jetzt einen Moment Zeit, um die dazugehörige Website zu besuchen und ein Lesezeichen zu setzen: http://go.pearson.com/uk/business (Sie finden meinen Namen in der Dropdown-Liste der Autorinnen und Autoren). Hier finden Sie die echte Achtsamkeit, die Inhalte, die Sie durch die Übungen führen, die das, was Sie wissen, in eine sinnvolle Erfahrung verwandeln. QR-Codes im gesamten Buch führen Sie direkt zu den richtigen Übungen zur richtigen Zeit. Sie können diese geführten Übungen auch nach Bedarf anwenden – wenn Sie sich gestresst, überfordert, besorgt oder ängstlich fühlen oder wenn Sie Momente des Trostes, der Freude und des Glücks schätzen möchten.

Diese *Erfahrung der Achtsamkeit* wird durch drei verschiedene Arten von praktischen Methoden vermittelt – diese sind in Abbildung 1.2 kurz zusammengefasst und Sie werden die Symbole in den Kapiteln und Lektionen erkennen. Alle drei Arten von Praktiken lassen sich leicht in Ihre tägliche Routine integrieren. Sie erhalten zahlreiche Anleitungen, damit Sie das Beste aus ihnen herausholen können. Sie können wählen, wie viel Sie von jeder Übung machen. Alle drei Übungen basieren auf der gleichen Grundlage der Achtsamkeit, bieten aber eine Vielzahl von Möglichkeiten, diese zu erlernen.

Struktur des Buches

Die Kernstruktur des Buches ist ein Achtsamkeitskurs mit acht Lektionen. Jede Lektion behandelt ein Thema, das sich an den Standardlehrplänen für Achtsamkeit orientiert (Abbildung 1.1) und Elemente der einfachen Psychologie sowie reale, nachvollziehbare Erfahrungen und Szenarien enthält. Jede Lektion enthält eine oder mehrere Achtsamkeitsübungen, die das Thema der Lektion unterstützen, weiter aufzeigen oder erklären und Achtsamkeit ‚real' machen. Es handelt sich dabei um die in Abbildung 1.2 erwähnten *konzentrierten Übungen* (manchmal auch als ‚Meditationen' bezeichnet), die den Geist trainieren und die Grundlage für die Entwicklung Ihrer ‚Achtsamkeitsmuskeln' bilden – sie trainieren buchstäblich das Gehirn. Diese Übungen sind zu Beginn des Kurses bewusst kurz gehalten, aber wenn Sie sich an sie gewöhnt haben, können Sie ihre Länge erhöhen, um die Vorteile wirklich zu steigern. Diese Vorteile sammeln sich im Laufe der Zeit an, können aber auch in den Momenten auftreten, in denen Sie üben. Es besteht immer die Möglichkeit, eine kürzere Übung zu wählen, wenn Sie unter Zeitdruck stehen. In den acht Lektionen wird auch eine *achtsame Unterbrechung* angeboten, die Ihnen die Möglichkeit gibt, Ihr Bewusstsein zu erweitern, indem sie Sie einlädt, die Dinge anders zu sehen – wir tun dies auf sehr leichte, einfache, aber unterhaltsame und oft augenöffnende Weise. In Lektion 1 beginnen wir mit dem ersten Thema und stimmen Sie auf das Lernen ein. Lektion 8 schließt den Kurs ab und bereitet Sie auf eine Fortsetzung der Achtsamkeit über den Kurs hinaus vor.

Im Wechsel mit den acht Achtsamkeitslektionen gibt es Kapitel, die Einblicke in wichtige Herausforderungen am Arbeitsplatz (und im Leben) durch die Linse der Achtsamkeit geben. Ich bezeichne sie als *Aktives-Gewahrsein*-Kapitel und sie basieren auf der Langer'schen Achtsamkeit und meiner Erfahrung als Mentorin und Lehrerin am Arbeitsplatz. Ich verwende einen Coaching-Ansatz, der neue Wege der Wahrnehmung und des Umgangs mit unseren Erfahrungen einschließt. Wir tauchen hier auch tiefer in die Psychologie ein und befassen uns mit Themen wie Angst und der Nutzung des Flow-Zustands, aber vor allem befassen wir uns auch mit den wichtigsten Herausforderungen für die psychische Gesundheit am Arbeitsplatz, wie z.B. unerbittlichem Druck, hoher Arbeitsbelastung und der Schwierigkeit, von der Arbeit abzuschalten. Viele dieser Kapitel enthalten eine Reihe von optionalen Aktivitäten sowie einige spezifische und relevante Achtsamkeitsübungen. Jedes Kapitel bietet auch eine Aktivität zum aktiven Gewahrsein, die Achtsamkeit in die Dinge einbringt, die Sie bereits in Ihrem Alltag tun. Dies ermutigt Sie, sich neu zu engagieren, und löst ein Gefühl der Lebendigkeit aus, während es gleichzeitig Möglichkeiten zur Einsicht schafft. Vielleicht stellen Sie fest, dass Sie bessere Entscheidungen für sich und Ihre Arbeit treffen, wenn Sie regelmäßig aktives Gewahrsein in Ihren Tag einbauen.

Tempo, Reihenfolge und Zeitplan

Die Kapitel bauen aufeinander auf, so dass es hilfreich sein wird, sie in der Reihenfolge zu lesen, in der ich sie vorgestellt habe. Nehmen Sie sich Zeit und machen Sie zwischen den Lektionen eine Pause, um das Gelernte zu erkunden und zu praktizieren. Wenn ich meine wöchentlichen Kurse gebe, machen wir die Achtsamkeitsübungen in den sechs dazwischenliegenden Tagen. Sie müssen sich bei der Lektüre dieses Buches nicht strikt an einen bestimmten Rhythmus halten, aber es empfiehlt sich, mindestens eine Woche mit den konzentrierten Übungen zu verbringen, bevor Sie weitergehen. Sie müssen nicht jede Lektion oder jedes Kapitel in einer

Sitzung durcharbeiten. Das Lerntempo ist selbstbestimmt und es gibt kein Zeitlimit. Die dringlichste Empfehlung ist, sich jeden Tag in Achtsamkeit zu üben, und sei es nur für ein paar Minuten.

In diesem Sinne schlage ich vor, dass Sie regelmäßig zwischen dem geschriebenen Wort und den erlebnisorientierten Achtsamkeitsaktivitäten wechseln, um für Abwechslung und einen Tempowechsel zu sorgen. Vielleicht finden Sie es hilfreich, zu Beginn jeder neuen Lektion oder jedes Mal, wenn Sie dieses Buch in die Hand nehmen, mit einer kurzen Übung zu beginnen, um einen Übergang von dem zu schaffen, was Sie gerade hinter sich haben, oder um Ihre mentale Einstellung sanft zu verändern.

Reflexion und Erkundung

Wie bei allem Lernen, unabhängig vom Thema, brauchen wir die Möglichkeit, über die Informationen nachzudenken, sie in Beziehung zu setzen oder ein Gefühl für die Erfahrung zu bekommen – zu fragen: „Was bedeutet das für mich?". Dazu wird in diesem Kurs häufig Gelegenheit geboten. Jede Lektion in Achtsamkeit beinhaltet das, was wir ‚Selbsterkundung' nennen, und ich habe auch ‚Beobachtungen von Schülerinnen und Schülern' einbezogen, um einige Ideen anzuregen und Antworten zu normalisieren. Es gibt Vorlagen auf der Website, falls Sie es vorziehen, Dinge zu notieren, aber das Reflektieren und Erkunden ist keineswegs eine schwere Aufgabe – ein paar Minuten Kontemplation reichen völlig aus.

Ein Tag der Achtsamkeit

Es ist hilfreich, während dieses Kurses einen ‚Tag der Achtsamkeit' zu erleben. Ich schlage vor, dass Sie dies in Lektion 6 oder 7 tun. Dies ist eine Gelegenheit, Ihre Achtsamkeitspraxis wirklich zu vertiefen, indem Sie für längere Zeit ohne die üblichen äußeren Ablenkungen präsent bleiben. Es kann hilfreich sein, dies in einem Rückzugsraum oder mit anderen Menschen zu tun. Ein Tag der Achtsamkeit ist eine außergewöhnliche Möglichkeit, die Vorteile der Achtsamkeit zu lernen, zu erfahren und wirklich zu etablieren.

Angesichts der anerkannten und bedeutenden Vorteile der Achtsamkeit gibt es neue Forschungsarbeiten[9], die untersuchen, wie wir eine regelmäßige Achtsamkeitspraxis aufrechterhalten können und was die häufigsten Hindernisse sind. Im Folgenden habe ich diese dargelegt und einige Hinweise zusammengestellt, die speziell auf diejenigen zugeschnitten sind, die neu mit Achtsamkeit beginnen. Keine dieser Herausforderungen ist unüberwindbar und bei allen können die Informationen und Aktivitäten in diesem Buch helfen. Ich schlage vor, dass Sie diesen Abschnitt nur zu Ihrer Information durchlesen und bei Bedarf darauf zurückkommen. Denken Sie daran, dass Sie in diesem Kurs drei Ansätze haben (siehe Abbildung 1.2), Sie haben also immer Optionen und Wahlmöglichkeiten.

Nicht üben zu wollen oder eine Übung ausfallen zu lassen, ist kein persönliches Versagen, kein Mangel an Willen oder Fähigkeiten oder etwas anderes, das Selbstkritik rechtfertigt. Das bedeutet nicht, dass wir es einfach hinnehmen sollten. Tatsächlich gibt es eine Menge Dinge, die wir tun können, um uns selbst zu helfen, wenn wir Schwierigkeiten haben.

Häufige Hindernisse für Achtsamkeit

Funktioniert Achtsamkeit?

Es ist in Ordnung, Zweifel zu haben. Die Vorteile einer regelmäßigen, anhaltenden Achtsamkeitspraxis sind gut dokumentiert und wissenschaftlich belegt, aber nichts geht über Ihre eigene Erfahrung.

Was kann ich tun? Wenn Sie sich unmotiviert oder unsicher fühlen, brauchen Sie nicht mit sich selbst zu hadern oder Ihre Gefühle zu analysieren. Es kann helfen, sich daran zu erinnern, warum Sie diese Fähigkeit erlernen wollten und wie sie Ihnen helfen könnte, Sie bei dem zu unterstützen, was Ihnen wichtig ist. Erkennen Sie aktiv alle kleinen Vorteile, die Sie erfahren, aber versuchen Sie nicht, sie zu sehr zu erjagen oder zu analysieren.

9 Hunt, C.A., Hoffman, M.A., Mohr, J.J. und Williams, A.L. (2020) Assessing perceived barriers to meditation: The Determinants of Meditation Practise Inventory-Revised (DMPI-R). *Mindfulness* (NY). Mai 2020, 11(5), 1139–1149.

Ich kann nicht achtsam sein, mein Geist ist zu beschäftigt

Wenn Sie der Anleitung folgen, können Sie nichts falsch machen – aber es kommt häufig vor, dass der urteilende Geist eine Übung als ‚schlecht' einstuft, vor allem, wenn Ihr Geist viel abschweift.

Was kann ich tun? Sie werden viel Anleitung und Zusicherung erhalten, wie Sie Achtsamkeit praktizieren können. Lösen Sie sich, so gut es geht, von der Vorstellung, dass Sie ‚den Geist frei machen' oder Ihre Gefühle oder Gedanken ändern müssen. Das Abschweifen des Geistes ist Teil der Übung. Wir brauchen Gedanken, die auftauchen und unsere Aufmerksamkeit auf andere Dinge lenken, damit wir uns darin üben können, *unser Gewahrsein wiederzufinden*. Der Geist ist nicht dafür gemacht, leer zu sein! Wir müssen nicht versuchen, unsere Gedanken und Gefühle zu ändern.

Ich habe keine Zeit

Dies ist eines der häufigsten Hindernisse. Selbst wenn Sie sich nur ein paar Minuten Zeit nehmen, um sich in Achtsamkeit zu üben, kann sich das schwierig anfühlen, wenn Sie sich in der Tretmühle von Arbeit und Verantwortung befinden.

Was kann ich tun? Das Festlegen von Vorsätzen kann Ihnen helfen, sich Zeit zu nehmen, ebenso wie das Anerkennen der Gründe, warum Sie dies tun möchten. Mit der Zeit wird die Gewohnheit der Achtsamkeit zu etwas, das Sie einfach tun. Es kann hilfreich sein, sich auf das aktive Gewahrsein zu konzentrieren – wenn Sie aus dem Alltäglichen eine Praxis machen, wird Ihnen das helfen, jeden Tag zu üben.

‚Meditation' klingt nach einer seltsamen Sache

Wie wir zu Beginn des nächsten Kapitels sehen werden, *ist Achtsamkeit keine Meditation*, aber es ist ein häufiges Missverständnis, die beiden miteinander zu vermischen. Phasen intensiverer oder fokussierter Achtsamkeit sind äußerst hilfreich für die Praxis der Aufmerksamkeitskontrolle; dies wird manchmal als Meditation bezeichnet – oder als ‚Übung', wie ich es häufiger nenne.

Was kann ich tun? Das Wort ‚Meditation' kann sich seltsam anfühlen – wenn das der Fall ist, verwenden Sie es nicht!

Wenn es sich seltsam anfühlt, mit geschlossenen Augen zu sitzen, dann lassen Sie die Augen offen (das kann auch die Intensität verringern, die Sie empfinden) und seien Sie einfach in Ihrer normalen Umgebung und nicht an einem ruhigen Ort. Sie können den Begriff ‚Meditation' auch neu definieren und alle stereotypen Vorstellungen, die er hervorrufen könnte, hinter sich lassen: Es ist eine Atempause, eine Gelegenheit, bewusst achtsam zu sein, eine Zeit des spezifischen Trainings und der Übung für den Geist. Im Laufe der Zeit wird sich das Innehalten, das Wahrnehmen und das Einstimmen auf Ihre Erfahrung normal anfühlen, egal wie Sie es nennen.

Ich bin besorgt darüber, was andere denken könnten

Ihre Praxis ist *Ihre* Praxis. Sie haben Priorität. Ihre Gesundheit und Ihr Wohlbefinden sind viel wertvoller als die Meinung anderer. Ebenso kann es zwar verlockend sein, über Achtsamkeit zu predigen, wenn sie sich als transformierend oder wirklich hilfreich erwiesen hat, aber das kann von Ihrer eigenen Praxis ablenken.

Die Vorteile der Achtsamkeit

Die Vorteile der Achtsamkeit sind seit Jahrzehnten Gegenstand seriöser wissenschaftlicher Forschung in vielen Bereichen und achtsamkeitsbasierte Programme (Mindfulness-Based Programmes, MBPs) werden in immer mehr Bereichen eingesetzt, von der psychischen Gesundheit und der klinischen Psychologie bis hin zu sportlichen Leistungen, Bildung, Elternschaft, dem Arbeitsplatz und vielen mehr. Es ist wichtig, die Vorteile der Achtsamkeit zu verstehen, da dies unsere Absichten leiten kann. Wie wir später im Kurs sehen werden, kann das Wissen um die Vorteile uns beim Lernen motivieren und unterstützen und uns ermutigen, jeden Tag in irgendeiner Form Achtsamkeit zu praktizieren. Dieses Buch konzentriert sich in erster Linie auf die Achtsamkeit am Arbeitsplatz; die Vorteile der Achtsamkeit in diesem Bereich sind in Abbildung 1.3 dargestellt. Die Quelle dieser Daten sind zwei Meta-Analysen randomisierter kontrollierter Studien

(Randomised Controlled Trials, RCTs).[10] Das Erlernen und Praktizieren von Achtsamkeit kann uns stärken, beruhigen, fokussieren und uns helfen, klarsichtig zu werden. Ein achtsamer Ansatz bringt uns von der Reaktivität zur Reaktion, von der Überforderung zur Stabilität, von Automatismen und Vermutungen zu Zielstrebigkeit und Intentionalität. Er ist keine schnelle Lösung oder ein Allheilmittel und er wird die Achterbahn der Lebenserfahrungen nicht aufhalten, aber Achtsamkeit ist eine Fähigkeit, die Ihnen helfen kann, alles, was auf Sie zukommt, mit Bewusstheit und Reflexion zu bewältigen und die Muskeln im Geist aufzubauen, die eine Rückkehr zu Ruhe und Gelassenheit ermöglichen.

Meta-Analyse und RCTs

Eine *Meta-Analyse* bewertet die Ergebnisse vieler wissenschaftlicher Studien, die sich alle mit der gleichen Forschungsfrage befassen. Sie untersucht kritisch alle Einschränkungen der Forschung, einschließlich methodischer Unzulänglichkeiten oder Interpretationsfehler. Sie verwendet leistungsstarke statistische Analysen und präsentiert eine solide Zusammenfassung der Ergebnisse. Randomisierte kontrollierte Studien *(RCTs)* sind der Goldstandard bei wissenschaftlichen Experimenten und bieten die größtmögliche Stärke und Gültigkeit der Ergebnisse. Im medizinischen Bereich vergleichen sie zum Beispiel die Auswirkungen von Behandlungen. In Großbritannien wurde die Achtsamkeit einem RCT-Prozess unterzogen, um ihre Wirksamkeit zu ermitteln. Sie wird dort nun vom National Health Service (NHS) verschrieben und vom National Institute for Health and Care Excellence (NICE) für die Behandlung von Depressionen empfohlen. NICE empfiehlt Achtsamkeit auch als Maßnahme zum Wohlbefinden am Arbeitsplatz.[11]

10 Bartlett, L., Martin, A., Neil, A.L., Memish, K., Otahal, P., Kilpatrick, M. und Sanderson, K. (2019) A systematic review and meta-analysis of workplace mindfulness training randomized controlled trials. *Journal of Occupational Health Psychology*, 24(1), 108–126. Vonderlin, R., Biermann, M., Bohus, M. et al. (2020) Mindfulness-based programs in the workplace: A meta-analysis of randomized controlled trials. Mindfulness, 11, 1579–1598.

11 www.nhs.uk/mental-health/self-help/tips-and-support/mindfulness/

ABBILDUNG 1.3 Illustration zur Veranschaulichung des nachgewiesenen Nutzens von Achtsamkeitsprogrammen am Arbeitsplatz

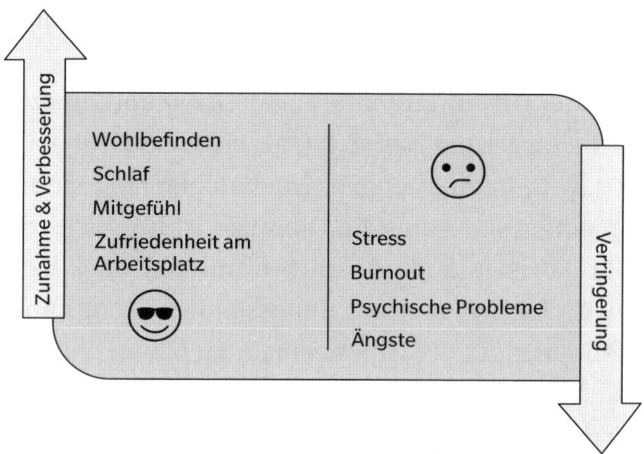

Neugierde, Offenheit und Akzeptanz

Achtsamkeit ist unter anderem eine Übung für das Gehirn, ein *Training der Aufmerksamkeit* – aber sie ist kein hartes oder anstrengendes Programm wie ein Besuch im Fitnessstudio oder ein Training für einen Marathon. Um der natürlichen menschlichen Tendenz vorzubeugen, mit einer neuen Aktivität auf diese Weise umzugehen, können wir einige ‚Einstellungen' einnehmen – oder Herangehensweisen an unser Lernen wählen, die dazu beitragen können, dass die Erfahrung der Achtsamkeit sanft, einnehmend und frei von Druck bleibt. Kapitel 3 enthält eine vollständige Liste von Einstellungen; lassen Sie uns zunächst drei erkunden, die in der Forschungsliteratur als besonders wichtig identifiziert wurden: Neugierde, Offenheit und Akzeptanz.[12]

Wenn Sie dem, was Sie in diesem Buch lesen, mit **Neugier** und Interesse begegnen, wird dies das Lernen unterstützen und fördern. Wir können auch weniger hilfreichen Gedanken, die wir bemerken, etwas Neugier entgegenbringen, z.B. Sorgen, Katastrophengedanken oder Grübeln über die Arbeit nach Feierabend. In dieser Hinsicht ist Neugier das Gegenteil von Verdrängen. Wenn wir neugierig sein können, sind wir weniger geneigt,

12 Bishop, S.R., Lau, M., Shapiro, S., Carlson, L., Anderson, N.D., Carmody, J., Segal, Z.V., Abbey, S., Speca, M., Velting, D. und Devins, G. (2004) Mindfulness: A proposed operational definition. *Clinical Psychology: Science and Practice*, 11(3), 230–241.

selbstkritisch in Bezug darauf zu sein, was und wie wir denken. Neugier bedeutet in diesem Zusammenhang, dass wir das, was bereits in unserem Kopf entstanden ist, mit einem Gefühl des Staunens versehen, so dass wir *es beobachten* können, anstatt uns darin zu verfangen.

Eine Haltung der **Offenheit** fördert eine Auseinandersetzung mit unserer Erfahrung, die insgesamt breiter ist, als sie es sonst sein könnte: Sie ist das Gegenteil davon, in einer engen, wiederkäuenden, sich wiederholenden Erfahrung ‚eingesperrt' zu sein. Offenheit ist für mich wie ein Blick in den Himmel: Er ist riesig und wir können unseren Blick bewusst so ausrichten, dass wir eine weitere und umfassendere Sicht haben – und wir können anerkennen, dass der Himmel mehr zu bieten hat als das, was wir aus unserer derzeitigen Perspektive sehen können.

Wir werden den Begriff der **Akzeptanz** später im Detail erforschen – er wird oft missverstanden –, aber für den Moment kann es helfen, Ihrer Erfahrung (jeder Erfahrung) *so* zu begegnen, *wie sie ist*, denn was auch immer Sie fühlen, Sie *fühlen es bereits*, und welche Gedanken auch immer im Geist auftauchen, sie sind *bereits da*; wenn sich der Geist oder die Emotionen wie ein Tauziehen anfühlen, lassen Sie das Seil, so gut es geht, los.

Kapitel 1

DEN BODEN BEREITEN

Wenn Sie beginnen, sich auf diesen Kurs einzulassen, werden Sie feststellen, dass wir einen nicht-traditionellen Ansatz zum Lernen und Trainieren wählen, der nicht von Zeitplänen, Zielen und Erfolgsmessungen bestimmt wird (Sie können ruhig aufatmen!). Natürlich werden Sie neue Informationen aufnehmen und lernen, wie Sie Achtsamkeit praktizieren können, aber der größte Wert liegt in der *Erfahrung* selbst. Achtsamkeit ist weniger eine Reihe von Fakten, die es zu lernen gilt, als vielmehr ein Prozess des Neu-in-Beziehung-Setzens, der eine andere Art des Umgangs mit unseren Erfahrungen fördert – daher sind die Fakten und Informationen, die ich Ihnen vermittle, ausschließlich dazu gedacht, Ihre Erfahrungen zu unterstützen. Das bedeutet, dass es weder angebracht noch notwendig ist, Druck auszuüben und den ‚Fortschritt' zu bewerten – obwohl das Bewerten und Analysieren so tief verwurzelt ist, dass Sie sich vielleicht fragen: „Funktioniert es schon?!" oder „Wie viel habe ich erreicht?". Wenn das passiert, sollten Sie einen Schritt zurücktreten und wissen, dass sich die Ergebnisse des Lernens und der Achtsamkeitspraxis im Laufe der Zeit auf viele verschiedene Arten zeigen werden und vielleicht nicht von Anfang an offensichtlich sind.

MISSVERSTÄNDNISSE ÜBER ACHTSAMKEIT

Wenn Sie einen Raum voller Menschen fragen würden, was sie unter Achtsamkeit verstehen (was ich regelmäßig tue!), würden Sie zweifellos einige gängige Missverständnisse hören. Lassen Sie uns diese jetzt untersuchen.

Achtsamkeit ist *Meditation*

Dies ist das häufigste Missverständnis, das ich höre. Die meisten Menschen haben eine vorgefasste Meinung darüber, was ‚Meditation' ist – dazu gehören in der Regel fließende Gewänder, Weihrauch, Stille, Schweigen und ein Kissen (und vergessen Sie nicht die obligatorische Position von Daumen und Zeigefinger!). Das ist keine Achtsamkeit. Es gibt viele, viele verschiedene Möglichkeiten, achtsam zu sein, von denen viele in diesem Buch vorgestellt werden.

Wenn Sie die von mir angebotenen konzentrierten Übungen als ‚Meditationen' bezeichnen möchten, dann tun Sie das bitte, aber Sie werden sehen, dass sie nicht dem von mir beschriebenen Stereotyp entsprechen und dass Achtsamkeitspraktiken oder ‚Meditationen' in der Forschungsliteratur eine besondere Rolle bei der Neuverdrahtung des Gehirns durch den Prozess der Neuroplastizität spielen.

Achtsamkeit ist ein *besonderer Zustand*

Wenn wir achtsam sind, gehen wir dazu über, *im Moment* zu sein und *uns dessen bewusst zu sein, dass wir im Moment sind.* Dies ist eine Art des *bewussten Erlebens*, die sich ganz besonders anfühlen kann, wenn wir nicht daran gewöhnt sind, aber es ist ein natürlich vorkommender Geisteszustand, den alle Menschen wählen können.

Achtsamkeit hat ihren Ursprung im *Buddhismus*

Achtsamkeitspraktiken sind in den meisten Weltreligionen zu finden, aber als Praxis ist sie nicht religiös. Achtsamkeit ist eine geistige Aktivität und Fähigkeit.

Achtsamkeit wird mir helfen, meinen *Geist zu leeren oder positiv zu denken*

Achtsamkeit hilft uns, uns unserer Gedanken *bewusster* zu werden. Wir lernen nicht, wie man Gedanken kontrolliert, oder versuchen, negatives Denken auszurotten oder positives Denken zu fördern. Achtsames *dezentriertes Gewahrsein* bedeutet, dass wir uns von den Gedanken zurückziehen und entscheiden können, welchen wir erlauben, unser Handeln zu bestimmen, und welche wir loslassen.

Achtsamkeit ist eine *Entspannungstechnik*

Entspannung ist zwar ein allgemeiner Vorteil, aber kein explizites Ziel – wir können unsere Ruhe nicht dadurch *erreichen*, dass wir versuchen,

Entspannung zu erzwingen (alle, die schon einmal versucht haben, sich zum Einschlafen zu zwingen, wissen, wie sinnlos das ist!), sondern indem wir die Bedingungen erkennen, die Ruhe unterstützen und fördern.[1] Wichtig ist, dass wir nicht ruhig sein müssen, um achtsam zu sein. Wir können mit unseren Gefühlen und Emotionen präsent sein, egal in welchem Zustand wir uns befinden. Wir können achtsam sein, wenn wir wütend, verängstigt, traurig, glücklich, zufrieden, gelangweilt, gestresst . . . sind.[2]

Achtsamkeit ist eine Methode der *Selbstverbesserung*

Das Konzept der Selbstverbesserung kann die Anpassung an die *Erwartungen anderer* fördern (wie *sollte* ich sein, was *sollte* ich tun), wohingegen Achtsamkeit uns hilft, unsere *selbst gewählten Werte* wirklich zu kennen und uns an ihnen zu orientieren, anstatt sie an den Idealen anderer zu messen.

Achtsamkeit wird mich ‚in Ordnung bringen'

‚In Ordnung bringen' impliziert, dass wir irgendwie beschädigt sind. Sie sind nicht beschädigt. Alle Menschen erleben Phasen der Angst, der Sorge, der Überforderung und des Stresses – das ist normal. Achtsamkeit kann uns lehren, mit diesen Erfahrungen auf eine Weise umzugehen, die nützlich und *anpassungsfähig* ist, anstatt uns zu schaden.

Achtsamkeit ist *Glückseligkeit*

Achtsamkeit bedeutet nicht, dass wir mit Gelassenheit über den Prüfungen des Lebens schweben – wir werden immer noch Momente haben, in denen

1 Dr. Ryan Niemiec beschreibt Achtsamkeit als einen horizontalen Prozess, bei dem es darum geht, bewusst und mit der Erfahrung verbunden zu sein, während wir durch den Tag gehen, was an sich schon viele Vorteile mit sich bringt. Im Gegensatz dazu sind andere Formen der Meditation oder der Gesundheitsintervention eher vertikal auf definitive Ergebnisse wie Entspannung oder die Linderung von Symptomen ausgerichtet. Es kann wirklich den Druck ablassen, Erwartungen oder Absichten leicht zu nehmen, denn es gibt kein ‚Ziel der Achtsamkeit', das man erreichen oder an dem man sich messen kann. Wenn das nicht wirklich Sinn macht, ist das an dieser Stelle verständlich – wir sind so daran gewöhnt, zu urteilen, zu messen und Ergebnisse zu erwarten!

2 Niemiec, R. (2013) *Mindfulness and Character Strengths: A practical guide to flourishing*, Hogrefe Publishing, 7.

wir mächtig unter Strom stehen! Aber wir werden das Handwerkszeug haben, um unsere Emotionen wahrzunehmen, sie besser zu nutzen und aus ihnen zu lernen.

IHREN KOMPASS EINSTELLEN

Es gibt viele Gründe, warum Menschen sich dafür entscheiden, Achtsamkeit zu praktizieren, und wir alle gehen mit unterschiedlichen Bedürfnissen und Erwartungen an unser Lernen heran. Wie wir bereits gesagt haben, sind traditionelles Lernen und Training auf greifbare und messbare Ergebnisse ausgerichtet, während unsere Lernreise in Sachen Achtsamkeit einen eher *wertebasierten Ansatz verfolgt.*[3]

Werte sind in der Regel keine materiellen Dinge. Sie sind eher einstellungs- und erfahrungsbezogen, sie signalisieren, was im Leben wirklich wichtig ist, und können davon geprägt sein, wie wir gerne wären oder wie wir das Leben leben möchten. Zum Beispiel könnten wir Wert darauf legen, kreativ, fürsorglich, mit anderen verbunden, abenteuerlustig oder inspiriert zu sein. Die Akzeptanz- und Commitment-Therapie (ACT) ist eine psychologische Intervention, die sich auf Achtsamkeitsstrategien stützt und besonders hilfreich ist, wenn es darum geht, Werte zu identifizieren und als Instrument zur Förderung des psychischen Wohlbefindens einzusetzen (siehe Abbildung 1.4).[4]

ABBILDUNG 1.4 ACT-Werte

3 Values vs. Goals – von Dr. Russ Harris: www.youtube.com/watch?v=T-lRbuy4XtA

4 Eine vollständige Liste der ACT-Werte: https://loving.health/en/act-list-of-values/

Wenn Sie sich an einem stärker wertebasierten Ansatz orientieren, wird Achtsamkeit nicht nur zu einem weiteren Punkt auf Ihrer To-Do-Liste oder zu einer Abhak-Übung. Wenn wir einzig und allein auf das Ziel fokussiert sind, könnten wir Achtsamkeit ungewollt auf ein Werkzeug für eine bestimmte Wirkung oder einen bestimmten Zweck reduzieren; wir könnten „Achtsamkeit zu einer Art Heilmittel degradieren", während sie eigentlich „am besten als eine Art des Seins oder als eine Herangehensweise an das tägliche Leben betrachtet und praktiziert wird".[5]

Ein offener und werteorientierter Ansatz lässt uns die Freiheit, zu sehen, was auf dem Weg passiert, und wir können für unsere Erfahrungen empfänglich sein, ob sie nun unseren Erwartungen entsprechen oder nicht. Anstelle von messbaren Zielen könnten wir uns darauf einigen, unseren Kompass auf eine bestimmte *Wegrichtung einzustellen*. Zum Beispiel hin zu Ruhe, zur Förderung der Kreativität, dazu, als Elternteil präsenter zu werden. Vielleicht sind Sie sich Ihrer Werte sehr bewusst, vielleicht aber auch nicht. Die folgende Übung könnte Ihnen dabei helfen, herauszufinden, was Sie wertschätzen. Sie können dann damit beginnen, Ihre Erwartungen an die Achtsamkeit mit dem in Einklang zu bringen, was Ihnen wichtig ist. Wenn die Übung zu etwas führt, das traditionellen Zielen ähnelt, ist das in Ordnung – im Laufe dieses Buches können Sie Ihre Werte aus Ihren Zielen herauskitzeln.

Übung zum freien Schreiben

Freies Schreiben ist eine Technik, die 1973 von Peter Elbow entwickelt wurde[6] und die uns helfen soll, unsere Ideen zu entwickeln und auszuarbeiten. Dies ist keine Achtsamkeitsübung, aber wir werden uns ihr auf eine achtsame Weise nähern.

Sie benötigen einen Stift und etwas Papier sowie einen auf zwei Minuten eingestellten Timer.

Schreiben Sie oben auf den Zettel:

„Ich fühle mich zur Achtsamkeit hingezogen, weil ..."

5 Niemiec, R. (2013) *Mindfulness and Character Strengths: A practical guide to flourishing*, Hogrefe Publishing, 7.

6 http://peterelbow.com/

Achten Sie auf das Gewicht des Stifts in Ihrer Hand, darauf, wie Ihre Finger genau wissen, was sie tun müssen, um Worte auf dem Blatt zu erzeugen. Vielleicht haben Sie schon lange nichts mehr auf Papier geschrieben – vielleicht fühlt es sich vertraut an oder weckt Erinnerungen – oder vielleicht fühlt es sich auch ein wenig seltsam an! Ist das Papier glatt, rau, liniert oder leer? Hat sich Ihr Körper in Erwartung angespannt? Sind Ihre Schultern nach vorn gebeugt? Müssen Sie Ihre Haltung anpassen, um es bequemer zu haben?

Sie werden zwei Minuten lang ohne Unterbrechung in ganzen Sätzen schreiben, ohne zu bewerten, was Sie schreiben, machen Sie einfach weiter. Wenn Ihnen nichts einfällt, schreiben Sie einfach so etwas wie „Die Ideen werden kommen“, und zwar so lange, bis sie kommen.

Hören Sie auf, wenn die zwei Minuten um sind (auch wenn Sie mitten im Satz sind).

VORSÄTZE FASSEN: WAS BRAUCHE ICH?

Unsere Erwartungen und Werte können inspirierend sein, aber es sind unsere Vorsätze, die uns helfen können, eine Lernreise zu beginnen und aufrechtzuerhalten.

Sich die Zeit nehmen

Achtsamkeitstraining erfordert wie jedes Lernen etwas Zeit – nicht sehr viel Zeit, aber Sie müssen Achtsamkeit jeden Tag üben.

Wie wir alle wissen, ist es sehr selten, dass sich uns ein bisschen freie Zeit einfach so bietet – wir füllen unsere Zeit sehr schnell. Wir müssen uns daher sorgfältig vornehmen, uns etwas Zeit zum Üben zu nehmen. Da dieser Kurs mit kürzeren Übungen (ein paar Minuten) beginnt, ist es *machbar*, sie jeden Tag auszuführen. Die Betonung von *aktivem Gewahrsein* in diesem Buch trägt auch dazu bei, das Konzept zu vermitteln, dass Achtsamkeit außerhalb von konzentrierten Übungen sofort verfügbar ist.

Den richtigen Zeitpunkt zum Üben finden

Ich werde oft gefragt, welche Tageszeit sich am besten für eine konzentrierte Achtsamkeitsübung eignet. Das hängt ganz von Ihrer persönlichen Entscheidung und Verfügbarkeit ab. Ich habe hier einige Punkte aufgeführt, die Sie berücksichtigen sollten.

- Es ist hilfreich, zu üben, wenn Sie sich wach und aufmerksam fühlen, aber für viele von uns ist Müdigkeit ein häufiger Begleiter. Sie könnten Ihr Interesse ein wenig darauf richten, wie sich Ihre Erfahrungen beim Üben am Morgen, wenn Sie wach sind, und am Abend, wenn Sie müde sind, voneinander unterscheiden. Wenn Sie einschlafen, dann war es Schlaf, den Sie brauchten.
- Der Morgen ist die Zeit des Tages, in der Sie bereits viele gesunde Gewohnheiten einplanen – wie Zähneputzen, Duschen, Frühstücken –, so dass ein paar Minuten Achtsamkeit gut hineinpassen. Oder Sie können üben, während Sie darauf warten, dass Ihre technischen Geräte hochfahren.
- Die Mitte des Tages kann ideal für Ihren Arbeits- oder Lebensalltag sein, wenn Sie sowieso eine Mittagspause einlegen – und ein guter Grund sicherzustellen, dass Sie eine Pause machen.
- Wenn Sie sich ein wenig früher bettfertig machen, können Sie eine schöne Zeit zum Üben schaffen. Aufrecht oder in der ‚Astronautenposition' (auf dem Rücken liegend, mit den Unterschenkeln auf einem Stuhl) zu sitzen oder mit offenen Augen zu üben, kann helfen, das Einschlafen zu verhindern.

Es kann hilfreich sein, eine Achtsamkeitsübung mit einer bestehenden regelmäßigen Routineaktivität zu verbinden, damit Sie sich daran erinnern.

Den Raum schaffen

Sie können Achtsamkeit überall praktizieren, und obwohl es schön ist, ein wenig Ruhe zu haben, ist Stille nicht notwendig. Am besten ist es, wenn Sie an einem Ort sind, an dem Sie nicht von anderen unterbrochen werden. Achtsame Bewegungsübungen (wenn Sie sich dafür entscheiden) erfordern Raum und Privatsphäre, aber ich habe Möglichkeiten für minimale Bewegung geschaffen, die Sie bei der Arbeit und sogar an Ihrem Schreibtisch durchführen können, ohne die Aufmerksamkeit neugieriger Kolleginnen und Kollegen auf sich zu ziehen!

Eines der vielen wunderbaren Dinge an der Achtsamkeit ist ihre Mobilität, so dass Sie jeden Raum oder Platz im Freien wählen können. Es ist nicht notwendig, sich einen festen Ort für die Übung zu schaffen. Wenn wir zu sehr von einem bestimmten Ort abhängig werden, kann das sogar ein Zeichen dafür sein, dass die Achtsamkeit auf diesen Ort beschränkt ist und nicht überall und zu jeder Zeit geübt werden kann. Wechseln Sie regelmäßig die Orte, wenn Sie feststellen, dass Sie sich auf einen bestimmten Ort verlassen oder Achtsamkeit mit einem bestimmten Ort assoziieren. Die wichtigsten Kriterien sind Komfort und Sicherheit.

Für die Achtsamkeitsübungen brauchen Sie keine ausgefallene Ausrüstung, sondern nur eine stützende Unterlage für sitzende Übungen wie einen Stuhl mit gerader Rückenlehne (Füße flach auf dem Boden) oder eine Yogamatte, ein Sofa oder ein Bett für alle Übungen, die Sie im Liegen durchführen möchten.

EINE EINSTELLUNG ZUR ACHTSAMKEIT

Jetzt haben wir also eine Vorstellung von den Werten und Erwartungen, die uns zum Lernen inspirieren, und einige leicht gefasste Vorsätze, wann und wo wir uns in Achtsamkeit üben könnten. Der nächste Schritt besteht darin, auf das Konzept der *Einstellung* zurückzukommen, das in diesem Zusammenhang ‚Perspektive', ‚Herangehensweise' oder ‚Denkweise' bedeutet. Betrachten wir den Begriff der Einstellung im Zusammenhang mit der Vorbereitung auf Ihre Lernreise zur Achtsamkeit. Zweifelsohne hat die Einstellung einen großen Einfluss auf das Ergebnis und die Erfahrung des Lernens, denn die Einstellung, die wir mitbringen, steckt wirklich den Rahmen ab.

Die Einstellung ist der Filter, durch den wir Informationen empfangen und verarbeiten. Wir mögen denken, dass die Einstellung rein automatisch ist, wir mögen sie als Teil unserer Persönlichkeit betrachten oder als etwas, das uns von äußeren Situationen diktiert oder aufgezwungen wird. Tatsächlich ist unsere Einstellung etwas, das wir durchaus wahrnehmen und zielgerichtet einsetzen können. Wenn wir das tun, kann sich unsere gelebte Erfahrung mit der Welt um uns herum verändern. Sie können sich das so vorstellen, als hätten Sie eine Reihe von Sonnenbrillen mit verschiedenfarbigen Gläsern, von denen jedes die Welt in einem anderen Licht zeigt oder zu einer bestimmten Stimmung beiträgt. Auch wenn das Wetter oder die Umgebung uns zu einer bestimmten Brille drängen, *liegt es an uns, welche wir wählen und tragen.*

Überlegen Sie, welche Einstellung Sie jetzt zur Achtsamkeit haben. Ist sie sehr optimistisch – vielleicht sehen Sie sie als Allheilmittel oder Allzweckwaffe? Oder sind Sie sehr skeptisch? Wenn Ihre Einstellung zu optimistisch ist, könnten Sie leicht schon bei der ersten Hürde ernüchtert und enttäuscht werden. Wenn Sie sich jedoch auf die Seite der extremen Skepsis schlagen (was ich nicht hoffe, denn Sie haben dieses Buch gekauft!), könnte das erste Problem Ihre Einstellung „Ich wusste, dass es nicht funktionieren würde" bestätigen. Nehmen Sie sich einen Moment Zeit, um zu erkennen, wie Sie sich der Achtsamkeit nähern: Wo auf der (sehr unwissenschaftlichen!) Einstellungsskala in Abbildung 1.5 befinden Sie sich?

ABBILDUNG 1.5 Eine Skala zur ‚Einstellung zur Achtsamkeit

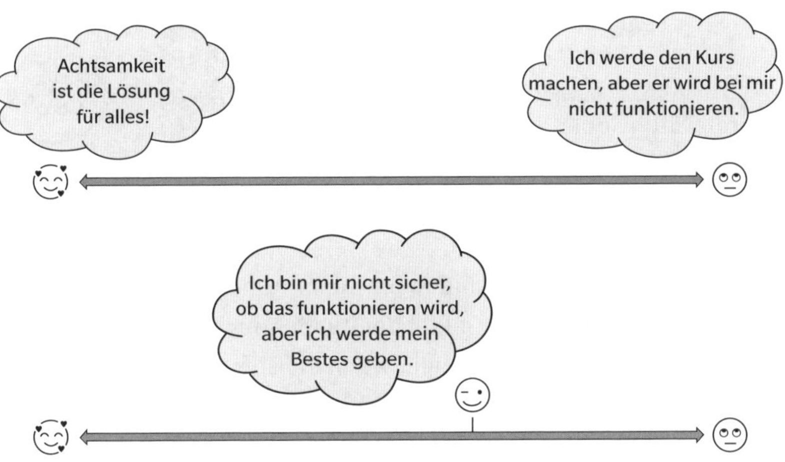

Am besten ist es (meiner Meinung nach), wenn Sie sich in der Mitte befinden, aber leicht zur Skepsis neigen. Sie werden genug Enthusiasmus mitbringen, um sich zu motivieren, und gerade genug Zweifel, um gute Fragen zu stellen.

Abbildung 1.6 zeigt einfach, wie die drei Elemente der Vorbereitung zusammenhängen und sich gegenseitig unterstützen. Natürlich lässt sich dies auf alle Arten des Lernens und der Ausbildung übertragen, denen Sie begegnen könnten, und es ist definitiv etwas, das Sie im Hinterkopf behalten sollten.

ABBILDUNG 1.6 Die drei vorbereitenden, sich gegenseitig bedingenden Elemente für das Lernen

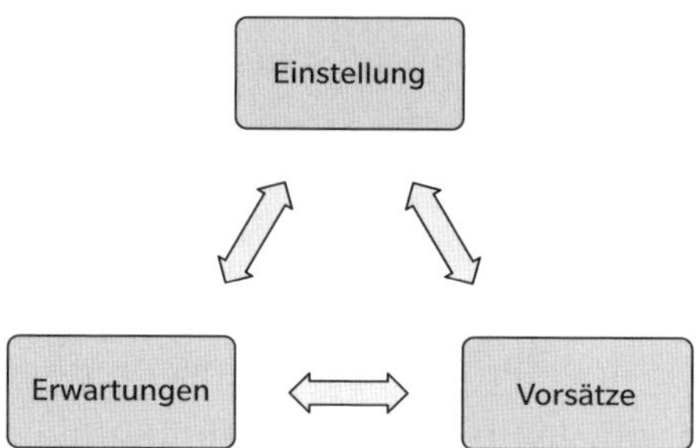

Wenn Sie hier innehalten und diese Übung ausprobieren möchten, können Sie das Skript unten verwenden.

Zwei Minuten Achtsamkeit

- Sitzen Sie bequem aufrecht auf Ihrem Stuhl oder stehen Sie fest und mit lockeren Knien. Richten Sie Ihre Aufmerksamkeit auf die Worte dieser Übung.
- Achten Sie auf die Empfindungen beim Atmen: die Luft, die durch die Nase einströmt, das Gefühl der Ausdehnung in der Brust oder im Bauch und dann das Ausatmen, wenn die Luft sanft abgelassen wird und sich die Brust oder der Bauch leert, wenn die Luft wieder aus der Nase oder dem Mund strömt. Erlauben Sie Ihrer Aufmerksamkeit, bei dem Atem zu sein, indem Sie einfach die Gefühle der Bewegung im Körper wahrnehmen, die Empfindungen jedes Einatmens und jedes Ausatmens.
- Lassen Sie uns innehalten und ein paar Atemzügen in Stille folgen (Sie können Ihre Augen schließen, wenn Sie möchten).
- Wenn der Geist vom Atem abschweift, bemerken Sie, wohin er gegangen ist – vielleicht haben Sie *über* diese Übung nachgedacht oder darüber, was in Ihrem Tag als Nächstes ansteht. Lenken Sie

Ihre Aufmerksamkeit sanft zurück auf die Empfindungen des Atems. Folgen Sie dem gesamten Einatmen und dem gesamten Ausatmen.
- Wenn wir die Übung beenden und Sie Zeit haben, richten Sie Ihre volle Aufmerksamkeit mit Wärme und Interesse auf nur ein Einatmen und ein Ausatmen.
- Wenn Sie bereit sind, erweitern Sie Ihre Aufmerksamkeit auf das, was Sie sehen oder hören, oder auf die Atmosphäre in dem Raum um Sie herum.

Im Scheinwerferlicht der Aufmerksamkeit kann sich der Geist wie ein überraschender Ort anfühlen, vor allem wenn wir es nicht gewohnt sind, absichtlich in unsere Gedanken und Gefühle hineinzuhören. Es ist wichtig zu wissen, dass es keine ‚richtige' und keine ‚falsche' Erfahrung gibt, aber vielleicht haben Sie diese Übung und Ihre ‚Fähigkeit' dazu beurteilt. Vielleicht haben Sie einen Kommentar in Ihrem Geist bemerkt: „Ich bin nicht gut darin", „Ich habe ständig den Fokus verloren", „Ich bin gelangweilt", „Ich kann das nicht tun".

Der wandernde Geist ist nicht etwas, das wir bekämpfen müssen, sondern er ist Teil der Achtsamkeitspraxis und kann für diese genutzt werden. Wir brauchen nicht zu versuchen, hochkonzentriert zu sein, sondern wir nehmen unsere Aufmerksamkeit wahr und lenken sie – immer und immer wieder. Das *ist* Aufmerksamkeitstraining. Werfen Sie einen Blick auf Abbildung 1.7, um zu sehen, wie das Abschweifen der Gedanken bei der Achtsamkeit eine Rolle spielt.

ABBILDUNG 1.7 Der Achtsamkeitszyklus der Aufmerksamkeit

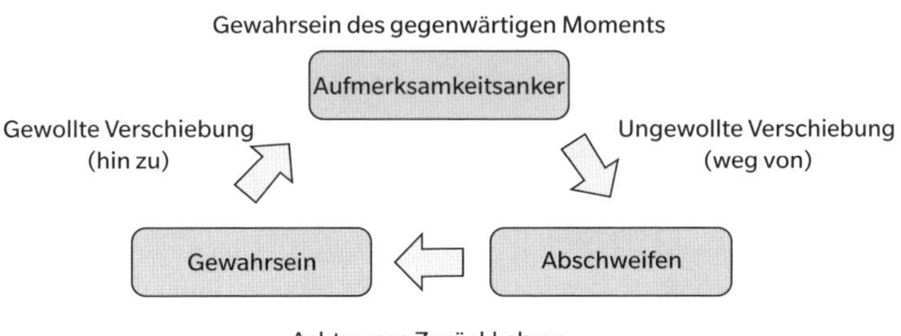

Ich habe auf der Website eine kurze Erklärung über den *Anker für Aufmerksamkeit* eingefügt, falls dieses Konzept schwer zu verstehen ist.

Lektion 1

ACHTSAMKEIT FREISETZEN

Willkommen zu Lektion 1.

Jede Lektion in diesem Buch beginnt mit einer ‚Zeit zum Üben' (scannen Sie den QR-Code unten) – dies ist eine Einladung zum Innehalten und hilft, behutsam eine Zeit der Konzentration und des Lernens zu markieren. Alternativ zu den kurzen Übungen können Sie auch ein paar bewusste Atemzüge machen oder Ihre Körperhaltung anpassen, um sich wohler und aufmerksamer zu fühlen.

ACHTSAMKEIT, NATÜRLICH

Entgegen weit verbreiteter Missverständnisse ist Achtsamkeit keine besondere, ‚erleuchtete' oder überlegene Lebensweise, sondern ein ganz natürlicher Zustand, der uns allen angeboren ist und zu dem wir alle die Fähigkeit besitzen. Sie haben bereits alles, was Sie brauchen, um eine achtsamere Lebensweise zu erfahren. Doch obwohl Achtsamkeit von Natur aus gegeben ist, bedeutet dies nicht, dass sie leicht zu erlernen ist, vor allem nicht für Anfängerinnen und Anfänger. Der Grund dafür ist, dass eine viel weiter verbreitete Art des Seins dazu neigt, die Oberhand zu gewinnen und unser Erleben zu dominieren; wir könnten dies Acht*losig*keit oder *Autopilot* nennen.

Stellen Sie sich am besten vor, Sie müssten jede einzelne Handlung und Bewegung, die für die Erledigung Ihrer täglichen Aufgaben erforderlich ist, bewusst durchdenken: jeden Mausklick und jedes Antippen der Tastatur, um eine E-Mail zu schreiben und zu versenden; jede körperliche und geistige Bewegung, während Sie durch den Supermarkt gehen oder sich eine Tasse Tee zubereiten. Das klingt wahrscheinlich anstrengend. Das Gehirn verfügt nur über eine begrenzte Menge an Ressourcen, und wenn wir unsere Aufmerksamkeit auf alles, was wir tun, ausdehnen müssten, wären wir selbst mit den einfachsten Aufgaben schnell überfordert. Glücklicherweise haben die Menschen eine geniale Methode entwickelt, um Energie zu sparen und Prioritäten zu setzen. Das nennt man **Lernen**: die wiederholte Ausübung einer Aufgabe, die zu dem führt, was in der Psychologie *Automatismus* genannt wird. Wenn wir etwas häufig tun, werden wir richtig gut darin, bis zu dem Punkt, an dem wir es ausführen können, ohne bewusst darüber nachzudenken – und oft, während wir an etwas ganz anderes denken.

Wir verlassen uns viel auf Automatismen. Wenn Sie sich jetzt ein paar Augenblicke Zeit nehmen und darüber nachdenken, werden Sie vielleicht einige Aufgaben oder Aktivitäten in Ihrem Alltag erkennen, die normalerweise ‚auf Autopilot' ausgeführt werden. Das sind Zeiten, in denen Ihre bewusste Aufmerksamkeit minimal oder gar nicht vorhanden ist – wenn Sie eine Sache tun und eine andere denken. Ein nützlicher Hinweis ist, dass Ihr Gedächtnis für Details undeutlich oder lückenhaft sein könnte. Sie könnten zum Beispiel ‚aufwachen', während Sie das Auto parken, und feststellen, dass Sie sich kaum noch an Ihre Fahrt erinnern können. Oder Sie müssen eine Nachricht, die Sie gerade verschickt haben, noch einmal überprüfen, um sicherzugehen, dass Sie auch wirklich das gesagt haben, was Sie sagen wollten (oder dass Sie sie an die richtige Person geschickt haben!). Einige der Dinge, die wir von Natur aus tun, eignen sich für den Autopiloten, wie z.B. sich morgens für die Arbeit fertig zu machen, zu duschen, die Zähne zu putzen, Kaffee zu kochen, sich anzuziehen – ich habe einmal die falsche Kontaktlinse in jedes Auge gesetzt und konnte nicht herausfinden, warum ich den ganzen Tag über verschwommen sah. Vielleicht haben Sie einen Job, bei dem Ihnen eine sich wiederholende Tätigkeit zur ‚zweiten Natur' geworden ist. Es kann etwas schwierig sein, den Autopiloten zu erkennen, weil wir es nicht gewohnt sind, danach zu suchen.

So nützlich und wichtig der Automatismus auch ist, er kann dazu führen, dass die Zeit und das Leben wie im Fluge vergehen und die Momente, in denen wir uns wach, präsent und geerdet fühlen, nur noch selten vorkommen. Wir könnten aufhören, die Details und Erfahrungen unseres Lebens in der Gegenwart wahrzunehmen. Während wir automatisch arbeiten, kann der Verstand in die Zukunft weiterlaufen oder über die Vergangenheit grübeln, was im Laufe der Zeit unsere Stimmung verschlechtern kann. Bei der Arbeit kann es passieren, dass wir roboterhaft arbeiten und Standardverfahren und Routinen ohne bewusstes Eingreifen befolgen. Der Autopilot kann leicht zu einer Falle werden, in die wir tappen, ohne es zu merken.

Der unkontrollierte Autopilot kann viele unbeabsichtigte Folgen haben – wenn wir uns unserer Unachtsamkeit weiterhin nicht bewusst sind.

- *Fehler und Irrtümer* können auftreten, wenn wir uns nicht wirklich auf das konzentrieren, was wir tun – und wir werden wahrscheinlich nicht bemerken, dass wir sie gemacht haben.
- Wir könnten achtlos Umgangsweisen mit den Dingen akzeptieren, die mittelmäßig, veraltet oder nicht zweckmäßig sind.
- Wir verweigern uns selbst die Möglichkeit, *eine Wahl zu treffen*, weil wir die Kontrolle an unser unbewusstes Selbst abgeben (als würden wir einem vorher festgelegten Plan oder Schema folgen, das im Hintergrund läuft).
- Wir könnten uns unhinterfragt auf ineffektive Prozesse und Arbeitsweisen verlassen, die uns von anderen weitergegeben wurden – als die ‚einzige' Art, Dinge zu tun.
- Das Leben kann sich wie eine Tretmühle der Routine anfühlen, die Zeit vergeht schnell, als würden wir eher existieren als leben. Die kleinen Freuden und die Schönheit des Lebens gehen unbemerkt an uns vorbei. Wir halten nie inne, um an den Rosen zu riechen – schlimmer noch, wir bemerken nicht einmal, dass die Rosen da sind.
- Wir tun die Dinge, die wir immer tun, auf die Art und Weise, wie wir sie immer getan haben, und wundern uns dann, warum wir uns festgefahren oder gelangweilt fühlen.
- Gedanken und Denkstile können auch automatisch sein; wir können uns in zirkulärem, sich wiederholendem Denken (Grübeln) verfangen.
- Wir können auf Situationen ‚ohne nachzudenken' auf eine Art und Weise reagieren, die uns später unpassend oder unangemessen erscheint.

Automatismus, Burnout und mangelnde Kontrolle

In meiner Tätigkeit als Mentorin erlebe ich oft, dass sehr wohlmeinende und kluge Führungskräfte in eine *Kontrollfalle* tappen, wie ich es nenne. Sie leiten ihre Teams stark an und geben klare Anweisungen, wie die Dinge genau zu tun sind. Die Teammitglieder neigen dazu, gut darauf zu reagieren, denn es schafft Gewissheit und ein sicheres Gefühl. Alle wissen, wo ihr Platz ist, was zu tun ist und wie es genau zu tun ist. Leider können Vertrautheit und Routine auch zu Apathie und Langeweile führen und den Eindruck erwecken, dass *es an Kontrolle und Wahlmöglichkeiten mangelt.* In solchen Situationen fühlen sich die Mitarbeitenden unterdrückt und abgewertet oder sind übermäßig abhängig von einem Mikromanagement. Kreativität und Dynamik können sich wie Aufmüpfigkeit anfühlen – eine ‚Bleib-in-deiner-Spur'-Mentalität, die Verbesserungen und Fortschritte verhindern kann und die Führungskräfte am Ende wieder unter unangemessenen Druck setzt. Wenn Probleme oder Herausforderungen auftauchen und die Standardarbeitsweisen unweigerlich versagen oder nicht optimal sind, fühlen sich Managerinnen und Manager sowie Teammitglieder, die in starren Arbeitsweisen gefangen sind, machtlos und weniger in der Lage zu reagieren. Dies kann zu Stressgefühlen und Burnout führen. In einer Welt, in der sich viele Mitarbeitende von *funktionsbasierten* Rollen weg und hin zum Einsatz flexibler *Fähigkeiten* bewegen müssen, ist eine kontrollierte Arbeitsweise, die die Voraussetzungen für Automatismen schafft, wahrscheinlich etwas, das man am besten der KI überlässt und nicht den Menschen.

Bei mir läuten die Alarmglocken, wenn ich eine Organisation oder ein Team sehe, das sich auf sehr standardisierte und stark dokumentierte Arbeitsweisen versteift hat oder das von Technologien, Systemen, Hierarchien oder dominanten, kontrollierenden und urteilenden Persönlichkeiten stark reglementiert wird. Ich will damit nicht sagen, dass Regeln und Standards schlecht sind, aber es besteht ein großer Unterschied dazwischen, Regeln und Standards als *Leitfaden* zu verwenden oder achtlos und unhinterfragt zuzulassen, dass sie absolut *regieren.* Um zu verstehen, wie eine achtsamere und engagiertere Arbeit aussieht und sich anfühlt, denken Sie daran zurück, wie Sie zum ersten Mal eine neue Aufgabe übernommen haben. Erinnern Sie sich an das Gefühl der Neuheit und des Engagements, an das Gefühl der Möglichkeit: „Es gibt so viel, was ich hier tun könnte!" All die Fragen, die Sie stellen mussten, das Lernen, die Aufregung und die Neugierde. Achtsames Arbeiten ist genauso – es kann eine Frische und ein Gefühl der Möglichkeit einbringen. Achtsam zu arbeiten bedeutet, dass wir *entscheiden* können, wann wir Routinen folgen, um Energie zu sparen, und wann wir die Dinge neu betrachten und unsere Ideen und unseren Intellekt auf eine Art und Weise einsetzen, die von präzisen, agilen, auf die Gegenwart fokussierten Informationen und nicht von alten oder routinemäßigen Vorgehensweisen bestimmt wird.

Viele Menschen, die sich zur Achtsamkeit hingezogen fühlen, verbringen viel Zeit auf Autopilot oder stellen fest, dass sie die meiste Zeit aus der Routine heraus handeln. Sie haben vielleicht das Gefühl, dass das Leben mehr zu bieten hat, oder den Eindruck, unzufrieden zu sein, keine Kontrolle zu haben, keine Wahl zu haben oder etwas zu verpassen. Bei der Arbeit kann es sein, dass sie glauben, von Plänen mitgerissen zu werden, die sie nicht selbst gemacht haben oder die sie nicht interessieren, oder dass sie von Sorgen oder ängstlichen Denkweisen getrieben werden. Auf Autopilot fühlen wir uns vielleicht unfähig, voranzukommen, unsere Kreativität zu nutzen oder das Selbstvertrauen zu haben, die Art und Weise, wie Dinge erledigt werden, zu hinterfragen. Sie sind nicht allein, und die gute Nachricht ist, dass Achtsamkeit dazu beitragen kann, dass sich die Wolken verziehen, so dass Sie aus der Vertrautheit und Apathie ausbrechen und sich direkt auf das Leben einlassen können, auf Neues und Unbekanntes. Wir müssen langsam beginnen und uns achtsam darauf einstellen. Die nächste Achtsamkeitsübung ist der erste Schritt und ist auf dem Gebiet der Achtsamkeit ziemlich berühmt. Wenn Sie sie erleben, schließen Sie sich einer Gemeinschaft von Millionen an, die eine Rosine nie wieder auf die gleiche Weise sehen werden!

DIE ROSINEN-MEDITATION

Wenn Sie diese Übung schon einmal gemacht haben, tauschen Sie die Rosine bitte nicht gegen ein anderes Nahrungsmittel aus – es ist eine Gelegenheit zu sehen, was dieses Mal passiert. Wenn Sie Rosinen nicht besonders mögen, können Sie die Übung trotzdem versuchen und Ihre Abneigung mit Neugierde erkunden. Oder Sie könnten ein anderes kleines Stück Obst oder eine Nuss wählen. Sie können auch gerne den Teil mit dem Essen auslassen.

Vorbereitung

Wählen Sie einen Ort für die Übung, an dem Sie nicht gestört werden. Die Übung wird etwa fünf Minuten dauern, plus etwas Zeit für die Selbsterkundung.

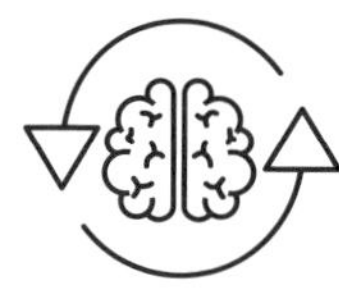

DIE ROSINEN-MEDITATION

SELBSTERKUNDUNG

Wenn Sie diese Übung beenden, lenken Sie Ihre Aufmerksamkeit sanft auf eine Reflexion über das, was Sie erlebt haben. Wie haben Sie diese Übung empfunden? Gab es irgendwelche Überraschungen? Was ist Ihnen an der Art und Weise aufgefallen, wie Sie Ihre Aufmerksamkeit gerichtet haben – war sie bewusster als sonst? Haben Sie bemerkt, dass Ihre Gedanken abschweiften? Waren Sie in der Lage, zwischen dem Nachdenken *über* die Rosine und dem reinen *Wahrnehmen* mit den Sinnen zu unterscheiden?

Hier sind einige Beobachtungen, die meine Schülerinnen und Schüler nach der Rosinen-Meditation gemacht haben:

> „Als die Übung begann, kam ich mir albern vor, was könnte ich von einer Rosine lernen? Dann habe ich mich darauf eingelassen und festgestellt, dass eine Rosine wirklich einen süßen Geschmack hat, wenn man sich ganz auf sie konzentriert!“

„Bevor ich begriff, was die Übung war, aß ich etwa 10 Rosinen, ohne darüber nachzudenken. Dann machte ich die Übung und stellte fest, dass eine einzige Rosine befriedigender war als alle Rosinen in der Schachtel, die ich mir vorher in den Mund geschaufelt hatte."

„Ich merkte, dass ich mich ziemlich langweilte, aber ich machte einfach weiter, ich war ein bisschen halbherzig. Dann bemerkte ich, dass ich den starken Drang verspürte, die Rosine zu essen, die Sache zu erledigen und etwas anderes zu machen. Am Ende wurde mir klar, dass dies auch meine Herangehensweise an die Arbeit ist. Ich langweile mich und werde zynisch. Ich erledige die Arbeit schnell und automatisch, damit ich zum nächsten Schritt übergehen kann. Ich halte nicht inne, um darüber nachzudenken, was ich tue oder wie ich es tue."

„Ich dachte nicht, dass ich Rosinen mag, aber ich hatte vergessen, dass sie tatsächlich nach etwas schmecken, und ich erinnerte mich daran, wie ich sie in der Schule gegessen hatte, diese kleinen Pappschachteln, die mir meine Mutter immer zu meinem Pausenbrot legte. Ich wurde ein bisschen emotional."

„Ich dachte darüber nach, was eine Rosine ist und wie sie hergestellt wird – wie lange sie zum Trocknen braucht und ob sie in der Sonne oder in einer Trockenmaschine getrocknet wird – gibt es das überhaupt?! Ich habe den Geruch oder den Anblick der Rosine nicht wirklich wahrgenommen, obwohl ich die Übung mitgemacht habe. Ich dachte an das sonnige Kalifornien und daran, wie miserabel das Wetter heute in Großbritannien ist, was mich bedrückte. Den Geschmack habe ich erst ganz zum Schluss wahrgenommen, als ich mich auf das besann, was Sie sagten, und mich von meiner Analyse der Rosine löste!"

Optionale Rosinen-Meditation

Nehmen Sie ein paar Rosinen und essen Sie sie achtsam, ohne eine der Anleitungen zu befolgen. Fühlen Sie sich frei, spielerisch, neugierig und experimentell zu sein. Nehmen Sie einfach alles wahr, was in Ihrem Erfahrungsfeld und Ihrer Aufmerksamkeit auftaucht.

Vielleicht haben Sie diese Übung als zu simpel, als Zeitverschwendung, als langweilig oder als bedeutungslos abgestempelt – das ist in Ordnung. Es gibt einen Platz für Zweifel und einen Platz für Vertrauen – Sie müssen beides so gut wie möglich ausbalancieren und auf beides zurückgreifen.

Die Abkehr vom Autopiloten und die Hinwendung zu einer verkörperten Erfahrung der Welt in Echtzeit ist nicht kompliziert, also brauchen wir keine komplizierte Übung, die uns zeigt, wie das geht. Wir können überraschend viel aus dieser Übung lernen, wenn wir uns dafür öffnen.

Das achtsame Wahrnehmen unserer Erfahrung bringt uns von einem inaktiven zu einem aktiven Geisteszustand. Die Rosinen-Meditation zeigt uns, wie schnell (und oft) der Verstand auf Autopilot schaltet. Wir blenden die Details aus, die Echtzeit-Erfahrung tritt in den Hintergrund, wir verlassen uns automatisch auf das, was wir über die Erfahrung *zu wissen glauben* oder *vorhersagen* (ich mag keine Rosinen, sie sind geschmacklos, ich werde mich langweilen, ich werde mich dumm fühlen, wenn ich das tue), anstatt uns direkt auf die Erfahrung selbst einzulassen. Wenn wir achtlos sind, sind wir zwar immer noch in der Lage, die Rosine zu essen, aber wir *essen die Rosine* nicht *wirklich*.

Wir können auch sehen, dass es möglich ist, *mit unserer Aufmerksamkeit bewusst umzugehen*, dass wir in der Lage sind, in eine aktive *Echtzeit-Erfahrung* dessen zu wechseln, was wir gerade tun: „Ich kann die Süße schmecken / die Rosine ist weich und zäh / die Textur fühlt sich seltsam an / das ist ziemlich entspannend und interessant / ich fühle mich ein bisschen albern mit dieser Rosine auf meiner Zunge!". Wenn wir von der eigentlichen Erfahrung abdriften, können wir dies bemerken und uns wieder dazu entschließen, *die Rosine wirklich zu essen*.

Sie haben sich jahrelang darin geübt, achtlos zu sein, sich von gelernten Informationen leiten zu lassen, die Sie nie in Frage stellen (weil Sie nicht merken, dass Sie achtlos sind), und diese Informationen zu nutzen, um vorherzusagen, wie die Dinge sein werden. In diesem Zustand prägen und färben Vorurteile das, was sonst eine ganz andere Erfahrung wäre. Dieses Buch wird Ihnen dabei helfen, Ihre aktive Geisteshaltung zu trainieren und die Achtsamkeit anzuschalten, so dass Sie wieder im Hier und Jetzt leben können, wann immer Sie es wünschen.

Zusammenfassung

- Achtsamkeit setzt nicht voraus, dass Sie einen besonderen Zustand erreichen, auch wenn das Gegenwärtigsein insofern als ‚besonders' angesehen werden könnte, als wir uns wahrscheinlich nicht so oft in diesem Zustand befinden.
- Der Autopilot ist effizient und ermöglicht es uns, ‚das eine zu denken und das andere zu tun', aber wir laufen Gefahr, die Details des Lebens nicht zu bemerken.
- Bei der Arbeit bedeutet Achtlosigkeit, dass wir Routinen folgen und dazu neigen, uns von Regeln und Systemen leiten zu lassen, die optimal sein können oder auch nicht (wir werden es nicht wissen, wenn wir nicht innehalten, um es zu bemerken).
- Achtsames Arbeiten kann frisches Engagement und Wahlmöglichkeiten bedeuten und sich belebend und ermächtigend anfühlen – wir fühlen uns weniger leicht von Problemen überrollt.
- Die Rosine ist so ein ganz gewöhnlicher Gegenstand. Wenn wir so viele Sinneserfahrungen mit ihr machen können, welche anderen Reichtümer liegen dann noch im Verborgenen? Die Echtzeit-Erfahrung unseres Lebens ist immer da – sie steht uns jederzeit zur Verfügung, wenn wir uns entscheiden, ihr Aufmerksamkeit zu schenken.

Aktivitäten in Lektion 1

LEKTION 1 Konzentrierte Achtsamkeitsübung

Bevor Sie beginnen, könnte es hilfreich sein, sich die Illustration *des Achtsamkeitszyklus der Aufmerksamkeit* in Kapitel 1 noch einmal vor Augen zu führen, um Sie an die ‚Form' einer Achtsamkeitspraxis zu erinnern. Nehmen Sie sich nach der Übung einige Augenblicke Zeit, um Ihre Beobachtungen und Überlegungen zu notieren. Ich habe eine Vorlage für eine Selbsterkundung auf der begleitenden Website bereitgestellt. **Versuchen Sie, mindestens eine Woche lang jeden Tag zu üben, bevor Sie zu Lektion 2 übergehen.**

Achtsame Unterbrechung

Versuchen Sie so gut wie möglich zu erkennen, wann der ‚Autopilot' die Kontrolle übernimmt. Die folgenden Punkte und Merkmale werden Ihnen helfen, diesen Zustand zu erkennen:

- Verrichtung von sich wiederholenden oder Routinetätigkeiten.
- Sie ‚tun das eine und denken das andere'.
- Sie waren ‚in Gedanken versunken'.
- Wenn Sie darüber nachdenken, ist Ihre Erinnerung an diese Aufgabe oder Aktivität lückenhaft.
- Sie wollten eigentlich eine Sache tun, haben aber stattdessen etwas anderes getan.

Versuchen Sie, dieses Wahrnehmen mit Sanftheit, Neugierde und Interesse zu begleiten. Erleben Sie, wie es sich anfühlt, vom Autopiloten wegzukommen und mit allen Sinnen zum vollen, lebendigen Bewusstsein zu gelangen.

Kapitel 2

DIE ACHTSAMKEIT ZUR GEWOHNHEIT MACHEN

Wie Dr. Ellen Langer in ihrem Vortrag *Mindfulness Over Matter* (*Achtsamkeit über Materie*) feststellt, „sind die meisten von uns praktisch die ganze Zeit über *achtlos*".[1] Was uns in der Vergangenheit beigebracht wurde und was wir gelernt haben, bleibt in uns und bestimmt, wie wir etwas tun, ohne dass wir es in Frage stellen. Es mag bessere, relevantere Wege geben, die Dinge anzugehen (oder über die Welt nachzudenken oder sie zu sehen), aber wir werden tun, was schon einmal funktioniert hat, und wir werden denken, was wir immer denken. Dieser Zustand des Autopiloten kann, wie wir gelernt haben, effizient sein, aber er bedeutet, dass wir nicht wirklich sehen, was *tatsächlich da ist*. Ellen Langer beschreibt einen achtlosen Zustand als einen inaktiven Geisteszustand, in dem die Vergangenheit einen starken Einfluss auf die Gegenwart hat und in dem wir uns nur auf eine Perspektive stützen. In diesem Zustand sind wir uns des breiteren oder unmittelbaren Kontextes nicht bewusst. Wir operieren auf der Grundlage, dass die Sache bereits ausgemacht ist – wir befinden uns, wie Langer es ausdrückt, „häufig im Irrtum, aber selten im Zweifel".[2] Die Herausforderung besteht darin, dass wir *uns unserer Unbewusstheit nicht bewusst* sind, so dass wir nicht *wissen*, dass wir nicht wirklich ‚hier' sind. Dies hat offensichtliche Auswirkungen auf der Arbeit, wo wir uns auf Routinen und Vorgehensweisen verlassen, die vielleicht nicht mehr so effektiv, befriedigend oder relevant sind, wie sie es einmal waren oder sein könnten. Die Arbeit kann beginnen, sich bedeutungslos und uninspirierend anzufühlen.

---

1 Ellen Langer, Rede auf der PopTech-Konferenz, 2013, www.youtube.com/watch?v=4XQUJR4uIGM

2 Ibid.

Menschen zeigen mehr Wertschätzung und funktionieren besser, wenn sie die Dinge mit einem Gefühl der Neuartigkeit und Offenheit erleben. In einem Zustand der Achtsamkeit fühlen wir uns wahrscheinlich viel mehr verbunden, gestärkt und engagiert. Achtsamkeit kann in unserem täglichen Leben Gelegenheiten für eine direktere Erfahrung des Handelns und Denkens schaffen, die zu einem Gefühl der Lebendigkeit führen kann. Wie in *Erste Schritte* beschrieben, bezeichne ich dies als *aktives Gewahrsein*. Das bedeutet ganz einfach, dass wir von einem Zustand, in dem wir nicht bemerken, was wir tun und wie wir es tun, übergehen zu einem Zustand, in dem wir es bemerken. Obwohl es so einfach ist, sind wir uns unserer Unbewusstheit wahrscheinlich so wenig bewusst, dass wir uns selbst zeigen müssen, wie wir dies willentlich tun können. Wir müssen es sehen und fühlen, um es zu sein. Den ganzen Tag über regelmäßig aktives Gewahrsein zu üben, wird dies unterstützen und einen Lernprozess anregen, so dass Sie sich *Achtsamkeit angewöhnen*. Das bedeutet nicht, dass wir zwanghaft handeln müssen (wie bei anderen Gewohnheiten), denn das würde nur noch mehr Achtlosigkeit erzeugen. Mit der *Idee des Angewöhnens* können wir die Achtsamkeit fördern, so dass wir *uns daran erinnern, achtsam zu sein*: Mit anderen Worten, Gewohnheiten fallen uns leicht, sie fühlen sich nie wie eine lästige Pflicht an, wir tun sie, ohne uns daran erinnern zu müssen, und wir schimpfen nicht mit uns selbst, wenn wir sie nicht tun. Dieses Kapitel wird Ihnen dabei helfen, die positiven Aspekte der Gewohnheitsbildung zu nutzen, um eine regelmäßige und nachhaltige achtsame, aktiv engagierte Lebenseinstellung zu entwickeln.

SIGNALE FÜR ACHTSAMKEIT

Wenn Sie beginnen, Achtsamkeit zu erlernen, könnte es sich so anfühlen, als ob Sie sich noch eine weitere Sache vornehmen, für die Sie eigentlich keine Zeit haben. Indem Sie eine Achtsamkeitspraxis als Teil Ihrer Routine etablieren und achtsam werden, während Sie die Dinge tun, die Sie ohnehin bereits tun, können wir das ‚Zeitproblem' verringern oder sogar beseitigen. Wir alle haben eine Routine und es gibt diese Dinge, die wir regelmäßig tun – wir hinterfragen nicht wirklich die Zeit, die sie in Anspruch nehmen; wir tun sie einfach. Irgendetwas **löst ein Bedürfnis aus**, wie z.B. Hunger – und wir greifen nach einem Snack. Oder wir sind gelangweilt oder gestresst bei der Arbeit, also checken wir die sozialen Medien.

Die **Belohnung**, die wir erhalten, verstärkt das Verhalten – Hunger, Stress oder Langeweile werden abgebaut. Auf diese Weise entstehen Routinen oder Gewohnheiten: Gewohnheiten erfüllen die Funktion, ein Bedürfnis zu befriedigen.

Ein guter Anfang ist es, einige Signale für ein achtsames aktives Gewahrsein zu schaffen und dann die Vorteile, die wir daraus ziehen, bewusst wertzuschätzen. Die unten beschriebene vierstufige Achtsamkeitsübung kann Ihnen dabei helfen, aktives Gewahrsein sanft einzuführen und zu begünstigen, dass es häufig auftritt, bis es zur Normalität wird. Diese Übung ist eine Synthese aus:

- dem Konzept der ‚Achtsamkeitsglöckchen', bei denen es sich um bewusst eingeleitete ‚Aufwachmomente' handelt, die von Williams und Penman in ihrem MBCT-Lehrplan *Das Achtsamkeitstraining* beschrieben werden;[3]
- einer strukturierten Methode zur Bildung neuer gesunder Gewohnheiten, wie sie in der ‚Gewohnheitsschleife' beschrieben wird, die in James Clears Buch *Die 1-%-Methode* zu finden ist;[4] und
- Ellen Langers Ansatz zur Achtsamkeit, der sich auf die Vorteile von Engagement und die Frustrationen der Achtlosigkeit stützt.

ACHTSAMKEIT ANGEWÖHNEN IN VIER SCHRITTEN

1. Wählen Sie einige Situationen oder Aktivitäten, die Teil Ihrer täglichen oder wöchentlichen Routine sind und die Sie leichter in das Bewusstsein des gegenwärtigen Augenblicks bringen können – siehe Tabelle 2.1 für einige Beispiele. Sie können bei der Auswahl der Dinge kreativ sein und sich vielleicht sogar an einen der Werte erinnern, die Sie zuvor identifiziert haben.
   Tipp: Seien Sie bei der Wahl Ihres Signals spezifisch: Statt „wenn ich esse" könnten Sie zum Beispiel sagen: „wenn ich mich abends an den Tisch setze, um mein Abendessen zu essen".

3 Williams, M. und Penman, D. (2015) *Das Achtsamkeitstraining. 20 Minuten täglich, die Ihr Leben verändern*, Goldmann, 309f.

4 Clear, J. (2020) *Die 1 % Methode. Minimale Veränderung, maximale Wirkung*, Goldmann.

TABELLE 2.1 Alltägliches aktives Gewahrsein, um sich Achtsamkeit anzugewöhnen

Signal	Aktives Gewahrsein	Wunsch/Bedarf	Wertschätzung
Warten in der Warteschlange	Schauen Sie sich um, lauschen Sie, spüren Sie den Boden unter Ihren Füßen.	Langeweile oder Frustration lindern.	Das Leben wahrnehmen, das geschäftige Treiben, die Atmosphäre, etwas Raum zum Atmen.
Sich dafür entscheiden, die Treppe zu nehmen	Bemerken Sie, wie Sie in Ihrem Kopf in der nächsten Etage / am nächsten Ziel ‚ankommen', bevor Sie dort ankommen; der Körper in Bewegung.	Entschleunigung, Entspannung, freie Bewegung.	Ihre Beine dehnen und beugen, Bewegung; ins Jetzt zurückkommen.
Draußen spazieren gehen	Sich auf Sehenswürdigkeiten, Geräusche, Gerüche und die Atmosphäre einstellen.Achtsames Gehen.	Den Moment, die frische Luft, die Freiheit genießen, mit der Natur oder der Außenwelt in Verbindung treten.	Ein Tapetenwechsel, Ruhe und Stille, Zeit für sich selbst; das wahrnehmen, was sonst an Ihnen vorbeigegangen wäre.
Eine Mahlzeit / einen Snack essen	Geschmack, Textur, Aussehen der Speisen; achtsames Essen und/oder Wahrnehmen von Geräuschen um Sie herum, wenn Sie auswärts essen.	Genießen, Hunger stillen, Langeweile vertreiben.	Essen schmeckt besser, Befriedigung/ Sättigung des Hungers. Aufhören, wenn Sie satt sind.
Sie wachen nachts auf und machen sich Sorgen um die Arbeit	Wahrnehmen des Grübelns, Externalisierung der Aufmerksamkeit, Umlenkung der Aufmerksamkeit durch die Sinne.	Loslassen, entspannen, ausruhen.	Ruhe, Gelassenheit, Akzeptanz. Ausruhen oder Schlaf.
Sie müssen ein schwieriges Meeting oder eine Präsentation halten	Erkennen von Stress (Körper, Geist); achtsames Innehalten.	Fokus, Stabilität.	Eine neue Perspektive, die es Ihnen ermöglicht, sich auf die anstehende Aufgabe zu konzentrieren; Wertschätzung der anregenden Wirkung von Stress.

Auf der Website finden Sie eine Vorlage und weitere Beispiele.

2. Wenn diese Situationen auftreten, erkennen Sie sie aktiv als Ihre ‚Signale' oder ‚Achtsamkeitsglöckchen', die eine Rückkehr des achtsamen Gewahrseins bewirken.
3. Setzen Sie sich aktiv mit der Aktivität auseinander, Moment für Moment. Achten Sie darauf, was Ihr Körper tut – ob er sich bewegt oder stillsteht, ob er mit Gegenständen in Berührung kommt oder irgendwelche körperlichen Empfindungen hat. Nehmen Sie mit Ihren Sinnen auf, was Sie sehen, hören, berühren, schmecken oder riechen können. Achten Sie darauf, wann der Geist in Gedanken versinkt oder abschweift und kehren Sie, so gut es geht, zum aktiven Gewahrsein zurück.
4. Nehmen Sie das Gefühl des Engagements, das aktives Gewahrsein mit sich bringt, mit Wertschätzung wahr. Das kann eine angenehmere Erfahrung sein als sonst, wenn Sie eine Routinetätigkeit ausüben,[5] oder die Erfahrung, etwas leichter atmen zu können, oder eine willkommene Unterbrechung des Gedankenflusses, des Planens oder Sich-Sorgens (vielleicht eine Erleichterung). Wie Ellen Langer sagt, fühlt sich Engagement gut an. Alles, was sich gut anfühlt, werden wir wiederholen wollen.

Diese Momente des aktiven Gewahrseins haben auch viele allgemeine Vorteile: Viele berichten von kreativem Denken und dem Aufkommen von Ideen, oder dass sie sich plötzlich an etwas erinnern, das sie tun mussten, oder dass sie sich von der Tretmühle der Gedanken an die Arbeit wegbewegen und sich angenehmen Erinnerungen oder Vorfreude hingeben. Wir können uns dafür entscheiden, angenehmen Gedanken oder Ideen zu folgen (indem wir uns bewusst machen, was wir denken) oder wir können innehalten und eine Idee oder eine Erinnerung notieren (indem wir uns bewusst machen, was damit verbunden ist). Allgemeine oder spezifische Vorteile zu feiern, inspiriert dazu, immer wieder zum aktiven Gewahrsein zurückzukehren – sowohl in einer bestimmten Situation als auch zu jeder Zeit.

5 Es ist in Ordnung, wenn das, was Sie bemerken, nicht angenehm ist – eine meiner Schülerinnen erzählte mir, dass sie durch das aktive Gewahrsein beim Essen gemerkt hat, dass ihr das Mittagessen, das sie in den letzten Monaten zubereitet und gegessen hat, nicht wirklich schmeckte. Sie isst nicht mehr auf Autopilot und wählt jeden Tag aktiv etwas anderes!

Wenn wir uns in Achtsamkeit üben, wird unsere Erfahrung reicher. Selbst wenn die Erfahrung nicht so ist, wie wir sie uns wünschen, oder wenn sie unangenehm ist, haben wir etwas davon, wenn wir sie besser kennen und uns in die Lage versetzen, zu entscheiden, was das Beste ist – und es zu schätzen wissen, dass wir sie *im Gewahrsein* anders erleben können als auf Autopilot, wo das Denken, die Vorhersagen und die Sorgen von alleine weiterlaufen und uns zu einem fröhlichen Tanz der schlimmsten Szenarien verleiten können.

Diejenigen unter Ihnen, die sich Sorgen machen, ob sie Zeit finden, um Achtsamkeit zu üben, können sehen, dass die ‚Signal'-Aktivität oder -Situation etwas ist, das ohnehin passiert. Es gibt also keine Notwendigkeit, zusätzliche Zeit für Achtsamkeit zu finden, wir bringen Achtsamkeit direkt in eine Zeit, einen Raum und eine Erfahrung, die ohnehin da waren (wir haben sie nur nicht viel oder gar nicht bemerkt). Während sich Ihre Gewohnheit entwickelt, können Sie die Liste der Signale ergänzen. Wenn sich die Gewohnheit der Achtsamkeit etabliert hat, können Sie diese Übung loslassen, die Signale werden von selbst wirken und achtsames Gewahrsein wird sich einstellen. Vielleicht bemerken Sie auch, dass die Signal-Aktivitäten *verallgemeinert werden.* Wenn Sie beispielsweise ein achtsames Abendessen wählen, stellen Sie vielleicht fest, dass im Laufe der Zeit auch andere Mahlzeiten (oder das Essen im Allgemeinen) aktives Gewahrsein auslösen oder dass die Essenszubereitung oder der Einkauf im Supermarkt, ja sogar das Erstellen Ihres Einkaufszettels Sie an die Möglichkeit erinnern, achtsam zu sein (wenn Sie es wollen). Nebenbei bemerkt ist es kein Zufall, dass meine Schülerinnen und Schüler oft abnehmen oder sich gesünder ernähren, wenn sie das Essen als Signal für aktives Gewahrsein nutzen – wir merken, was wir essen und wann wir satt sind.

Mit aktivem Gewahrsein wird es wahrscheinlicher, dass Sie sich allgemein aufmerksamer, wacher und ‚bewusster' fühlen – Sie werden eine ungeahnte Bewusstheit erleben, die die Momente im Leben, in denen sie auftritt, bereichern kann. Dies mag sich zunächst auf kleine und subtile Weise manifestieren – aber subtile Veränderungen und Momente des Gewahrseins sind zuverlässige Anzeichen dafür, dass sich Ihre Achtsamkeitsgewohnheit entwickelt. Die Schwierigkeit für die meisten von uns besteht darin, dass wir unsere Ziele auf sehr solide Art und Weise festlegen, und sobald wir dies tun, beginnen wir uns Sorgen zu machen: „Was, wenn ich es nicht erreichen kann?"

DIE ANGST VOR DEM VERSAGEN

Der Gedanke, ein neues Programm oder eine neue Aktivität zu beginnen, kann von der Sorge begleitet sein, zu ‚versagen'. Werde ich in der Lage sein, dies zu tun oder zu beenden? Was ist, wenn ich es vergesse oder einfach nicht mit dem Schritt halten kann, was ich tun muss? Diese natürlichen Zweifel bieten eine gute Gelegenheit, eine achtsame Haltung einzunehmen, die eine sanfte Herangehensweise unterstützen kann. Befreien Sie Ihre Achtsamkeitsgewohnheit, so gut es geht, von zu viel Zukunftsplanung und erkennen Sie, dass alles mit Ungewissheit behaftet ist. Je mehr wir versuchen, alles zu wissen und zu planen, desto mehr werden wir daran erinnert, dass wir nicht alles wissen und planen können! Ellen Langer beschreibt dies als den Versuch, „die Dinge still zu halten". Wir können immer nur im Moment handeln. Wir können zum Beispiel beschließen, *jetzt* ins Fitnessstudio zu gehen, uns gesund zu ernähren oder Achtsamkeit zu praktizieren, aber wir können es nicht morgen, heute oder am nächsten Tag oder an zwei Tagen in der nächsten Woche tun. Ja, wir können eine Routine planen, wenn uns das hilft, aber in dem *Bewusstsein, dass sich die Dinge ändern.* Wir müssen nicht an Hunderte oder Tausende von zukünftigen Fitnessstudio-Besuchen, gesunden Mahlzeiten oder Achtsamkeitsübungen denken, *sondern nur an diese eine.* Machen Sie einfach eine nach der anderen – dies ist die einzige, die zählt, dies ist die einzige, die *es gibt.* Wir könnten ein wenig *Loslassen*, Mitgefühl und Akzeptanz kultivieren, um dies zu unterstützen. Seien Sie dankbar für die Vollendung dessen, was Sie erreicht haben.

Die Zwei-Minuten-Regel

In seinem Buch *Die 1 % Methode* schlägt James Clear vor, dass es für die Entwicklung gesunder Gewohnheiten entscheidend ist, die Dinge einfach und konsequent zu halten. Er schlägt vor, die *Zwei-Minuten-Regel* auszuprobieren.[6] Auf die Achtsamkeitspraxis angewandt, bedeutet dies, dass Sie zwei Minuten lang üben und dann aufhören müssen. Das ist etwas anderes als zwei Minuten zu üben und dann weiterzumachen, wenn Sie Lust haben, oder aufzuhören, wenn Sie keine Lust haben; es bedeutet, nicht länger als zwei Minuten zu üben. Vielleicht möchten Sie

6 Clear, J. (2020) *Die 1 % Methode. Minimale Veränderung, maximale Wirkung*, Goldmann.

eine Routine entwickeln und sich bewusst machen, dass zwei Minuten genau das sind, was Sie tun. Sie könnten auch ein Ritual schaffen – die Dinge, die Sie tun, bevor Sie üben, wie z.B. ein Glas Wasser zu holen, Ihren Schreibtisch aufzuräumen oder neu zu ordnen, Ihre E-Mails zu schließen oder Ihr Telefon in den Flugmodus zu versetzen. Zwei Minuten werden sich nicht wie eine lästige Pflicht anfühlen; wenn doch, dann beginnen Sie mit einer Minute. Irgendwann in den nächsten Wochen oder Monaten werden Sie *mehr tun wollen* und das ist der Zeitpunkt, an dem Sie sich bewusst dafür entscheiden, Ihre Übungszeit zu verlängern.

AKTIVES GEWAHRSEIN

Dies ist eine einfache achtsamkeitsbasierte Aktivität, die spontaner und kürzer ist als die vierstufige Achtsamkeitsgewohnheit. Wählen Sie eine kurze Routinetätigkeit, etwas, das Sie normalerweise ohne großes Bewusstsein tun, z.B. sich die Hände waschen, die Haare kämmen, von einem Ort zum anderen gehen, das Bett machen, die Zähne putzen, eine Tasse Tee oder Kaffee trinken. Achten Sie darauf:

- was Sie fühlen können, z.B. Berührung, Textur, Kontakt, Temperatur;
- was Sie riechen oder schmecken können;
- was Sie sehen oder hören können.

Sie müssen die Aktivität nicht verlangsamen oder auf eine bestimmte Art und Weise ausführen (es sei denn, Sie wollen es). Tun Sie einfach das, was Sie normalerweise tun, aber mit einem gewissen Bewusstsein für die Details der Erfahrung. Wenn Ihr Geist zu anderen Dingen abschweift, wie z.B. Planen, Tagträumen, Erinnern oder Sich-Sorgen-Machen, dann nehmen Sie einfach zur Kenntnis, dass Ihr brillantes Gehirn Ihnen erlaubt hat, die Aktivität fortzusetzen, während Sie abgedriftet sind, und kehren Sie dann absichtlich zu der Sinneserfahrung zurück.

Lektion 2

EINGESPERRT SEIN UND AUSBRECHEN

Willkommen zu Lektion 2.

Wenn Sie möchten, können Sie mit einer kurzen Übung beginnen, die Ihnen hilft, Ihren Fokus bewusst zu verlagern. Dies könnte dazu führen, dass Sie ein wenig loslassen, was in Ihrem Tag bereits geschehen ist, und das Gefühl haben, in diesem Moment anzukommen. Oder Sie atmen einfach durch und erkennen sanft an, welche Gedanken und Gefühle in Ihnen auftauchen.

SELBSTERKUNDUNG

Lassen Sie uns mit einer kurzen Reflexion über die vorherige Lektion beginnen. Das wird Ihnen helfen, den Sinn in Ihren eigenen Erfahrungen zu finden. Wenn Sie jetzt über die Aktivitäten in Lektion 1 nachdenken, konnten Sie irgendwelche Fälle vom Autopiloten feststellen? Haben Sie es geschafft, jeden Tag eine kurze Übung zu machen? Wenn ja, beglückwünschen Sie sich zu dem, was Sie geschafft haben, und denken Sie daran, dass es normal ist, wenn man Schwierigkeiten hat, Zeit zu finden – seien Sie nett zu sich. Haben Sie beim Üben bemerkt, dass Ihre Gedanken abschweifen? Waren Sie in der Lage, Ihre Aufmerksamkeit mit oder ohne Anleitung zurückzubringen? Waren Sie in der Lage, nach der Übung am Ende von Kapitel 2 aktives Gewahrsein in eine Routinetätigkeit einzubringen oder aktives Gewahrsein mit Hilfe der vier Schritte der Achtsamkeitsgewohnheit anzuregen?

Hier sind einige Beobachtungen meiner früheren Schülerinnen und Schüler, die Ihnen helfen könnten, über Ihre ersten Achtsamkeitserfahrungen nachzudenken.

„Gestern habe ich mir achtsam einen Kaffee gekocht und nach der Hälfte der Zeit festgestellt, dass ich ihn eigentlich gar nicht wollte. Dann wurde mir klar, dass ich den Kaffee gekocht hatte, weil ich meinen Monatsbericht nicht beginnen wollte! Da fragte ich mich, wie viele andere Tassen ungewollten Kaffees ich gekocht und getrunken habe, weil ich etwas aufgeschoben habe."

„Auf jeden Fall Autofahren! Ich bin immer auf Autopilot und plane fieberhaft meinen Tag, während ich meine Tochter zur Schule fahre. Am Donnerstag sind wir zu ihrem Zahnarzttermin aufgebrochen und stattdessen in der Schule angekommen."

„Ich habe wirklich all die Dinge, die ich auf Autopilot tue, anerkannt. Ich habe vor allem bemerkt, wie mein Körper weiß, was zu tun ist, wenn ich die Geräte im Fitnessstudio benutze. Es war interessant, sich für eine Weile auf meine körperlichen Bewegungen und die Geräusche und die Atmosphäre im Fitnessstudio einzustellen und wirklich wach zu sein."

„Mein tägliches aktives Gewahrsein war das Ausräumen des Geschirrspülers. Ich bemerkte, dass ich es nicht tun wollte. Dann änderte sich das, und ich mochte das Gefühl, dass die Teller quietschsauber waren, es gab ein wenig Restwärme, die angenehm war, und dann mochte ich das krachende Geräusch des Bestecks nicht, als ich es in die Schublade legte. Als ich später darüber nachdachte, stellte ich fest, dass ich jeden Teil dieser Erfahrung mit ‚mag ich' oder ‚mag ich nicht' bewertet und gekennzeichnet hatte und dass dies der Erfahrung irgendwie im Weg stand."

„Ich hatte wirklich Mühe, die Zeit für das gezielte Üben zu finden, was enttäuschend war, da ich voller Enthusiasmus begonnen hatte. Ich habe in einer Woche nur zwei Übungen geschafft. Ich war so beschäftigt. Außerhalb des Unterrichts kam es mir einfach nicht so wichtig vor wie die Aufgaben, die meinen Tag ausfüllen, obwohl ich weiß, dass es mir so gut tun wird. Ich habe immer wieder Gründe gefunden, es nicht zu tun."

„Das konzentrierte Training war anfangs ziemlich anstrengend. Ich glaube, ich habe zu sehr versucht, nicht zu denken. Dann erinnerte ich mich daran, dass Sie sagten, es ginge nicht darum, hochkonzentriert zu bleiben, und ich glaube, genau das habe ich versucht zu tun. Ich habe mich jedes Mal geärgert, wenn ich den Faden verloren habe. Dann beschloss ich, mich darauf einzustellen, dass meine Gedanken abschweifen, und habe mich damit abgefunden, so dass der Druck nachließ."

Es kann hilfreich sein, unsere Erfahrungen zu beobachten, und alle Erkenntnisse werden Ihnen helfen, *Ihr eigenes Verständnis* zu entwickeln, denn Sie sind die Expertin oder der Experte für Ihre Erfahrungen.

Kommen wir nun zu unserem Thema für diese Lektion.

VON DER WAHRNEHMUNG ZUR PERSPEKTIVE

Der menschliche Verstand hat sich so entwickelt, dass er unserem *Überleben und unserer Sicherheit* Vorrang vor allem anderen einräumt. Obwohl wir nicht mehr den gleichen Bedrohungen ausgesetzt sind wie unsere frühen Vorfahrinnen und Vorfahren, läuft im Gehirn immer noch das gleiche Überlebensprogramm ab, das sich in den folgenden Denkprozessen und Verhaltensweisen manifestiert:

- Wachsamkeit gegenüber Gefahren (unbewusstes Scannen nach potenziellen Bedrohungen);
- Vorhersage negativer Ergebnisse;
- Wiederholung und Erinnerung an schwierige Situationen (dies kann auch dann noch weitergehen, wenn Herausforderungen gelöst sind oder es nichts mehr zu lernen gibt);
- Sensibilität in Bezug darauf, *sich anzupassen* (soziale Ausgrenzung war für unsere Ahninnen und Ahnen eine ernsthafte Lebensbedrohung);
- die Vermeidung von allem, was beängstigend oder unangenehm ist;
- Gier nach materiellem Wohlstand – denn unsere Vorfahrinnen und Vorfahren überlebten am besten, wenn sie reichlich Nahrung und eine gute Unterkunft hatten.

Es ist leicht zu erkennen, wie die Geschwindigkeit und Komplexität des Lebens und der Arbeit diese angeborenen Reaktionen antreiben können. Wir machen uns vielleicht Sorgen um unsere Arbeitsleistung: „Bin ich gut genug? Mache ich genug? Was ist, wenn ich nicht alles rechtzeitig schaffe?", oder darüber, wie andere uns beurteilen: „Wie stehe ich im Vergleich da? Mögen mich die Leute?". Oder wir reagieren empfindlich auf alles, was unsere Arbeitsweise oder unsere Arbeitsplatzsicherheit bedrohen könnte: „Was bedeutet diese Veränderung für mich? Was ist, wenn ich mit der neuen Arbeitsweise nicht zurechtkomme?", „Ich darf meinen Job nicht verlieren, was ist, wenn ich entlassen werde oder wenn ich so viel Mist baue, dass ich entlassen werde?". Der Verstand kann mit seinen Vorhersagen, Zwängen und seiner Wachsamkeit manchmal wenig hilfreich sein. Es ist jedoch wichtig, die *Normalität* der menschlichen Psyche in dieser Hinsicht zu erkennen. Sie ist dazu da, uns zu beschützen; sie erfüllt die Aufgabe, für die sie entwickelt wurde. Es ist nichts falsch gelaufen.

DIE WAHRNEHMUNG EINES PROBLEMS UND DAS PROBLEM DER WAHRNEHMUNG

Der Inhalt der Gedanken, die uns als Reaktion auf Dinge, die bei der Arbeit passieren, in den Kopf kommen, kann sich wahr und zwingend anfühlen. Unsere Wahrnehmung kann jedoch *unzuverlässig* sein, denn die Gedanken basieren auf Assoziationen und Ähnlichkeiten mit dem, was in der Vergangenheit geschehen ist, was wir selbst gelernt haben oder was uns von anderen beigebracht wurde. Gedanken sind Interpretationen, fundierte Einschätzungen oder bestmögliche Vermutungen. Der Verstand versucht, uns zu helfen. Er möchte planen und uns schützen und er wird sein Bestes tun – aber er kann nur mit den ihm zur Verfügung stehenden Informationen interpretieren, die natürlich begrenzt sind – wir können nicht alles wissen!

Normalerweise bemerken wir unsere Gedanken nicht sehr oft und schon gar nicht den komplexen Prozess, der sie hervorbringt. Die Gedanken tauchen einfach auf und laufen dann von selbst weiter. Lassen Sie uns für eine kurze Übung innehalten, die uns helfen kann, unsere Denkmuster zu erkennen. Wir werden das Szenario verwenden, dass wir mit einer Herausforderung konfrontiert werden, da dies in der Regel vertraute Denkmuster hervorbringt!

In Achtsamkeitskursen wird oft eine Aktivität namens Neun-Punkte-Übung verwendet. Wenn Sie diese Übung ausprobieren möchten, habe ich sie auf der Website bereitgestellt. Alternativ können Sie sich auch ein paar Augenblicke Zeit nehmen, um sich detailliert an eine Zeit im Beruf oder in der Ausbildung zu erinnern, in der Sie mit einer Herausforderung oder einer kniffligen Aufgabe konfrontiert waren, die Sie lösen mussten. Vielleicht handelte es sich dabei um eine Prüfung, die Sie ablegen mussten, oder um einen Bericht, für den Sie beurteilt werden sollten, oder um einige Analysen, die wirklich viel Arbeit erforderten oder bei denen die Antwort schwer zu finden war. Überlegen Sie, wie Sie darauf reagiert haben, wie Sie bei der Lösung vorgegangen sind und welche Gedanken, Vorhersagen oder Gefühle im Zusammenhang mit dieser Herausforderung oder Aufgabe aufgekommen sind.

***

Im Rückblick auf diese Übung identifizieren die Menschen oft die folgenden Arten von Gedanken und Gefühlen:

- Zweifel, ob Sie die Aufgabe bewältigen können;
- schnell gebildete Erwartungen darüber, wie leicht oder schwer die Aufgabe sein wird;
- Angstzustände oder Versagensangst;
- Erinnerungen an frühere schwierige Aufgaben oder Situationen;
- Bedenken, wie ihre Leistung im Vergleich zu allen anderen aussehen könnte;
- Kritik oder Urteile: „Ich sollte das können“ oder „Wenn ich nachschlage oder um Hilfe bitte, ist das Betrug“.

Bei dieser Übung geht es nicht darum, ob Sie die Lösung für eine Aufgabe (oder die Neun-Punkte-Aktivität) gefunden haben oder wie gut Sie sie bewältigt haben, sondern darum, den Prozess aufzudecken, den Sie durchlaufen haben; die Gedanken, die als Reaktion darauf entstanden sind. Diese können ein Hinweis auf unsere üblichen oder standardmäßigen Denk- und Reaktionsmuster sein. Diese Muster können durchaus außerhalb unseres Bewusstseins liegen, aber sie können sich vertraut anfühlen, wenn wir unsere Aufmerksamkeit bewusst auf sie lenken. Wenn Sie das im Nachhinein als schwierig empfinden, versuchen Sie doch einmal, Ihre Aufmerksamkeit auf die nächste schwierige Aufgabe zu lenken und die Gedanken und Gefühle, die dabei auftauchen, achtsam zu beobachten. Es ist hilfreicher, interessiert statt kritisch zu sein. Sie könnten sagen: „Aha, das ist es, was ich immer denke, tue oder fühle, wenn ich vor einer Herausforderung stehe – so bin ich eben!“

Während einer Aufgabe können wir eine Vielzahl von Gedanken und Wahrnehmungen durchlaufen, wie die in der obigen Liste. Wenn wir uns auf eine zukünftige Aufgabe vorbereiten, kann es sein, dass wir Zeit damit verbringen, uns im Voraus Sorgen zu machen (Sorgen können leicht mit Planung verwechselt werden). Nachdem die Aufgabe erledigt ist, grübeln wir vielleicht darüber nach, wie wir abgeschnitten haben, wie wir im Vergleich zu anderen dastehen, und spekulieren über mögliche Konsequenzen. Es ist möglich, dass wir uns eingeengt oder regelrecht durcheinander fühlen – nicht unbedingt durch die Situation selbst, sondern durch unsere Wahrnehmung und unsere Gedanken darüber. Unsere Denkmuster in Bezug auf Herausforderungen oder Probleme werden wahrscheinlich durch das Überlebensprogramm des Verstandes gefiltert und sind daher negativ verzerrt. Das kann die Tatsachen wirklich verschleiern und eine realistische Perspektive verhindern – oder die Einsicht, dass wir immer nur einen ziemlich schmalen Ausschnitt an Informationen über eine Situation haben werden. Wir können zum Beispiel nicht wissen, wie andere wirklich abgeschnitten haben oder wie wir selbst abgeschnitten haben, bis wir die Ergebnisse erhalten. Auch bei der Arbeit können wir die Agenda anderer oder den Kontext außerhalb unseres beruflichen Umfelds nicht kennen.

Achtsamkeitsbasierte Ansätze führen unter anderem dazu, dass man sich bewusst macht, was der Geist gerade in schwierigen Zeiten treibt. Dies gibt uns die Möglichkeit, auf Situationen *und unsere eigenen Gedanken* auf andere, hilfreichere Weise zu reagieren.

Der Zug meiner Gedanken

In Achtsamkeitskursen verwenden wir oft die Metapher eines Zuges und eines Bahnsteigs, um eine ganz andere Art der Beziehung zum Denken einzuführen. Wir können uns vorstellen, dass wir auf einem Bahnsteig stehen und einen langsam vorbeirumpelnden Zug beobachten. Unsere Gedanken sind die Waggons, wir stehen auf dem Bahnsteig, wir können unsere Gedanken sehen und beobachten, wie sie vorbeifahren. Manchmal stellen wir fest, dass wir ungewollt in den Zug eingestiegen sind und mitgerissen werden, wir sind mit unseren Gedanken mittendrin. Wenn wir merken, dass wir im Zug sitzen, können wir beschließen, auf den Bahnsteig zurückzukehren, die Waggons an uns vorbeiziehen zu lassen und zu beobachten, wie die Gedanken weiterziehen.

Es ist üblich, mehrmals zwischen dem Zug und dem Bahnsteig hin- und herzuwechseln, und das ist auch gut so – der Punkt ist, dass wir diese Entscheidung treffen *können*, uns von den Gedanken zurückzuziehen. Wir werden später im Kurs Gelegenheit haben, dies zu üben – und wenn es Ihnen schwerfällt, sich das vorzustellen, machen Sie sich keine Sorgen (es ist ja erst Lektion 2!).
Vielleicht möchten Sie diese Metapher bei der nächsten Übung im Hinterkopf behalten (wenn das für Sie nützlich ist).

LEKTION 2 Konzentrierte Achtsamkeitsübung

Unser Achtsamkeitstraining wird jetzt mit einer grundlegenden Übung fortgesetzt, die die Aufmerksamkeitskontrolle und das Gewahrsein unterstützt. Sie wird *Bodyscan* genannt.

Vorbereitung

Suchen Sie sich einen Ort, an dem Sie nicht gestört werden. Vielleicht möchten Sie sich für diese Übung hinlegen, aber auch im Sitzen ist es in Ordnung und ich habe ebenfalls eine Übung im Stehen vorgesehen.

Nehmen Sie sich nach der Übung ein paar Augenblicke Zeit, um über Ihre Erfahrung nachzudenken.

Bei dieser Übung nehmen wir körperliche Empfindungen wahr oder stimmen uns auf sie ein. Diese Empfindungen können weder in der Vergangenheit noch in der Zukunft existieren, Sie können sie nur jetzt fühlen, genauso wie sie sind. Wir könnten diese Momente als *direkte* Erfahrung oder Gewahrsein bezeichnen – unsere Aufmerksamkeit ist *präsent* und nicht im Denken gefangen. In dieser Übung bemerken wir auch, wenn sich unsere Aufmerksamkeit von den Empfindungen im Körper entfernt, entweder für einen Moment oder für längere Zeit, wenn wir uns im Denken verloren haben. Wenn wir bemerken, dass dies geschehen ist, können wir

‚zurückkommen' und unsere Aufmerksamkeit wieder auf den Körper richten. Auf diese Weise können wir sehen, dass es möglich ist, *unsere Aufmerksamkeit zu lenken* und zielgerichtet zwischen verschiedenen Aspekten der Erfahrung zu wechseln, z.B. vom Denken zum Fühlen. Wir trainieren unsere Aufmerksamkeitskontrolle und durch wiederholtes Üben werden wir besser darin, unsere gegenwärtige Erfahrung zu bemerken, so dass wir ihrer immer *mehr und öfter gewahr sind*.

ACHTSAMKEIT BEI DER ARBEIT

Sobald wir die Erfahrung der direkten Auseinandersetzung mit der Landschaft der Gedanken, Gefühle und Empfindungen wirklich wahrnehmen, können wir beginnen, unsere Beziehung zur Arbeit zu verändern. Wir können zum Beispiel feststellen, dass die Realität einer schwierigen Situation durch Annahmen, Selbstzweifel oder Sorgen verdeckt wurde (weil der Verstand durch sein Überlebensprogramm filtert). Wenn wir lernen, ‚präsent' zu sein, können wir die *Realität einer Situation eher erfassen* und die Dinge in ihrem aktuellen Kontext sehen, so wie sie wirklich sind. Dadurch wird es möglich, sich auf alle Informationen, Optionen und Nuancen einzulassen, die uns ein Problem bietet, und gleichzeitig anzuerkennen, dass wir nicht alles wissen und auch nicht alles wissen können. Wir können beginnen, Verbindungen zum Gesamtbild herzustellen und mit dem, was uns zur Verfügung steht, einen Weg nach vorne zu finden.

Mit einer achtsamen Herangehensweise können selbstbegrenzende Gedanken als ‚bloß Gedanken' angesehen werden und verlieren vielleicht etwas von ihrer Macht über uns oder fühlen sich weniger zwingend oder überzeugend an – wir könnten feststellen, dass es für uns in Ordnung ist, *einfach mal etwas auszuprobieren*, nicht in Abwesenheit unserer Zweifel, sondern trotz ihnen.

Aus der Tretmühle des automatischen Denkens auszusteigen, bedeutet, dass wir anerkennen können, dass es potenziell viele verschiedene Möglichkeiten gibt, dasselbe Problem oder dieselbe Situation zu sehen. Wir können uns auf ein Detail konzentrieren oder eine Perspektive von oben einnehmen. Wir können uns mit einem neuen Blickwinkel beschäftigen und das gibt uns die *Möglichkeit, eine Wahl zu treffen*.

Zusammenfassung

- Der menschliche Verstand priorisiert Sicherheit und filtert unsere Erfahrungen mit Wachsamkeit; wir denken und verhalten uns so, dass wir versuchen, die wahrgenommene ‚Bedrohung' zu bewältigen.
- Automatisches, reflexartiges Denken ist eine normale Reaktion auf Herausforderungen oder Schwierigkeiten. Wir können uns jedoch unserer gewohnheitsmäßigen Denkmuster bewusst werden und das kann uns helfen, sie zu überwinden.
- Achtsamkeit kann dazu beitragen, eine genauere Sichtweise zu entwickeln und einen breiteren Kontext zu einer Situation aufzudecken – wir können anerkennen, dass es verschiedene Perspektiven gibt.
- Die Bodyscan-Übung schult uns in der Kontrolle unserer Aufmerksamkeit; wir können besser wahrnehmen, ‚wo wir sind', und können unseren Fokus achtsam verlagern. Mit der Zeit werden wir immer mehr und öfter gewahr.
- Achtsamkeit hilft uns, Gedanken anders zu sehen, nämlich als Ereignisse, die im Geist kommen und gehen – wir müssen uns nicht mit ihnen beschäftigen (oder versuchen, sie wegzuschieben).

Aktivitäten in Lektion 2

LEKTION 2 Konzentrierte Achtsamkeitsübung

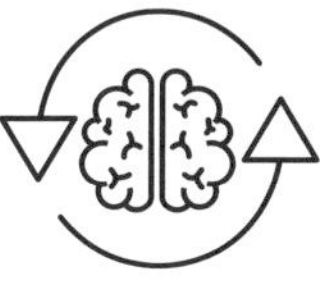

Versuchen Sie, den Bodyscan mindestens eine Woche lang jeden Tag zu üben, bevor Sie zu Lektion 3 übergehen. Ich habe Übungen von unterschiedlicher Länge angegeben. Für Tage, an denen Sie mit der Zeit kämpfen, verwenden Sie eine der kürzeren Übungen.

Nehmen Sie sich nach dem Üben einige Augenblicke Zeit, um Ihre Beobachtungen und Überlegungen zu notieren.
Beginnen Sie außerdem mit der Übung **Angenehme Reflexionen**. Anleitungen und eine Vorlage finden Sie auf der Website – dies wird Sie auf Lektion 3 vorbereiten.

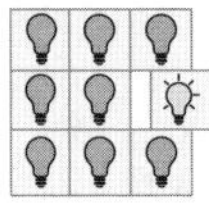

Achtsame Unterbrechung

Die Unterbrechung für diese Lektion heißt *Wahrnehmung der Übung*.
Wenn Sie sich der Bodyscan-Übung annähern, achten Sie auf alle Gedanken, Urteile oder Annahmen, die in Ihrem Geist auftauchen. Es kann interessant sein, zu beobachten, wie schnell wir uns eine Meinung bilden oder eine Ansicht entwickeln. Bei der Unterbrechung geht es nur darum, dies zu bemerken und zu sehen, ob Sie Annahmen oder Vorhersagen loslassen können (oder zumindest nicht so stark daran festhalten).
Wenn Sie möchten, können Sie diese Unterbrechungs-Aktivität auf alle Aufgaben, Besprechungen und Ereignisse bei der Arbeit ausdehnen – indem Sie bemerken, was Sie ‚mitbringen' (Erwartungen, Einstellungen, Annahmen usw.), und davon Abstand nehmen, es neu bewerten oder sich davon lösen und stattdessen die Dinge neu sehen.
Achten Sie in beiden Fällen darauf, wie sich die Erfahrung verändert hat, weil Sie sich mit Offenheit und Neugier neu auf sie eingelassen haben.

Kapitel 3

ARBEIT, DIE NIE ENDET

Arbeit kann befriedigend und sinnvoll sein, aber sie ist nicht immer einfach. Es ist normal, dass wir gute und schlechte Tage haben. Es gibt Zeiten, in denen wir uns erfolgreich und positiv engagieren, in denen wir Fortschritte machen, etwas bewirken und etwas erreichen, und es gibt Zeiten, in denen die Arbeit sehr stressig ist oder uns einfach überfordert. Kurze Ausbrüche von Überforderung, Sorgen, Müdigkeit und Herausforderungen sind in der Regel zu bewältigen; wir alle verfügen über ein angeborenes Maß an Widerstandskraft. Wenn wir jedoch über längere Zeiträume hinweg mit Überforderung, Stress und Sorgen konfrontiert sind, kann sich die Arbeit von einer lohnenden und befriedigenden Erfahrung in etwas ganz und gar Unangenehmes verwandeln, das geistig und körperlich anstrengend sein kann. In diesem Kapitel werden wir untersuchen, wie wir unsere Widerstandsfähigkeit und unsere geistige Gesundheit unterstützen und eine zufriedenstellende und produktive Erfahrung bei der Arbeit fördern können. Wir werden die psychologischen Konzepte *Burnout*, *Detachment* und *Erholung von der Arbeit* durch die Linse der Achtsamkeit betrachten und in Kapitel 6 noch einmal auf diese Konzepte in Bezug auf eine höhere Produktivität zurückkommen.

DIE ‚ALWAYS-ON'-MENTALITÄT

Meine Schülerinnen und Schüler beschreiben ihre Arbeit und Verantwortung manchmal wie ein Laufband oder ein Hamsterrad: Wenn sie langsamer werden, besteht die Gefahr, dass sie gewaltsam vom Ende des Laufbands geschleudert werden; oder die Eigendynamik der Arbeit lässt es unklar werden, ob das Rad sie bewegt oder ob sie das Rad bewegen. Sie beschreiben das Gefühl, mitgerissen zu werden und ohne Wahl völlig gefangen zu sein von der Macht der *Arbeit, die niemals endet*, und das unkontrollierbare Gefühl, ständig zu viel zu tun zu haben und niemals voranzukommen. Diese klassischen Gefühle der Überforderung können dazu führen, dass der Raum für klares Denken fehlt.

Diese Erfahrung mit der Arbeit kann zu einer ‚Always-on'-Mentalität führen. Unser Denken wird von Arbeitsangelegenheiten dominiert, die Arbeit geht weiter und drängt sich nach Feierabend auf. Ich habe drei wichtige Einflussfaktoren identifiziert, die diese Denkweise und das daraus resultierende Verhalten begünstigen.

Wahrscheinlich hat man Ihnen von klein auf beigebracht, dass **man im Leben umso besser abschneidet, je härter man arbeitet**, und dass man Herausforderungen mit Anstrengung, Ausdauer und Aufopferung begegnen muss – wir haben die Einstellung, dass *man einfach weitermachen muss*, denn was kann man sonst tun?

Die **Kultur am Arbeitsplatz** – Geschäftigkeit, lange Arbeitszeiten und Müdigkeit – kann sich manchmal wie eine Erwartung, eine absolute Notwendigkeit oder ein Ehrenabzeichen anfühlen, das unser Gefühl der Zugehörigkeit zu einem Team oder einer Organisation stärkt. Niemand möchte das Gefühl haben, ‚die Mannschaft im Stich zu lassen'.

Wir lernen **durch unsere eigenen Erfahrungen** – wenn wir in der Vergangenheit mit einem hohen Arbeitsaufkommen oder einem Abgabetermin konfrontiert waren, haben wir wahrscheinlich **unsere Arbeitszeit** (gelegentlich) **verlängert, Arbeitsnachrichten außerhalb der Arbeitszeit überprüft** (nur dieses eine Mal) oder **das eine oder andere Wochenende gearbeitet** (weil es nicht warten konnte). Das hat uns von Druck oder Stress befreit oder uns ein Gefühl der Kontrolle gegeben. Menschen erinnern sich und wiederholen, *was funktioniert* – und verallgemeinern erfolgreiche Techniken, um umfassendere, ähnliche Umstände und Bedürfnisse abzudecken. Reaktionen können zu Standardreaktionen werden und wir müssen nicht mehr nachdenken, unterscheiden, abwägen oder entscheiden, was wir tun. Möglicherweise sehen wir diese Handlungen als *den* Weg an, um mit den Anforderungen eines anstrengenden Jobs zurechtzukommen – und sogar als den *einzigen* Weg, um sie zu bewältigen.

KULTURELLE SKRIPTE

Mehr und länger zu arbeiten als Reaktion auf eine hohe Arbeitsbelastung oder Verantwortung ist meines Erachtens nicht die menschliche Natur, sondern ein erlerntes Verhalten. Wir könnten es als das Befolgen eines *kulturellen Skripts* betrachten, ein Begriff, der seine akademischen Wurzeln in der sprachübergreifenden Forschung hat.[1] Grundsätzlich und in diesem Zusammenhang ist ein kulturelles Skript eine Verhaltensnorm, die von der Kultur oder Gruppe, der wir angehören – in diesem Fall einem Arbeitsplatz –, geteilt wird. Skripte sind sehr effizient. Sie erfordern von Natur aus kein kritisches Denken, sondern stützen sich auf das, was Daniel Kahneman in seinem Buch *Schnelles Denken, langsames Denken* als Denken vom Typ 1 bezeichnet,[2] das schnell und reaktiv ist und von unseren Emotionen und Eindrücken ausgeht, z.B. „Ich habe Angst, zurückzufallen, nicht gut genug zu sein oder durch den Erfolg anderer bedroht zu werden, also nehme ich mir mehr vor, arbeite härter und länger“. Diese Skripte haben sich wahrscheinlich gebildet und werden beibehalten, weil wir sehen, wie die Menschen um uns herum rund um die Uhr verfügbar sind, sich im Urlaub melden, scheinbar nie eine Pause brauchen und einfach weitermachen. Wir passen uns der Gruppennorm an. Man hat uns beigebracht, dass harte Arbeit uns voranbringt und dass wir niemanden enttäuschen dürfen, dass sofortige Reaktionsfähigkeit erwartet wird und dass wir nicht genug tun, wenn wir nicht die ganze Zeit mit voller Kapazität arbeiten. Wir halten uns gedankenlos an diese Skripte, selbst wenn die Dinge *ihretwegen* schieflaufen, z.B. wenn unsere Leistung nachlässt, weil wir müde und weniger leistungsfähig sind – tatsächlich verlassen wir uns vielleicht sogar noch mehr auf die Skripte und Vorgaben, die die Probleme überhaupt erst verursacht haben!

Achtsamkeit bei der Arbeit bedeutet, zu bemerken, wenn diese kulturellen Skripte im Spiel sind. Wir können unser Denken unvoreingenommener machen und zu einem langsameren Denkstil übergehen, um ein überlegteres Vorgehen zu unterstützen. Wenn wir unsere Muskeln der Aufmerksamkeitskontrolle aufbauen, werden wir feststellen, dass wir vom Skript abweichen können, dass wir aktiv eine Handlungsweise gegenüber einer anderen priorisieren können, und dies kann uns helfen, unsere Zeit und Prioritäten effektiver zu verwalten und bessere Entscheidungen zu treffen, die sich auf unsere Gesundheit und Produktivität auswirken. Die Umstellung auf eine überlegtere und aktivere Herangehensweise an die Arbeit mag mehr Energie erfordern (Skripte sind per Definition

1 Goddard, C. und Wierzbicka, A. (2004) Cultural scripts: What are they and what are they good for? *Intercultural Pragmatics*, 1, 153–166.

2 Kahneman, D. (2012) *Schnelles Denken, langsames Denken*, Siedler.

effizient), aber sie kann sich gut anfühlen und führt zu Rationalität und guten Entscheidungen zurück.[3] Das bedeutet nicht, dass wir nie wieder Überstunden machen werden, aber es bedeutet, dass wir nicht automatisch weit über unsere Arbeitszeit oder unser effektives Energieniveau hinaus arbeiten werden. Wir können wählen.

BURNOUT

Wir können uns wahrscheinlich alle an eine Zeit erinnern, in der wir uns völlig losgelöst von der Arbeit und frei von Verantwortung gefühlt haben – diese Zeiten (kurz oder lang), in denen wir nicht bei der Arbeit sind, keine Arbeit erledigen oder auch nur an die Arbeit denken. Für viele ist das eine seltene und schöne Sache – und es ist energetisierend und belebend. Aus dem Arbeitsrhythmus auszubrechen (sowohl in Bezug auf die Arbeit selbst als auch auf den Gedanken daran), kann sich jedoch kontraintuitiv anfühlen – irgendwie erscheint es uns dringender, das zu tun, was wir immer getan haben, also machen wir weiter. Die Konsequenzen, die sich daraus ergeben, dass wir ‚immer eingeschaltet' sind und selten, wenn überhaupt, richtig von der Arbeit abschalten, können schwerwiegend sein – wir schaffen die perfekten Bedingungen für Stress und Erschöpfung. In der Psychologie wird ‚Burnout' als Reaktion auf anhaltenden oder ‚chronischen' Stress bei der Arbeit definiert, der sich in drei Dimensionen äußert: Erschöpfung, Ineffizienz (das Gefühl der Hilflosigkeit oder Entmachtung) und Zynismus.[4] Bei der Anwendung des Begriffs *Burnout* müssen (wie immer) individuelle Unterschiede berücksichtigt werden. Wir alle haben unterschiedliche Grenzen und Grade der Belastbarkeit. Es kann hilfreicher sein, sich *die möglichen* Symptome bewusst zu machen, damit Sie Ihre ‚Version' des Burnouts erkennen können. Wenn Sie sich sehr ‚ausgebrannt' fühlen und die Symptome anhalten, sollten Sie sich Hilfe suchen (siehe Abschnitt *Ressourcen* in diesem Buch).

Das in Abbildung 3.1 dargestellte Modell wurde von Dr. Marie Åsberg (Karolinska Institut, Stockholm)[5] entwickelt, einer der Pionierinnen und

3 Herbert, W. (2014) Mindfulness and heuristics, Kapitel 15 in Amanda Ie, Christelle T. Ngnoumen und Ellen J. Langer (Hrsg.), *Mindfulness Handbook*, Wiley.

4 Maslach, C., Schaufeli, W.B. und Leiter, M.P. (2001) Job Burnout. *Annual Review of Psychology*, 52, 397–422.

5 Dr. Marie Åsberg, Karolinska Institut, Stockholm.

weltweit führenden Expertinnen auf dem Gebiet des Burnouts. In diesem Modell können Sie die Auswirkungen von Überarbeitung, langen Arbeitszeiten und mangelnder Erholung erkennen.

ABBILDUNG 3.1 Erschöpfungstrichter

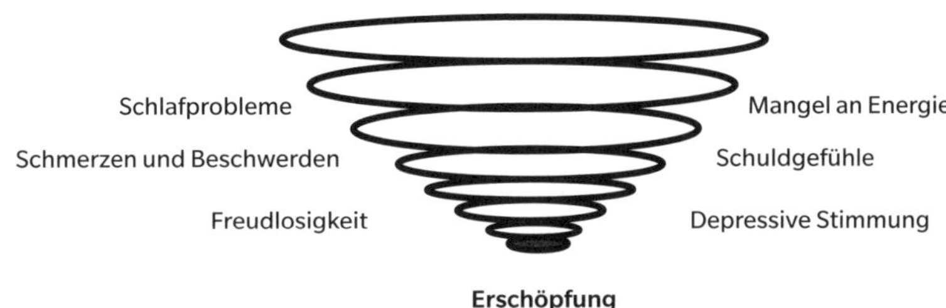

REALITÄTSCHECK

Anstatt unsere Chancen auf Erfolg und Glück zu verbessern, kann eine ‚Always-on'-Haltung bei der Arbeit (und im Leben im Allgemeinen) zu schlechter Gesundheit und geringerer Lebensqualität führen. Im weiteren Verlauf des Buches werden wir sehen, dass dies auch unsere Produktivität, unsere Karriere und unsere Wachstumschancen ernsthaft *behindern* kann, anstatt sie *zu verbessern*.

Es kann leicht sein, die Anzeichen eines Abstiegs in den Erschöpfungstrichter zu übersehen, da die Beeinträchtigung unseres Wohlbefindens schrittweise erfolgen kann. Diese Erfahrung habe ich gemacht. Ein langsamer und unmerklicher Abstieg war lange Zeit im Gange, bevor er offensichtlich wurde. Wenn wir lange Zeit auf Autopilot sind und gut eingeübten Skripten folgen, die unser Verhalten unbewusst steuern, merken wir wahrscheinlich nicht, wie es um unsere Gesundheit, unsere Energie oder unsere Fähigkeit, eine Aufgabe effektiv zu erfüllen, bestellt ist. Wir könnten vergessen, wie es war, in Höchstform zu sein und im Hinblick auf Gesundheit, Vitalität und Effizienz hervorragend zu funktionieren.

Um uns bewusst zu machen, wie es um unser derzeitiges Wohlbefinden bestellt ist und wie sehr wir in der Tretmühle der Arbeit gefangen sind, lassen Sie uns eine Pause einlegen und eine Übung zum aktiven Gewahrsein machen. Betrachten Sie die Aussagen in Tabelle 3.1.

Übung zum aktiven Gewahrsein

TABELLE 3.1 Generator zum Gewahrsein von Wohlbefinden

	✔
Ich wache auf und bin müde	
Ich habe störende Gedanken über unerledigte oder komplexe Arbeitsaufgaben	
Ich finde es schwierig, regelmäßig Pausen einzulegen	
Ich opfere außerberufliche Aktivitäten und Auszeiten, um meine Arbeit zu erledigen	
Ich fühle mich schuldig wegen der Auswirkungen meiner Arbeit auf meine Familie und meinen Freundeskreis	
Ich lasse Mahlzeiten aus und/oder esse ungesünder, als ich möchte	
Ich denke abends als Letztes und morgens als Erstes an die Arbeit	
Ich habe körperliche Beschwerden aufgrund meiner Arbeit (bei sitzender oder aktiver Tätigkeit)	
Ich erreiche das Ende des Tages, ohne draußen gewesen zu sein (abgesehen von meinem Arbeitsweg)	
Ich mache mir Sorgen um Arbeit, Familie, Gesundheit und viele andere Dinge	
Ich fühle mich überwältigt von all dem, was es zu tun gibt	

Arbeitsbezogene erweiterte Erreichbarkeit

Arbeitsbezogene erweiterte Erreichbarkeit ist ein Begriff, der in einem Forschungsbereich geprägt wurde, welcher sich mit den Auswirkungen der Technologie auf die Fernarbeit befasst. Für einige Berufe ist die Arbeit zu einer Tätigkeit geworden, die *man jederzeit und an jedem Ort ausüben* kann und bei der die Arbeit immer nur so weit entfernt ist wie das Telefon in der Hosentasche oder ein Tab auf dem Laptop. Die Beschäftigung mit der Arbeit kann leicht ein vernünftiges Maß überschreiten, was sich negativ auf die Gesundheit und die Produktivität auswirkt. In einer Welt nach der Pandemie hat die Beschleunigung der Fernarbeit zu flexiblen und autonomen Arbeitssituationen mit noch weniger formalen Grenzen geführt. Das kann bedeuten, dass Mitarbeitende als ständig erreichbar angesehen werden. Arbeitsbezogene erweiterte Erreichbarkeit kann dort auftreten, wo implizit, explizit oder vermeintlich verlangt wird, dass man auch außerhalb der vertraglich vereinbarten Zeiten für Arbeitsangelegenheiten ansprechbar ist. Sie wird mit einer schlechteren Stimmung zu Beginn des Tages und einem erhöhten Cortisolspiegel

(Stresshormon) in Verbindung gebracht[6] und wirkt sich nachteilig auf das Privatleben, die Freizeit und die geistige Erholung aus.

‚DETACHMENT' UND ABSCHALTEN VON DER ARBEIT

Es mag offensichtlich erscheinen, dass das Abschalten von der Arbeit die Antwort darauf ist, ‚immer eingeschaltet' zu sein. In der Psychologie ist dies ein gut definiertes Konzept, das als *psychologisches Detachment von der Arbeit* bezeichnet wird.[7] Aufgrund der weiten Verbreitung von Stress am Arbeitsplatz und seiner potenziell schwerwiegenden Auswirkungen auf die psychische und körperliche Gesundheit gibt es eine Menge interessanter Forschungsarbeiten auf diesem Gebiet – ich habe die wichtigsten Punkte des Forschungskonsenses hier zusammengefasst.[8]

- ‚Detachment' von der Arbeit findet statt, wenn wir weder Arbeitsaufgaben ausführen noch über arbeitsbezogene Angelegenheiten nachdenken.
- ‚Detachment' hilft bei der geistigen Erholung von den erschöpfenden Auswirkungen der Arbeit.
- Aktivitäten außerhalb der Arbeit, die das ‚Detachment' erleichtern, wirken sich positiv auf das subjektive Wohlbefinden aus und wir reagieren mit positiver Stimmung und geringerer Müdigkeit.
- Es hat sich zuverlässig gezeigt, dass ‚Detachment' positiv mit Produktivität verbunden ist.

6 Dettmers, J. et al. (2016) Extended work availability and its relation with start-of-day mood and cortisol. *Journal of Occupational Health Psychology*, 21(1), 105–118.

7 Psychologisches ‚Detachment' von der Arbeit ist ein gut erforschtes Konzept. Die ursprüngliche Definition und die Modelle sind auf die Pionierarbeit von Sabine Sonnentag zurückzuführen.

8 Hahn, V.C., Sonnentag, S. und Mojza, E.J. (2011) Learning how to recover from job stress: Effects of a recovery training program on recovery, recover-related self efficacy, and well-being. *Journal of Occupational Health Psychology*, 16(2), 202–216. Sonnentag, S. (2012) Psychological detachment from work during leisure time: The benefits of mentally disengaging from work. *Current Directions in Psychological Science*, 21(2), 114–118. Sonnentag, S. und Bayer, U.V. (2005) Switching off mentally: Predictors and consequences of psychological detachment from work during off-job time. *Journal of Occupational Health Psychology*, 10(4), 393–414. Sonnentag, S. (2003) Recovery, work engagement, and proactive behavior: A new look at the interface between non-work and work. *Journal of Applied Psychology*, 88(3), 518–528. Sonnentag, S. und Fritz, C. (2007) The recovery experience questionnaire: Development and validation of a measure for assessing recuperation and unwinding from work. *Journal of Occupational Health Psychology*, 12(3), 204–221. Sonnentag, S. und Fritz, C. (2015) Recovery from job stress: The stressor-detachment model as an integrative framework. *Journal of Organizational Behavior*, 36(Suppl 1), S72–S103.

- Es gibt viele Möglichkeiten, sich von den Auswirkungen der Arbeit zu erholen, wie z.B. Entspannung oder das Erlernen einer neuen Fähigkeit, aber die größte Wirkung scheint das ‚Detachment' zu haben.
- **Wenn die *Aufmerksamkeit* von der Arbeit weggelenkt werden kann, kann ein ‚Detachment' stattfinden – die Arbeit vorauszuahnen oder psychisch aufgewühlt zu sein (Grübeln/Sorgen), verhindert das ‚Detachment'.**

Insbesondere der letzte Punkt beschreibt die psychischen Bedingungen, die zu schlechtem Wohlbefinden führen und dieses aufrechterhalten. Zusammengenommen können wir sehen, wie unsere gewohnheitsmäßigen Reaktionen und unser Mangel an Distanz eine negative Verhaltensschleife in Gang setzen (siehe Abbildung 3.2). Wenn ein hohes Arbeitspensum dazu führt, dass wir viel nach Feierabend arbeiten oder über die Arbeit nachdenken, sind wir nicht in der Lage, uns davon zu lösen, was bedeutet, dass wir unsere kognitiven Ressourcen während der Erholungszeit nicht wieder auffüllen. Das macht uns weniger produktiv – wir sind langsamer, machen vielleicht Fehler – oder wir arbeiten einfach länger, was bedeutet, dass wir dieselbe

ABBILDUNG 3.2 Illustration zur Veranschaulichung der sich selbst verstärkenden Auswirkungen von mangelndem ‚Detachment' auf das psychische Wohlbefinden

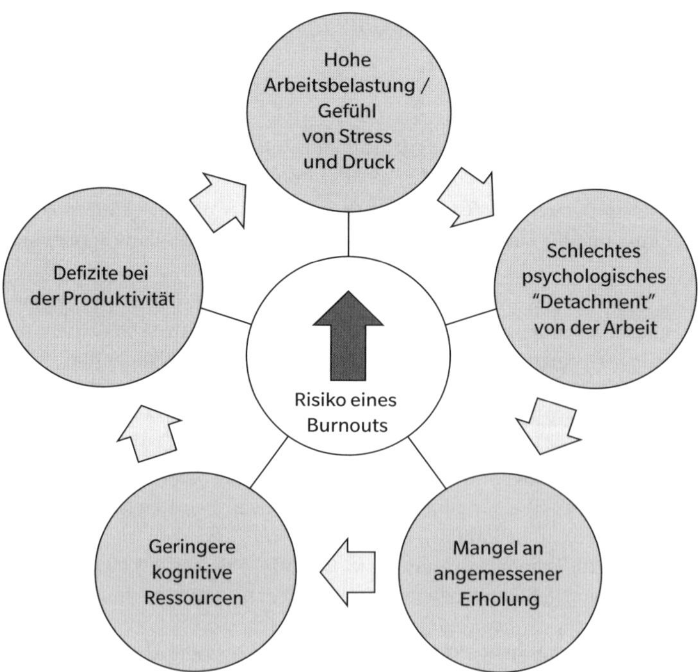

Menge an Arbeit an einem längeren Tag erledigen, aber wir haben das kulturelle Skript oder die Erwartung nach einem längeren Arbeitstag erfüllt, so dass es sich wie ein Erfolg anfühlt. All dies trägt zu mehr Druck bei und hilft nicht, die Arbeitsbelastung sinnvoll, quantitativ oder qualitativ zu reduzieren.

Natürlich ist es manchmal eine gute Strategie, nach Feierabend zu arbeiten oder durchzupowern. Das ist nicht per se etwas Schlechtes, wir alle müssen gelegentlich zusätzliche Zeit und Mühe investieren, um etwas über die Ziellinie zu bringen. Aktives Gewahrsein hilft uns, den Unterschied zwischen einer überlegten *Entscheidung* und einer *automatischen* oder achtlosen Reaktivität zu erkennen.

Achtsames Brechen von Gewohnheiten

Gewohnheiten entstehen, wenn wir ein Verhalten praktizieren, wie das Befolgen der kulturellen Skripte, die ich gerade beschrieben habe. Die gute Nachricht ist, dass auch das Gegenteil der Fall ist: Gewohnheiten verblassen und werden schwächer, wenn wir ihnen nicht die Chance geben, zu entstehen. Eine Möglichkeit, uns dabei zu helfen, von der Arbeit abzuschalten, besteht darin, die Signale, die die Arbeitstätigkeit auslösen, zu entfernen oder sie so unerreichbar oder unsichtbar wie möglich zu machen: Legen Sie nach der Arbeit den Laptop oder andere Arbeitsgeräte und alle Erinnerungen an die Arbeit, wie z.B. eine Uniform, einen Sicherheitsausweis oder eine Ausrüstung, weg. Entfernen Sie Arbeits-Apps von Ihren persönlichen Geräten.

Wir haben gesehen, wie es uns hilft, unsere Achtsamkeitsgewohnheit zu entwickeln, wenn wir positive Ergebnisse mit aktivem Gewahrsein assoziieren. Assoziieren wir die negativen Auswirkungen eines mangelnden ‚Detachments' von der Arbeit, dann kann das unsere gewohnheitsmäßige ‚Always-on-Strategie' untergraben. Bemerken Sie zum Beispiel, wie es sich anfühlt, wegen langer Arbeitszeiten müde zu sein, registrieren Sie jeden Rückgang der Produktivität, der Motivation oder des Enthusiasmus und vielleicht, wie sich das auf Ihre Stimmung oder Ihre Beziehungen auswirkt. Vielleicht möchten Sie auch herausfinden, inwiefern eine solche Strategie im Widerspruch zu Ihren persönlichen Werten steht. Neben dieser proaktiven Abkehr von der Gewohnheit können Sie mit der folgenden Aktivität dazu beitragen, wieder mehr aufbauende ‚Nahrung' zu sich zu nehmen und eine gesündere Work-Life-Integration zu erreichen.

DIE NÄHREND-UND-ERSCHÖPFEND-AKTIVITÄT

Schritt eins

Listen Sie die Dinge auf, die Sie jeden Tag tun. Es kann hilfreich sein, größere Kategorien, wie z.B. ‚Arbeit', in kleinere Aufgaben aufzuschlüsseln, aber es ist nicht nötig, dabei forensisch vorzugehen.

Schritt zwei

Kategorisieren Sie jede Aktivität entweder als nährend oder als erschöpfend – oder verwenden Sie ‚neutral-N' oder ‚neutral-E', wenn es nicht ganz offensichtlich ist.

Es gibt eine Vorlage auf der Website, die Beispiele enthält.

Nährend	Erschöpfend

Schritt drei

Nehmen Sie sich ein paar Minuten Zeit für Ihre Liste.

- Wenn Ihre Listen ausgewogen aussehen, haben dann die erschöpfenden Aktivitäten mehr Gewicht oder nehmen mehr Zeit in Anspruch?
- Erhalten Ihre nährenden Aktivitäten nur Ihr derzeitiges Energieniveau aufrecht oder geben sie Ihnen wirklich einen Schub? Welche von ihnen sind *Ablenkungen* und welche sind wirklich *aufbauend*?
- Welche Aktivitäten werden in Zeiten von Stress und Druck priorisiert und welche hintangestellt – oder sogar ganz geopfert?
- Welche nährenden Aktivitäten standen vielleicht vor ein paar Monaten oder einem Jahr auf Ihrer Liste, die jetzt nicht mehr darauf stehen? Könnten Sie diese nach und nach wieder hinzufügen?

- Sie werden feststellen, dass einige Aktivitäten je nach Ihrer Energie und Stimmung in eine andere Kategorie fallen – wenn Sie abgespannt sind oder sich schlecht fühlen, kann sich alles erschöpfend anfühlen!
- Wenn Sie eine Aufgabe als schwer, langweilig, lustig oder lohnend einstufen, ist es dann möglich, dass diese Kategorisierung die Erfahrung durch die Erwartung beeinflusst? Erinnern Sie sich an die Sonnenbrillen-Metapher für die Einstellung, die wir in Kapitel 1 verwendet haben?
- Viele von uns haben Aufgaben, von denen wir glauben, dass *nur wir sie erledigen können*. Steht eine dieser Aufgaben auf Ihrer Liste? Es ist leicht, ein Opfer unserer eigenen hohen Ansprüche zu werden – vor allem, wenn uns das Delegieren von Aufgaben mit Grauen erfüllt! Diese Art der Kontrolle hat ihren Preis. Wenn wir unsere Ansprüche senken, und sei es nur vorübergehend, oder wenn wir anerkennen, dass andere vielleicht anders, aber nicht weniger effektiv arbeiten, können wir schnell mehr Zeit für nährende Aktivitäten gewinnen. Ein bisschen Loslassen und Nachlassen kann hilfreich für unsere Energie und unser Wohlbefinden sein. Wir müssen entscheiden, was am wichtigsten ist.

Viele von uns stellen fest, dass die ersten Dinge, die wir aufgeben, wenn wir viel zu tun haben, die nährenden und gesundheitsfördernden Dinge sind, und die Dinge, die wir bewahren oder priorisieren, sind die Dinge, die uns auslaugen oder erschöpfen (es sind wieder diese Skripts). Zum Beispiel könnten wir einen Ausgehabend ausfallen lassen oder Pläne absagen, wenn der Druck der Arbeit hoch ist.

DIE AUSWIRKUNGEN VON ERSCHÖPFTER ENERGIE UND WIE SIE SIE UMKEHREN KÖNNEN

Eine Erschöpfung der Ressourcen kann unser Selbstvertrauen wirklich untergraben. Sie macht uns anfällig für negative Tendenzen und kann Zweifel daran wecken, wie viel Kontrolle wir wirklich über unser Leben haben. Wir können daran zweifeln, dass wir für uns selbst positive Veränderungen herbeiführen können – und Stress und Müdigkeit können ein falsches Gefühl für das Ausmaß der Veränderungen erzeugen, die notwendig sind, um etwas zu verändern. Es kann sich einfach zu groß anfühlen, um es überhaupt in Betracht zu ziehen. Oft sind es kleine, schrittweise Veränderungen oder Verschiebungen in unserem Handeln, die einen großen Unterschied in unserem Wohlbefinden ausmachen. Wir müssen nicht alles ändern oder unsere Gewohnheiten oder Routinen völlig umkrempeln. Nehmen Sie sich Zeit und führen Sie, so gut es geht, langsam kleine nährende Elemente in Ihren Tag oder Ihre Woche ein.

Fangen Sie klein an mit ein paar der folgenden positiven Aktionen:

- eine regelmäßige zweiminütige Mikro-Meditation (für mehr Gewahrsein)
- Beginnen Sie damit, die Arbeitszeit allmählich zurückzufahren. Beginnen Sie mit dem Plan, die Arbeit *nur ein paar Minuten* früher als normal zu beenden (nicht mehr), und bauen Sie darauf auf.
- Verbessern Sie Ihre Flüssigkeitszufuhr (tauschen Sie einen Kaffee gegen ein Glas Wasser).
- Gehen Sie für ein paar Atemzüge an die frische Luft und spüren Sie die Elemente der Natur auf Ihrer Haut – egal wie das Wetter ist, spüren Sie es.
- Bewegen oder entspannen Sie Ihren Körper (passen Sie Ihre Haltung häufig an, wenn Sie eine sitzende Tätigkeit ausüben, oder verlangsamen Sie Ihre Bewegungen, wenn Sie eine körperlich aktive Aufgabe haben).
- Lenken Sie Ihre Aufmerksamkeit regelmäßig vom Bildschirm, der Arbeit oder dem Gerät ab; nehmen Sie eine andere Perspektive mit einem anderen Sinn ein (z.B. vom Sehen zum Hören, vom Tasten zum Schmecken, von Geräuschen zum Riechen).
- Bauen Sie eine zufällig festgelegte zehnminütige Ruhepause in den morgigen Zeitplan ein – und nehmen Sie die Vorteile bewusst wahr (frische Ideen, die Chance, sich neu zu konzentrieren oder den Verlauf Ihres Tages zu korrigieren).
- Untermalen Sie Ihren Tag mit Musik (sie kann Ihre Stimmung heben); machen Sie eine Pause mit einer anregenden oder beruhigenden Playlist.
- Nehmen Sie sich eine Stunde frei von den sozialen Medien (oder so viel, wie Sie schaffen), schalten Sie den Flugzeugmodus ein und atmen Sie durch.
- Schlaf ist der ultimative Energielieferant: Versuchen Sie, Ihre Schlafenszeit allmählich anzupassen – jede Nacht ein oder zwei Minuten früher (nicht mehr).

AKTIVES GEWAHRSEIN

Unser Aktives Gewahrsein für Kapitel 3 hilft Ihnen, sich von wenig hilfreichen arbeitsbezogenen Gedanken zu lösen. Wir könnten annehmen, dass wir keine Kontrolle über unsere Gedanken haben, aber wie wir sehen werden, ist das nicht der Fall.

Es ist durchaus möglich, dass Sie störende Arbeitsgedanken bemerken, die außerhalb der Arbeitszeit auftauchen. Wir alle haben diese Gedanken – wir können uns plötzlich an etwas erinnern, das wir tun müssen, oder in unserem Kopf taucht ein schwieriges Gespräch auf, das wir geführt haben (oder führen müssen). Diese ersten Gedanken, die uns in den Sinn kommen, sind normal und natürlich, aber sie können uns auf die Palme bringen, wenn sie zu fortgesetzten Spekulationen, Vorhersagen, ‚Was-wäre-wenn'-Überlegungen und Grübeleien führen. Wir sind weit davon entfernt, uns von der Arbeit zu lösen, stattdessen beschäftigen wir uns mit ihr, wenn auch auf unproduktive Weise. Dieses Denken kann sich oft sehr wichtig anfühlen; wir fühlen uns vielleicht gezwungen, uns damit zu beschäftigen, um zu planen oder uns vorzubereiten, aber es dient selten diesem Zweck. Tatsächlich besteht seine Hauptauswirkung darin, dass es Energie raubt, die während der Arbeitszeit effektiver eingesetzt werden könnte. Ausgedehntes Grübeln kann auch die Stimmung senken.

Verwenden Sie den QR-Code, um auf die Anleitung zuzugreifen, die Sie benötigen, um anders mit Gedanken umzugehen, und zwar auf eine Weise, die ein gesundes psychisches ‚Detachment' von der Arbeit unterstützen kann. Wir werden auf dieses Thema in Kapitel 6 noch einmal zurückkommen.

Lektion 3

BEIM ARBEITEN AUF DEN KÖRPER ACHTEN

Willkommen zu Lektion 3.

Wenn Sie möchten, nehmen Sie sich ein paar Minuten Zeit, um der unten angebotenen Übung zu folgen. Achten Sie auf eventuelle Widerstände – vielleicht wollen Sie unbedingt weiterlesen oder haben das Gefühl, dass Sie sich im Moment nicht konzentrieren können. Falls das so ist, wie würde es sich anfühlen, wenn Sie dieses Denken bewusst unterbrechen und trotzdem üben? Oder Sie könnten stattdessen ein paar achtsame Atemzüge machen und sich wirklich auf die Bewegung des Atems im Körper einlassen. Oder Sie könnten Ihre Haltung anpassen, so dass sie bequemer und aufmerksamer ist, und dabei die Berührungspunkte zwischen Ihrem Körper und dem, was ihn stützt, wahrnehmen.

SELBSTERKUNDUNG

Lassen Sie uns mit einer Reflexion über Ihre Erfahrungen mit den Übungen und Aktivitäten in Lektion 2 und der Übung zum aktiven Gewahrsein am Ende von Kapitel 3 beginnen. Vielleicht haben Sie bemerkt, dass Sie daran denken, achtsam zu sein, oder Sie haben das Gefühl, dass sich eine Übungsroutine herauszubilden beginnt. Seien Sie dankbar für Ihre Bemühungen und denken Sie daran, dass wir noch ganz am Anfang unserer Reise stehen!

Hier sind einige Dinge, die Sie beachten sollten: Haben Sie während des Bodyscans die Verschiebungen vom Denken zum Spüren physischer Empfindungen im Körper bemerkt? War da ein Gewahrsein der Empfindungen, eine Taubheit oder ein Fehlen von Empfindungen?

Ist es Ihnen gelungen, irgendwelche Wahrnehmungen über Ihre offizielle Achtsamkeitsübung zu bemerken oder zu ‚unterbrechen', oder konnten Sie vielleicht jegliche Etikettierungen oder Erwartungen ‚loslassen'?

Vielleicht haben Sie einige Feinheiten des alltäglichen Erlebens bemerkt, die Ihnen vor Beginn dieses Kurses nicht bewusst waren. Das kann ein ‚Einstimmen' auf die Welt um Sie herum sein oder das Wahrnehmen von Empfindungen oder Bewegungen des Körpers oder das Erkennen von Denkmustern. Diese Art des Wahrnehmens kann anfangs sehr subtil sein, aber solange Sie üben, entwickeln Sie Ihre Fähigkeit zum achtsamen Gewahrsein.

BEOBACHTUNGEN VON SCHÜLERINNEN UND SCHÜLERN

„Am Anfang fand ich den Bodyscan frustrierend, weil mein Körper so angespannt war. Ich wollte einfach nur entspannt sein und ärgerte mich, dass ich angespannt war."

„Meine Gedanken schweiften immer wieder von dem Ort im Körper ab und ich verlor den Überblick, wo ich war, bis Ihre Anleitung mich daran erinnerte. Aber ich erinnerte mich an Lektion 1, dass es normal ist, dass das Denken die Oberhand gewinnt. Ich konnte nicht anders, als mir Sorgen zu machen, dass ich es falsch machen könnte. Ich habe erkannt, dass ich mir immer Sorgen mache, Fehler zu machen oder Dinge zu vermasseln."

„Zuerst konnte ich nichts in meinem Körper spüren, außer dass sich mein Brustkorb hob und senkte. Es gab keine Empfindungen. Ich dachte ständig: ‚Funktioniert das? Was mache ich falsch?'. Letzte Woche bemerkte ich dann kleine Verspannungen im oberen Bereich meines Rückens und dass ich vor Konzentration die Stirn runzelte. Ich fange an zu merken, dass ich einen Körper habe!"

„Ich bin immer wieder eingeschlafen, also habe ich angefangen, morgens zu üben. Aber ich übe auch im Bett, um besser einschlafen zu können, und ich merke, dass mir wahrscheinlich etwas Schlaf fehlt."

„Ich habe die achtsame Unterbrechung auf meine Arbeit angewandt und festgestellt, dass ich mir immer wieder einrede, bestimmte Teile meiner

Arbeit wären unmöglich, und dass ich das Gefühl habe, meine Kolleginnen und Kollegen würden alles viel besser machen als ich. Ich meide auch die Schulungen für Mitarbeitende, weil ich denke, dass sie eine langweilige Zeitverschwendung sind. Ich habe eine Menge Gewohnheitsgedanken über meine Arbeit. Ich merke jetzt, wenn diese Gedanken auftauchen. Viel weiter bin ich noch nicht gekommen."

„Ich habe einen technischen Beruf und in meinem Büro zu Hause gibt es eine Menge Geräte. Ich habe mich in aktivem Gewahrsein geübt, indem ich all die Kabel und Teile, die sich unter meinem Schreibtisch befinden, entwirrt und aufgeräumt habe. Ich konzentrierte mich wirklich auf das, was ich tat, Moment für Moment, und bemerkte die andere Perspektive, wenn ich auf dem Boden sitze. Es ist wie eine andere Welt da unten! Aber jetzt ist sie viel aufgeräumter!"

„Ich habe bemerkt, dass bestimmte Dinge bei der Arbeit immer die gleiche Reaktion hervorrufen. Ich stelle mir Dinge in meinem Kopf als schrecklich, schwierig oder zeitaufwendig vor und schiebe sie deshalb auf. Mir ist klar, dass ich mir im Grunde Geschichten darüber erzähle, wie die Dinge sein werden."

EINSTELLUNGEN DER ACHTSAMKEIT

Es gibt viele *Einstellungen*, die für die Achtsamkeit grundlegend sind.[1] Wir haben bereits Neugier und Offenheit kennengelernt und werden bald tiefer in die Akzeptanz eintauchen. Diese drei Einstellungen finden sich in den akademischen und operativen Definitionen von Achtsamkeit, die wir im Kapitel *Erste Schritte* untersucht haben. Einstellungen der Achtsamkeit unterstützen unser Lernen und unsere Praxis wirklich. Wie in Kapitel 1 und erneut in Kapitel 3 im Rahmen der Übung ‚Nährend und erschöpfend' erwähnt, ist die Einstellung der Filter, durch den wir Informationen empfangen und verarbeiten, und sie kann unsere Erfahrung subtil oder stark verändern. Es ist möglich, eine Erfahrung bewusst mit einer Einstellung zu versehen – das fällt uns anfangs vielleicht nicht leicht, und was wir für eine hilfreiche Einstellung halten, kann unserer unmittelbaren Reaktion widersprechen. Ich habe festgestellt, dass ein guter erster Schritt darin bestehen kann, sich die Frage zu stellen: *Welche Einstellung könnte meine Erfahrung mit dieser Situation oder Aktivität unterstützen oder positiv beeinflussen?*

1 Es gibt keine endgültige Liste, aber dies ist eine gute Quelle und ein guter Ausgangspunkt: https://mbsrtraining.com/attitudes-of-mindfulness-by-jon-kabat-zinn/

In Tabelle 3.2 habe ich die in der Literatur vertretenen Einstellungen der Achtsamkeit mit einigen einfachen Definitionen aufgelistet.

TABELLE 3.2 Definitionen der Einstellungen, die eine achtsame Lebensweise unterstützen

Achtsame Einstellungen	
Nicht urteilen	Erkennen Sie, dass der Fluss der Urteile, Vergleiche und der Reaktivität im Geist normal (und oft hilfreich) ist, aber dass wir uns entscheiden können, unvoreingenommen davon zurückzutreten.
Geduld	Die Dinge geschehen zu ihrer eigenen Zeit – sie zu erzwingen, ist nicht immer hilfreich.
Offenheit	Es ist leicht, sich auf bestimmte Sichtweisen festzulegen und an dem festzuhalten, was uns vertraut ist. Das kann unsere Welt einengen. Offenheit bedeutet, für das Neue empfänglich und sich des Vertrauten bewusst zu sein.
Geist des Anfängers / der Anfängerin	Wissen und frühere Erfahrungen können wie eine Linse wirken, durch die wir die Welt sehen – wir sehen oft, was wir zu sehen erwarten, und tun, was wir immer getan haben. Wir können bereit sein, neu zu sehen und wahrzunehmen, als ob wir es zum ersten Mal täten.
Vertrauen	Die Meinungen anderer setzen oft unsere Gefühle und unsere Intuition außer Kraft. Vertrauen in sich selbst zu entwickeln, führt zu sinnvollen Entscheidungen – Sie sollten wissen, dass Sie die Expertin oder der Experte für Ihre eigenen Erfahrungen sind.
Nicht streben	Nach einem Ziel zu streben oder gegen eine Erfahrung anzukämpfen, kann negative Erfahrungen verlängern und verstärken. Achtsamkeit ist eine *nicht strebende* Form der geistigen Aktivität und eine Art des Seins, bei der Sie mehr Sie selbst sein können. Wir können *uns zurücklehnen und beobachten*, anstatt uns in eine gegenwärtige Erfahrung einzumischen (zu analysieren, Sinn daraus zu machen, uns Sorgen zu machen).
Akzeptanz	Unsere gegenwärtige Erfahrung ist *bereits da*. Etwas zu vermeiden oder sich danach zu sehnen, dass die Dinge anders sind, als sie sind, kann schmerzhaft und kräftezehrend sein. Die Bereitschaft, die Dinge *so* zu sehen, *wie sie sind*, kann ein nützlicher erster Schritt zu einer sinnvollen Veränderung sein.
Neugierde	Staunen und Interesse unterstützen das Lernen – im Gleichgewicht mit der Haltung des Loslassens. Wir können unterscheiden, wann es hilfreich und interessant ist, etwas zu erforschen, und wann Gedanken und Gefühle in Ruhe gelassen werden können.
Loslassen	Achtsamkeit kann vertraute Muster des Denkens, Fühlens und Handelns aufdecken, an die wir uns gewöhnt haben – auch wenn sie uns nicht guttun. Eine Haltung des Loslassens kann uns helfen, unsere schweren Lasten abzulegen.
Dankbarkeit	Was wir *denken,* beeinflusst, wie wir *uns fühlen*. Dankbarkeit und Wertschätzung zu üben, kann unsere Stimmung wirklich heben.
Großzügigkeit	Ähnlich wie beim Mitgefühl: Wir können damit beginnen, großzügig und freundlich zu uns selbst zu sein, um für uns selbst zu sorgen (wir können nicht aus einer leeren Kanne ausschenken), und wir können auch anderen Freundlichkeit entgegenbringen. Großzügig mit dem Geist umzugehen, erinnert uns daran, dass er nur das tut, wozu er geschaffen wurde.

Diese Einstellungen sind miteinander verwoben und unterstützen eine freundlichere, ruhigere und einfühlsamere Lebensweise.

DAS ANGENEHME IN DIE GEGENWART HOLEN

In dieser Lektion geht es *um die Erkundung des Angenehmen.* Wir lernen, warum es nützlich ist, Gefühle von Glück, Behaglichkeit, Zufriedenheit und Freude wahrzunehmen, und warum das Angenehme manchmal an uns vorbeigeht. In dieser und der nächsten Lektion werden wir erforschen, wie die Aufmerksamkeit als solche unsere Erfahrung und nicht die Situation, in der wir uns befinden, verstärken kann, und wie die Absicht, dem Angenehmen eine gewisse Bedeutung beizumessen, unser Wohlbefinden fördern kann. Diesmal werden wir zwei neue Praktiken erlernen.

Angenehme Lebenserfahrungen können ein Gegenmittel gegen Leid sein; sie sind aufbauend und fördern die Widerstandsfähigkeit. Obwohl sich der Geist so entwickelt hat, dass unsere Sicherheit an erster Stelle steht, was oft zu einer negativen Voreingenommenheit für den Fall der Fälle führt, sind positive Erfahrungen auch von Vorteil, weil sie die Erkundung unserer Welt unterstützen und das Streben nach neuen Fähigkeiten fördern und ermöglichen. Positive Emotionen fördern auch menschliche Bindungen und Beziehungen zu anderen, die unsere Entwicklung unterstützen und uns helfen, uns zu entfalten. Da wir jedoch nicht unendlich viel Aufmerksamkeit haben, muss das Gehirn selektiv vorgehen: Wenn wir uns gestresst fühlen, können wir potenziell glückliche oder angenehme Momente der Zufriedenheit nicht so leicht wahrnehmen, weil sie keine Priorität haben und nicht über das mentale Gewicht verfügen, um mit der Stress-/Bedrohungsreaktion zu konkurrieren. Längere Zeiten von Sorge oder Stress können also auch längere Zeiten bedeuten, in denen die Freude im Leben nur schwer zugänglich ist, nur schwer erlebt oder gar wahrgenommen werden kann. Das Gehirn ist von Natur aus auf der Suche nach Bedrohungen – dabei braucht es unsere Hilfe nicht. Aber wir können ihm beibringen, *dem Angenehmen mehr Aufmerksamkeit und Wertschätzung entgegenzubringen*, einschließlich der kleinen Dinge, die ein Element der Schönheit, der Neugier oder der Ruhe enthalten können.

Der *Kalender für angenehme Reflexionen* (Teil der Aktivitäten in Lektion 2) ist eine einfache, aber sehr effektive Methode, um sich schöne Erlebnisse ins Gedächtnis zu rufen. Vielleicht haben Sie schon bemerkt, dass selbst kleine Dinge eine angenehme emotionale Resonanz in Geist und Körper hervorrufen können: der Anblick eines friedlich schlafenden Kindes, die Wärme der Sonne auf Ihrem Gesicht oder der Geruch des morgendlichen Kaffees können einen Moment des Trostes oder der Erbauung vermitteln. Wenn wir weiterhin aktiv angenehme Momente wahrnehmen können, *richten wir unser Bewusstsein darauf aus*, und schon bald können wir Schönheit, Trost und Freude an bisher unbemerkten Orten sehen und fühlen.

Das Angenehme in die Gegenwart holen

Machen Sie eine Pause für diese kurze Übung.
Beschreiben Sie eine angenehme Erfahrung – etwas Einfaches wie einen lustigen Abend mit Freundinnen und Freunden, die Schulaufführung Ihres Kindes, einen Spaziergang in der Natur oder eine aufmerksame Geste Ihres Partners oder Ihrer Partnerin. Versuchen Sie, die Geschichte nicht auf die herkömmliche Weise zu erzählen, indem Sie erklären, *was*, *wo* oder *wie* es passiert ist, sondern beschreiben Sie das Erlebnis:

- durch die Gefühle und Emotionen, die es ausgelöst hat; und
- anhand dessen, wie sich die Erfahrung im Körper anfühlte.

Hier ist ein Beispiel:

Ein Bad im Meer an einem heißen Tag
Ich spürte die Freude und Wertschätzung, am Meer zu sein. Es war so erhebend. Die Kühle des Wassers war erfrischend und belebte meinen Körper, ich war wach! Es herrschte Ruhe und ein Loslassen von Muskelverspannungen und ein Gefühl der Freiheit, als ich mich durch das Wasser bewegte. Ich spürte die Hitze der Sonne auf meinem Rücken und die Kühle des Wassers auf meiner Vorderseite, es war köstlich. Ich bemerkte meinen Partner am Strand, der friedlich las, und ich spürte eine solche Zuneigung in meinem ganzen Körper, vor allem in meinem Herzen und in meiner Brust. Es ist ein Moment, den ich genieße, und ich kann jetzt ein Flackern davon in meinem Körper spüren.

HINDERNISSE FÜR DAS ANGENEHME

Um unsere Chancen zu erhöhen, Angenehmes und Genuss zu erleben, können wir auch versuchen, die Dinge zu erkennen, die dem im Wege stehen könnten – bestimmte Gedanken, Verhaltensweisen und Urteile.

- Ich verdiene es nicht, glücklich zu sein.
- Ich werde einige wirklich schöne Dinge machen, wenn die ganze Arbeit getan ist.
- Es scheint sich nicht zu lohnen / erfüllt nicht meine Erwartungen an eine angenehme Erfahrung.
- Ich fühle mich zu niedergeschlagen und/oder zu müde, um etwas zu genießen.
- Es gibt einfach so viel zu tun.
- Ich habe das Gefühl, dass das Leben einfach zu schnell verläuft, um irgendetwas davon zu genießen.

Wir könnten uns selbst fragen: Was wollen wir und was tun wir? Und bewegen sich beide in unterschiedliche Richtungen? Was spielt im täglichen Leben eine Rolle und wie wirkt sich das auf unsere Freude am Leben aus? Dies könnte ein guter Zeitpunkt sein, um die Werte zu bedenken, über die Sie in Kapitel 1 nachgedacht haben. Wir haben vielleicht das Gefühl, dass unsere Werte *wertvoll* sein sollten, und das ist gut so, aber wir können auch Spaß, Komfort und Genuss schätzen. Einige Ziele können diesen Werten zuwiderlaufen – wie Ehrgeiz und das Einhalten von Verpflichtungen. Das heißt nicht, dass wir sie aufgeben müssen, aber wir können Anpassungen vornehmen, so dass alle unsere Werte unterstützt werden. Zum Beispiel könnten wir das Maß an Verpflichtungen, dem wir zustimmen, so ändern, dass es realistisch ist (d.h. wir lernen, konstruktiv Nein zu sagen).

Das verlorene Paradies

Nik ist Einkäufer bei einem großen Einzelhandelsunternehmen. Der Job ist stressig und unerbittlich:
Ich hatte das Gefühl, dass mein Leben ein Fließband geworden war, eine Aufgabe führte zur nächsten. Ich hatte immer Angst, in Rückstand

zu geraten und den Rückstand nie aufzuholen. Schließlich wusste ich, dass ich etwas gegen den Stress tun musste, den ich empfand. Ich meldete mich zu einem Achtsamkeitskurs an und beschloss, jeden Tag achtsam spazieren zu gehen, nur zum örtlichen Geschäft, um meine Einkäufe zu erledigen. Es war Sommer und ich konnte auf die Wärme in der Luft und auf meiner Haut achten, ich nahm die fröhlichen Geräusche des Sommers um mich herum wahr. Ich merkte auch, dass ich schnell traurig wurde, dass ich bald wieder an meinem Schreibtisch sitzen würde. In meinem Kopf sah ich meine E-Mails pausenlos aufploppen und die Termine in meinem Kalender für später am Tag. Am Anfang genoss ich den Spaziergang, aber schon bald sah ich sein Ende voraus, wollte nicht, dass er aufhörte, und dann bemerkte ich nicht mehr, wie schön er war. Nachdem ich mit der Person gesprochen hatte, deren Achtsamkeitskurs ich besuchte, wurde mir klar, dass es in meiner Macht lag, in die Gegenwart zurückzukehren, ich musste mich nicht in Gedanken verstricken. Ich begann, die Erlebnisse meines Spaziergangs wirklich zu genießen, und wenn meine Gedanken zur Arbeit, zu Meetings oder zu anderen Dingen abschweiften, bemerkte ich, dass dies geschehen war, und kehrte zu den Sonnenstrahlen, Geräuschen und Gefühlen zurück. Schließlich stellte ich fest, dass ich meinen Spaziergang wirklich genießen konnte, obwohl ich wusste, dass er nur von kurzer Dauer war, und das machte ihn in gewisser Weise noch wertvoller. Meine Lehrkraft schlug mir auch vor, ohne Ziel zu spazieren, so dass ich nicht mehr zum Laden gehe und mir eine Einkaufsliste mache; auch das hat wirklich geholfen. Wir haben jetzt eine kleine Gruppe von achtsamen Spaziergängerinnen und Spaziergängern und wir kommen mit neuer Konzentration und einem erfrischten Gefühl ins Büro zurück.

Vergänglichkeit und Genießen

Nik nennt eine häufige Herausforderung beim Erleben des Angenehmen: das Gefühl, traurig zu sein, dass die schönen Dinge enden werden, und dies nicht zu wollen.

Wenn wir etwas Angenehmes erleben, kennen die meisten von uns die Tendenz, *sich daran zu klammern*. Das ist zwar ganz natürlich, aber es führt schnell dazu, das Angenehme zu verdrängen. Die Sehnsucht oder

der Wunsch, dass das Angenehme andauern möge, kann dazu führen, dass wir es nicht mehr in der Gegenwart genießen, sondern uns darauf einstellen, dass es vorbei sein wird. Das Angenehme ist zwar immer noch verfügbar, aber es ist verloren gegangen. Dies kann Gefühle der Frustration, des Grolls, der Enttäuschung und der Traurigkeit hervorrufen, eine Art mentale Verschiebung von süß zu bittersüß zu bitter. Indem wir die vergängliche Natur unserer Erfahrung bemerken, können wir akzeptieren, dass *alle Menschen alle Dinge so erleben*. Es ist normal, sich nach dem Angenehmen zu sehnen, aber es ist auch möglich, es zu erleben, ohne übermäßig daran zu hängen. Ein achtsamer Ansatz kann uns helfen, das Gute (und das Schlechte und das Hässliche) als *vorübergehende Erfahrungen* zu sehen, und wir können lernen, uns mit der Tatsache abzufinden, dass angenehme Erfahrungen zu Ende gehen werden – und dass sie deshalb etwas Besonderes sind. Die positive Psychologie legt nahe, dass das *Genießen* des Angenehmen nützlich ist, um eine Widerstandsfähigkeit gegen Stress zu entwickeln. Genießen ist etwas ganz anderes als *sich an etwas zu klammern* oder nicht zu wollen, dass sich etwas ändert oder dass es endet, auch wenn der Unterschied auf den ersten Blick subtil erscheinen mag. Genießen *ist* Freude; es bedeutet, wie bei Niks Spaziergang den Sonnenschein zu spüren, die Geräusche zu hören und die Sehenswürdigkeiten zu sehen und sie so sein zu lassen, wie sie sind, in ihrer Zeit und an ihrem Ort. Daran zu klammern, kann sich anfühlen wie eine Reise in die Zukunft, wie der Gedanke an den Zeitpunkt, an dem das Angenehme zu Ende sein wird, während wir noch versuchen, es zu genießen – es fühlt sich ein wenig verzweifelt an. Achtsamkeit kann uns dabei helfen, das Angenehme zu genießen, indem sie uns erkennen lässt, wie es sich anfühlt, uns bewusst macht, wenn wir durch Klammern davon abdriften, und uns hilft, zu dem Gefühl des angenehmen, gegenwärtigen Moments zurückzukehren.

Unser Achtsamkeitstraining wird nun mit der Einführung einer ‚Bewegungsübung' fortgesetzt.

LEKTION 3 Konzentrierte Achtsamkeitsübung

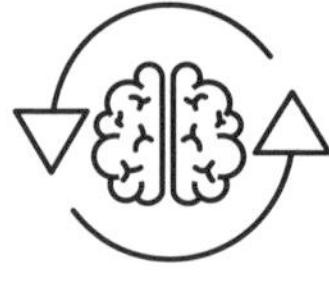

Vorbereitung

Suchen Sie sich einen Ort zum Üben aus, an dem Sie nicht gestört werden und an dem Sie sich frei bewegen können (falls Sie sich im Rahmen dieser Übung bewegen möchten).

Sie haben die Wahl zwischen verschiedenen achtsamen Bewegungsübungen, die den unterschiedlichen Mobilitätsbedürfnissen entsprechen. Beginnen Sie mit der Einführungsversion der Übung Ihrer Wahl.

Nehmen Sie sich anschließend ein paar Minuten Zeit, um über Ihre Erfahrung nachzudenken.

ACHTSAMKEIT DURCH BEWEGUNG AUFBAUEN

Sich in Richtung Achtsamkeit zu bewegen, ist eine großartige Möglichkeit, um das ‚Aufwachen' zu unterstützen, das uns aus einem ‚Always-on'-Zustand befreien kann und uns aus der Trägheit von Geist und Körper herausführt.

- Wir können unsere Aufmerksamkeit auf den physischen Körper richten und die Empfindungen der Bewegung werden zu einem *Zuhause für unsere Aufmerksamkeit*.
- Wenn wir merken, dass wir uns Sorgen machen oder grübeln, dann kann es eine gute Lösung sein, sich wieder auf den Körper zu konzentrieren, indem wir uns auf körperliche Empfindungen fokussieren.
- Bewegung offenbart die *Vergänglichkeit der Erfahrung*, wenn wir feststellen, dass sowohl in der Bewegung als auch in der Ruhe Empfindungen im Körper kommen und gehen – oft ohne unser Zutun.
- Bewegungsübungen können alle selbstkritischen Gedanken aufdecken, die in Bezug auf unsere Fitness oder unser Aussehen aufkommen. Dies bietet eine Gelegenheit, das *Urteilen* loszulassen und mit Freundlichkeit zur Bewegung im gegenwärtigen Moment zurückzukehren.

- Wenn wir uns achtsam bewegen, können wir die Aufmerksamkeit auf die natürlichen Grenzen und Beschränkungen unseres Körpers lenken. Wir können die Grenze des Komforts finden und *erkennen, wie sich ‚zu viel' anfühlt*. Wir können diese Gelegenheit nutzen, um uns mit einer Einstellung des Nicht-Strebens zu bewegen, und die Verantwortung dafür übernehmen, auf uns selbst aufzupassen.
- Die Bewegung des Körpers kann zeigen, *was der Körper braucht* – mehr Bewegung, wenn wir im Sitzen arbeiten (wir können uns dehnen und aufrichten), oder mehr Ruhe und Verlangsamung, wenn wir einer körperlichen Arbeit nachgehen.

ÜBEN SIE DAS ANGENEHME

Ich habe eine kurze Übung beigefügt, die dazu beiträgt, mehr Bewusstsein für die kleinen, angenehmen Momente im Leben zu schaffen. Wir müssen das Angenehme im Alltag nicht allzu analytisch betrachten oder das Gefühl erzeugen, dass wir es anstreben. Stattdessen können wir uns der vielen verschiedenen *Bedingungen* bewusst sein, unter denen das Angenehme auftreten kann, und wir können uns sogar bemühen, sie aktiv zu schaffen, zum Beispiel wie folgt:

- die Erfahrung des gegenwärtigen Augenblicks wahrnehmen (den Autopiloten zu verschiedenen Zeiten ausschalten, um zu sehen, was um Sie herum ist);
- körperlich langsamer werden in dem, was wir tun;
- Elemente der Selbstfürsorge wie eine gute Schlafroutine, Bewegung und Zeit für Entspannung einführen;
- mit der Familie, dem Freundeskreis oder den Kolleginnen und Kollegen in Verbindung treten;

- nach draußen an die frische Luft gehen;
- ein Hobby wieder aufnehmen, das wir vernachlässigt haben, oder etwas Kreatives tun.

Wie wir in der nächsten Lektion sehen werden, brauchen wir alle etwas Stress in unserem Leben. Das Angenehme zu üben, ist kein Mechanismus, um uns vom Stress zu befreien, aber es ist eine *Art Reserve*, damit wir, wenn der Stress kommt, mehr Energie haben, um ihn auf gesündere Weise zu bewältigen.

FOMO

Wie wir festgestellt haben, ist es für uns leicht, in einem Zustand zu leben, in dem wir immer auf dem Sprung sind, gefangen in der gleichen Routine von Arbeiten-Essen-Schlafen-Wiederholen, und unter dem Gewicht all unserer Verantwortlichkeiten automatisch reagieren. Es wird uns schwerfallen, Gelegenheiten für eine gute Zeit zu schaffen, wenn wir nicht innehalten und darüber nachdenken oder uns daran erinnern, wie sie sich anfühlt. Ein nützlicher Auslöser dafür ist die Angst, etwas zu verpassen – auf Englisch ‚Fear of Missing Out' oder kurz FOMO. Das kann passieren, wenn wir eine Einladung aus beruflichen Gründen ablehnen oder etwas opfern, das uns Spaß macht, weil wir zu beschäftigt sind oder einfach zu müde, um aus unserer Routine auszubrechen. Vielleicht schwelgen Sie in Erinnerungen an die Dinge, die Ihnen früher Spaß gemacht haben, oder Sie fühlen sich mürrisch oder ärgern sich, weil andere es schaffen, Zeit für sich zu finden. Anstatt in FOMO oder Groll zu versinken, sollten Sie diese Gedanken und Gefühle als Ansporn nehmen, rauszugehen und sich zu amüsieren. Denken Sie daran, dass die Dinge, die Sie verpassen, ein Gegenmittel gegen das sein kann, was unser Wohlbefinden herausfordert: Die Freuden des Lebens sind kein Luxus, sondern eine Notwendigkeit – sie stellen unsere inneren Ressourcen wieder her, beleben unsere Stimmung und nähren unsere Produktivität, Kreativität und Begeisterung für das Leben.

DER WEG ZUR SCHULE

Ich empfand es immer als lästig, die Kinder morgens zur Schule zu bringen. Wir haben uns beeilt und uns darauf konzentriert, einfach nur dort anzukommen. Es gab immer irgendein Ärgernis, einen offenen Schnürsenkel, ein quietschendes Rad am Roller, das mich in den Wahnsinn trieb, irgendein kleinliches Gezänk oder Gejammer über nicht gemachte Hausaufgaben. Ich hatte begonnen, diese Zeit zu fürchten, und konnte es kaum erwarten, sie hinter mich zu bringen. Ich beschloss, dies als meine tägliche Zeit des aktiven Gewahrseins zu nutzen, als eine Art Experiment – vor allem, weil ich die Person, die ich geworden war, nicht wirklich mochte! Anstatt zu hetzen, verließen wir das Haus fünf Minuten früher (das war nicht einfach, aber ich war verzweifelt!) und ich stimmte mich wirklich auf die Erfahrung des Schulwegs ein. Ich legte mein Handy weg und achtete darauf, wie meine Kinder miteinander und mit mir plauderten, und hörte wirklich zu, was sie sagten. Es gab weniger Zankereien. Wir ließen das ‚Dort-Ankommen' los und gingen einfach nur. Nachdem wir das ein paar Mal ausprobiert hatten, begann sich die Erfahrung für uns alle zu verändern. Es war nicht immer einfach und das quietschende Rad geht mir immer noch auf die Nerven, aber jetzt sehe ich diese Zeit mit ihnen als wertvoll und *beachtenswert* an, wenn das Sinn macht – schließlich werden sie bald selbst zur Schule laufen.

Zusammenfassung

- Wenn wir lernen, achtsam zu sein, können wir **die Einstellungen** kultivieren**, die unserem Verständnis zugrunde liegen**; diese können **unserer Erfahrung** Orientierung geben und sie sogar **verändern**.
- Obwohl **positive Emotionen von Vorteil sind**, hat Glück keine so hohe Priorität wie das Überleben. Angenehme Erlebnisse entgleiten leicht unserem Bewusstsein oder werden vielleicht gar nicht registriert.
- Wenn wir über das Angenehme im Leben nachdenken, können **wir uns auf das Angenehme hin orientieren**. Dadurch wird es wahrscheinlicher, dass wir eine angenehme Erfahrung in der Gegenwart wahrnehmen, genießen und schätzen.
- Es ist wichtig zu erkennen, welche Gedanken, Urteile und Dinge, die wir tun, das Angenehme verhindern oder abhalten, und stattdessen bewusst **die Bedingungen zu schaffen, die angenehme Erfahrungen unterstützen**.
- Wenn wir uns an angenehme Dinge klammern oder an ihnen hängen, entfernen wir uns von der Erfahrung. Wir **bewegen uns in eine**

Zukunft, in der sie bereits zu Ende ist, aber wenn wir achtsam die vergängliche Natur aller Erfahrungen wahrnehmen, können wir die schönen Dinge in diesem Moment genießen, so wie sie sind.

- Bewusste, achtsame Bewegungen bieten einen **Anker für unsere Aufmerksamkeit** und helfen, ein Verständnis für die Vergänglichkeit der Erfahrung zu entwickeln, wenn wir bemerken, wie Empfindungen im Körper kommen und gehen.
- Bewegung in Achtsamkeit offenbart die Grenzen des Komforts; wir können erkennen, wie es sich anfühlt, zu weit zu gehen. Uns bewusst zu machen, **was wir tun und *wie wir uns dawbei fühlen***, ist wichtig, um Verantwortung für unsere körperliche und geistige Gesundheit und unser Wohlbefinden zu übernehmen.

Aktivitäten in Lektion 3

LEKTION 3 Konzentrierte Achtsamkeitsübung

Versuchen Sie, sich mindestens eine Woche lang jeden Tag achtsam zu bewegen, bevor Sie zu Lektion 4 übergehen.

Nehmen Sie sich nach dem Üben einige Augenblicke Zeit, um Ihre Beobachtungen und Überlegungen zu notieren.

Ich habe Ihnen eine **Übung zum achtsamen Gehen** vorgestellt, die Sie ausprobieren können. Wie Sie im nächsten Kapitel und in Lektion 4 sehen werden, können Bewegungsübungen hilfreich sein, wenn Sie sich gestresst oder aufgeregt fühlen oder wenn sich die Bewegungslosigkeit frustrierend anfühlt.

Beginnen Sie außerdem mit der Übung **‚Unangenehme Reflexionen'** – Anweisungen und eine Vorlage finden Sie auf der Website. Dies wird für Lektion 4 hilfreich sein.

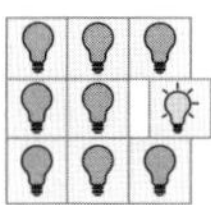

Achtsame Unterbrechung

Die Unterbrechung für diese Lektion besteht darin, *einen anderen Blickwinkel zu finden*.

Es gibt viele Möglichkeiten, dies zu tun: Sie könnten den Sitzplatz wechseln, wenn Sie bei der Arbeit, zu Hause oder auf dem Weg zur Arbeit immer an der gleichen Stelle sitzen oder stehen. Sie könnten die Reihenfolge ändern, in der Sie Dinge tun – z.B. Arbeitsaufgaben oder die Tageszeit, zu der Sie essen oder trinken. Sie könnten sogar ändern, *was* Sie essen oder trinken, wenn dies zur Routine geworden ist. Wie sieht diese neue Sichtweise aus? Was ist für Sie jetzt präsent, was es vorher nicht war? Achten Sie auf Farben, Formen, Texturen, Geschmacksempfindungen, Menschen, Licht, Schatten. Was hat sich in Ihrer Erfahrung verändert? Achten Sie auf etwaige Vorlieben oder Vergleiche, die Ihnen Ihr Verstand anbietet.

Gibt es etwas Angenehmes, das sich in den Schichten der Routine verbirgt und das dieser Wechsel des Blickwinkels oder der Erfahrung zum Vorschein bringen kann? Sie brauchen nicht lange zu suchen, nehmen Sie einfach alles wahr, was auf subtile Weise angenehm sein könnte – vielleicht ist allein die Veränderung erfrischend oder belebend? Wenn Sie möchten, können Sie diese neue Position oder Sichtweise beibehalten. Wenn Sie das tun, werden Sie feststellen, dass das, was neu war, bald zur Routine und Gewohnheit wird.

Kapitel 4

ÄNGSTE ABBAUEN

Angst ist wahrscheinlich das Thema, nach dem ich in meiner Arbeit für das Wohlbefinden und als praktizierende Achtsamkeitslehrerin am meisten gefragt werde. Ich habe unter schweren Ängsten gelitten und weiß, wie lähmend sie sein können. Angst kann einen tiefen Schatten auf uns werfen, sie kann uns die Freude nehmen, die Ruhe rauben und uns wirklich ausbremsen. Ich hatte oft das Gefühl, dass ich ein halbes Leben führe. In diesem Kapitel werden wir die Angst entmystifizieren, uns darauf konzentrieren, was sie auslöst und was wir tun können, um Angst auf sinnvolle Weise zu reduzieren. Sie können bei diesem Kapitel verweilen, wenn Sie möchten, oder in regelmäßigen Abständen darauf zurückkommen. Es gibt ein paar verschiedene Übungen, die Sie ausprobieren können, und im Abschnitt *Ressourcen* am Ende des Buches finden Sie Vorschläge zur Unterstützung. Ich habe entdeckt (und Sie können das auch), dass die Angst nicht das Sagen hat; sie bestimmt nicht, wer wir sind oder was mit uns geschieht. Die Angst ist eine Lehrerin, in gewisser Weise eine Beschützerin, aber wir müssen sie nicht herrschen lassen. Was mir geholfen hat und weiterhin hilft, sind die täglichen ‚gewöhnlichen' Achtsamkeitsübungen, die einfachen Atem- und Körperübungen. Ich fühle mich immer noch ängstlich, aber die Angst erreicht nicht mehr die gleichen Ausmaße wie früher; sie hält nicht mehr so lange an. Ich denke, das wird auch für Sie Sinn machen, wenn Sie lernen, Achtsamkeit zu praktizieren und zu verstehen, was sie bewirken kann.

Dieses Kapitel läuft parallel zur nächsten Lektion: *Stress, enträtselt*. Ich werde oft nach dem Unterschied zwischen Stress und Angst gefragt. Sie sind Teil desselben Gehirnmechanismus, daher können wir sie nur so weit entwirren, wie es hilfreich ist. Mit den Begriffen *Stress* und *Angst* verbinden wir ein breites Spektrum von Gefühlen und Erfahrungen: Angst könnte man eher als eine emotionale Reaktion definieren – wie ein Gefühl von Furcht und Beklemmung. Am Arbeitsplatz kann Angst mit einer Phase der Arbeitsplatzunsicherheit einhergehen, mit einem Mangel an Rollenklarheit oder der Angst, nicht gut genug zu sein oder nicht so akzeptiert zu werden, wie man ist, oder sie kann durch die Überforderung ausgelöst werden, wenn man viel zu viel zu tun hat. Stress kann auch anders beschrieben werden, nämlich als eine dringende oder *unmittelbare* Reaktion auf eine Situation, wie z.B. auf den Zwang, in Besprechungen oder Präsentationen Leistung zu bringen, schwierige Nachrichten zu übermitteln oder an einem Vorstellungsgespräch, einem Test oder einer Prüfung teilzunehmen. Wir formulieren und benennen unsere Erfahrungen von Stress, Angst oder Unangenehmem auf unterschiedliche Weise, weil sie sich unterschiedlich *anfühlen*. Das liegt an den unterschiedlichen Vorgängen im Gehirn. Diese Unterschiede verändern unsere Erfahrungen und beeinflussen, was wir tun, denken und fühlen. Wir sollten uns nicht zu sehr in Definitionen verlieren, aber es kann nützlich sein, sich bewusst zu machen, dass die Stressreaktion *nicht nur eine Sache* ist. Wir werden uns im nächsten Kapitel ausführlicher mit Stress befassen und uns hier auf Gefühle von Angst konzentrieren und darauf, was wir tun können, um sie zu reduzieren.

Was ist Sorge?

Sorgen und Ängste werden oft synonym verwendet, aber sie sind nicht dasselbe Phänomen. Sorgen können als eine fehlangepasste Bewältigungsstrategie bezeichnet werden. Wir machen uns Sorgen, weil es sich anfühlt, als würden wir planen, uns vorbereiten oder sogar Probleme lösen. Wenn wir uns Sorgen machen, konzentrieren wir uns sehr auf das, was unsere Reaktion auf die Bedrohung ausgelöst hat (in der Regel ein ‚Was-wäre-wenn…'-Szenario), und beschäftigen uns damit. Wir werden es wahrscheinlich näher ausführen, Vorhersagen dazu treffen und darüber spekulieren. Dadurch bleibt die Bedrohung in unserem Bewusstsein und kann zu einer Vertiefung und Fortdauer der Angstreaktion führen – einer Angst, die sonst von selbst gekommen und gegangen wäre.

Sorgen können auch die uns innewohnende Fähigkeit verhindern oder einschränken, durch Widerstandskraft und Problemlösung zurechtzukommen. Sie stehen uns irgendwie im Weg, indem sie uns zu Worst-Case-Szenarien verleiten oder die Dinge über Gebühr aufblähen.

Sorgen sind normal, fühlen sich aber unangenehm und aufdringlich an. Diese Angstreaktion ist in keiner Weise gefährlich und die meisten

Menschen machen sich Sorgen, also kann es nicht so schädlich sein. Sorgen, die sich unkontrollierbar anfühlen, könnten uns zu der Annahme verleiten, dass wir nicht aufhören können, uns zu sorgen. Aber wir können uns selbst helfen und wir müssen viel weniger tun, um die Sorgen zu kontrollieren, als wir vielleicht denken. Wenn wir nämlich zu sehr versuchen, die Sorgen – oder auch die Ängste – zu kontrollieren, kann es passieren, dass wir uns Sorgen über die Sorgen machen oder wegen der Ängste ängstlich werden.[1] Das Ergebnis ist, dass genau das, was wir zu kontrollieren versuchen, letztendlich uns kontrolliert. Eine wirksame Methode zur Verringerung von Sorgen (und damit auch von Angst und Stress) ist die Anwendung der Aufmerksamkeitskontrolle, die durch Achtsamkeit aufgebaut werden kann. Wir nehmen einen Gedanken, der uns Sorgen bereitet, wahr und beobachten ihn, anstatt uns mit ihm zu beschäftigen. Mit den Übungen in diesem Kapitel können wir lernen, wie man dies und einige andere Techniken anwendet.

WIE WIR ÄNGSTE VERSTÄRKEN

Angst ist eine normale Reaktion, die so konzipiert ist, dass sie sich unglaublich unangenehm anfühlt. Dieses Unbehagen drängt uns dazu, uns in Sicherheit zu bringen und uns von der Sache, die uns bedroht oder ängstigt, zu entfernen – und dann diese Situation in Zukunft zu vermeiden. Als Teil des Überlebensmechanismus ist dies ein sehr effektives System, aber in den meisten Fällen haben wir Angst vor Dingen, die keine Bedrohung für Leib und Leben darstellen – wie z.B. von anderen beurteilt zu werden oder zu viel zu tun zu haben. Angst kann auch durch eine Reihe von Dingen ausgelöst werden, derer wir uns nicht bewusst sind, wie z.B. die Ausschüttung von Hormonen, unsere Herzfrequenz, Veränderungen des Blutdrucks oder wenn wir dehydriert sind.

Unabhängig von der offensichtlichen oder nicht offensichtlichen Ursache gibt es Dinge, zu denen wir neigen und die die Angst ungewollt aufrechterhalten, verschlimmern und sogar verstärken können; in der

1 Wilson, C.J., Barnes-Holmes, Y. und Barnes-Holmes, D. (2014) How Exactly Do I ‚Let Go'? The potential of using ACT to overcome the relaxation paradox. *SAGE Open*, 4(1).

Psychologie sind diese als *Sicherheitsverhalten* bekannt. Ich habe hier einige aufgelistet.

- **Vermeidung** von Dingen, die uns ängstigen oder beunruhigen: Vermeidung liefert ‚Beweise' für die Angst – sie suggeriert, dass es etwas gibt, wovor man Angst haben oder sich Sorgen machen muss. Vermeiden bringt vorübergehend Erleichterung, aber fortgesetztes Vermeiden kann noch mehr Angst und Furcht nähren. Wir haben nicht die Möglichkeit, unsere negativen Überzeugungen oder Vorhersagen zu widerlegen, daher spielt die Vermeidung eine Rolle bei der Aufrechterhaltung von angstauslösenden Gedanken.
- **Bestätigung suchen**: Es fühlt sich beruhigend an, wenn man hört, dass alles in Ordnung ist. Wenn wir in einer neuen Rolle anfangen oder an einer neuen oder schwierigen Aufgabe arbeiten, kann es hilfreich sein, unsere Arbeit von erfahreneren Kolleginnen und Kollegen überprüfen zu lassen. Aber die wiederholte Suche nach Bestätigung bedeutet, dass wir die Kontrolle über unseren Geist an andere delegieren; das kann die Entwicklung von Selbstvertrauen und Selbstwirksamkeit verhindern. Wenn wir uns darauf verlassen, dass andere uns bestätigen, wie wir uns fühlen, ist es unwahrscheinlich, dass wir Sorgen als etwas ansehen, von dem *wir* uns lösen *können*.
- **Eine Situation zu antizipieren** oder im Geiste zu proben, kann sich wie eine Vorbereitung anfühlen – in den frühen Morgenstunden im Kopf eine E-Mail zu schreiben oder ein Gespräch zu führen, ist eine häufige Erfahrung! Dies ist Sorge und führt, wie bereits erwähnt, dazu, dass wir uns den schlimmsten Fall ausmalen. Die Antizipation führt zu weiteren Gefühlen der Beklemmung und wir können übermäßig wachsam werden, wenn es um Bedrohungen geht.
- **Die Bedrohungsüberwachung** oder die Wachsamkeit gegenüber Bedrohungen in unserer Umgebung ist wie ein Alarmzustand. Wir sehen überall Gefahren (potenzielles Scheitern, Ansehensverlust, Arbeitsplatzunsicherheit, Untergrabung oder Überstimmung). Zusammen mit der Sorge kann uns diese Art des Denkens in eine anhaltende Bedrohungsverarbeitung versetzen, die ‚Beweise' für die Existenz der Bedrohung liefert.

Sicherheitsverhalten am Arbeitsplatz

Um zu versuchen, Stressgefühle bei der Arbeit zu kontrollieren oder irgendwie damit umzugehen – oder in Zeiten, in denen wir uns durch Veränderungen oder das schlechte Verhalten anderer ‚bedroht' fühlen –, wenden wir möglicherweise Sicherheitstaktiken an, wie z.B. härter und länger zu arbeiten, um zu versuchen, eine hohe Arbeitslast zu bewältigen, unsere Verfügbarkeit auszuweiten, um unser Engagement für einen Job zu beweisen (dies sendet oft die gegenteilige Botschaft aus, wie wir später im Buch sehen werden!) oder uns übermäßig zu engagieren. Es kann sogar sein, dass wir unsere Arbeit übermäßig kompliziert gestalten oder Verwirrung stiften, um unser Ego zu stärken oder unsere Position zu sichern (*es ist furchtbar kompliziert . . . aber ich schaffe das schon – und Sie brauchen mich wirklich!*). All diese Taktiken können nach hinten losgehen: Sie können ein schlechtes Urteilsvermögen signalisieren oder uns irrational, unberechenbar oder manipulativ erscheinen lassen. Sie sorgen dafür, dass unser Fokus und unsere Gedanken in diesen Sorgen oder vermeintlichen Bedrohungen gefangen bleiben. Die Arbeit ist voller Herausforderungen, schwieriger Persönlichkeiten, Agenden und Politik; sie neigen dazu, zu kommen und gehen – sie sind vergänglich. Wenn wir so reagieren, dass wir versuchen, Situationen zu kontrollieren, festzuhalten oder gar zu manipulieren, laufen wir Gefahr, in den Bannkreis der Situation oder der Umgebung gezogen zu werden, die uns Sorgen bereitet. Taktiken, die auf Sicherheit abzielen, neigen dazu, die Auslöser von Sorgen, Stress und Ängsten aufrechtzuerhalten und in den Vordergrund zu rücken. Von hier aus können sie unsere Arbeit, unsere Gefühle und unser Verhalten stark beeinflussen.

Sicherheitsverhalten bringt uns nicht weiter, sondern hält uns zurück, indem es die Dinge im Spiel hält, obwohl der Verstand eigentlich ein selbstregulierendes System ist. Was sich in einem Moment wichtig und zwingend anfühlt, wird später vergessen oder in seiner Bedeutung herabgestuft. Dinge laufen durch, sie kommen und gehen. Ängste und Sorgen sind natürlich auftretende, vorübergehende Erfahrungen. Wir müssen uns nicht mit Gedanken wie ‚Was wäre wenn . . . ' beschäftigen. Wir müssen nicht gegen sie argumentieren, uns Szenarien ausmalen und überlegen, was passieren könnte oder nicht, oder immer wieder dieselben Gedanken aufgreifen. Achtsamkeit kann helfen, gesündere Reaktionen einzuführen, die mit der Zeit unsere Abhängigkeit von diesen Sicherheitsverhaltensweisen verringern, unser Angstniveau senken und uns helfen, unsere Sorgen einfacher und effektiver zu bewältigen.[2]

ÄNGSTE REDUZIEREN

Eine regelmäßige und anhaltende Achtsamkeitspraxis reduziert nachweislich Ängste. Wenn Sie sich also Achtsamkeit angewöhnen und regelmäßig üben, haben Sie Ihre Reise bereits begonnen.

An diesem Punkt können Sie mit neuen Reaktionen und den unten beschriebenen Techniken experimentieren. Sie können diese Techniken jederzeit anwenden – wenn Sie in der Nacht oder am Morgen mit Gefühlen der Angst oder des Schreckens aufwachen oder wenn die Angst am Tag aufkommt. Probieren Sie sie doch einmal aus, wenn Sie sich das nächste Mal ängstlich fühlen. Diese Techniken und Praktiken können Ihre reguläre Praxis hervorragend ergänzen.

Angst zulassen (Raum schaffen): Wenn wir uns ängstlich fühlen, fühlen wir uns vielleicht dazu getrieben, etwas gegen unsere Gefühle zu unternehmen – ein Problem zu lösen oder die Gefühle zu vertreiben. Wir können uns in Versuchen verfangen, eine Situation zu lösen oder ihr einen Sinn zu geben. Diese Art des Denkens ist so, als würden wir das Wasser in einem Teich aufrühren oder uns im Treibsand abmühen – sie kann die Angstreaktion noch verstärken und uns festhalten.

Diese Übung des ‚Zulassens' bringt uns davon ab, in die Angst *einzugreifen*, indem wir versuchen, sie verschwinden zu lassen, und hilft uns stattdessen, unsere Aufmerksamkeit darauf zu richten, wie sich die Angst *anfühlt*.

2 Teasdale, J., Moore, R., Hayhurst, H., Pope, M., Williams, S. und Segal, Z. (2002) Metacognitive awareness and prevention of relapse in depression: Empirical evidence. *Journal of Consulting and Clinical Psychology*, 70, 275–287.

Die Emotionen und die körperliche Resonanz der Angst anzuerkennen, statt sie zu bekämpfen, kann zu einer gewissen Erleichterung beitragen.[3]

Nur ein Atemzug: Diese Technik ist bei meinen Schülerinnen und Schülern sehr beliebt und wurde von Eckhart Tolle inspiriert.[4] Wenn der Geist sich verfangen hat, kann es sein, dass wir viel Widerstand gegen jede Art von Achtsamkeit oder gegen das ‚Loslassen' verspüren. Es kann helfen, wenn Sie mit sich selbst vereinbaren, dass Sie sich *nur auf einen Atemzug* konzentrieren und danach zu all den Gedanken zurückkehren, die der Verstand Ihnen präsentiert. Richten Sie Ihre ganze bewusste Aufmerksamkeit, so gut es geht, auf ein Einatmen und ein Ausatmen und spüren Sie den Atem im Körper. Erlauben Sie sich, eine Weile nachzudenken oder sich Sorgen zu machen und wiederholen Sie dann die Übung mit nur einem Atemzug.

Externalisierung der Aufmerksamkeit (Flexibilisierung Ihrer Aufmerksamkeitskontrolle): Werden Sie sich aller Geräusche, Anblicke, Gerüche und Texturen in Ihrer unmittelbaren Umgebung gewahr und verlagern Sie Ihre Aufmerksamkeit ‚aus Ihrem Kopf heraus'. Sie brauchen sich nicht anzustrengen – lassen Sie einfach zu, dass Ihre Sinne alles aufnehmen, was auf Sie zukommt. Dies kann der ‚Verengung' der Aufmerksamkeit entgegenwirken, die die Stressreaktion hervorruft. Es ist normal, dass Gedanken der Sorge ‚eindringen': Nehmen Sie sie wahr, wenn sie im Geist auftauchen, lassen Sie sie einen Moment lang da sein und richten Sie Ihre Aufmerksamkeit dann wieder nach außen.

3 Hier finden Sie eine sehr hilfreiche Erklärung dieses Ansatzes *des Zulassens*: www.youtube.com/watch?v=jMzamvGPGfg – Arbeit mit Emotionen. Dr. Russ Harris, die Expansionstechnik (Ausschalten des Kampfschalters).

4 Tolle, E. (2024) *Jetzt! Die Kraft der Gegenwart*, Arkana.

Verlangsamung: Wenn wir uns ängstlich fühlen, können sich unsere Bewegungen beschleunigen oder plötzlich und reflexartig ablaufen oder wir fühlen uns nervös und unruhig im Körper. Sie bemerken vielleicht, dass sich Ihr Körper wie eine gespannte Feder anfühlt und eine gewisse Anspannung besteht. Eine körperliche **Verlangsamung** beim Gehen oder Bewegen kann dem Gehirn signalisieren, dass die Gefahr vorüber ist. Diese Übung hilft dabei, die Erregung zu lösen.

Spannen Sie Ihre Muskeln an und entspannen Sie sie wieder, arbeiten Sie sich durch den Körper; spüren Sie wirklich, wie sich Spannung anfühlt und wie es sich anfühlt, sie körperlich loszulassen. Dies ist eine großartige Übung, wenn sich Bewegungslosigkeit schwierig oder unangenehm anfühlt.

Mitgefühl: Erkennen Sie an, dass Sie sich besorgt und ängstlich fühlen und dass die Angst da ist. Es ist in Ordnung, sich so zu fühlen, Sie sind ein Mensch. Genau so fühlt es sich an, ein Mensch zu sein, der gerade leidet. Gefühle gehen vorbei, sie lassen nach und lösen sich auf; bis dahin seien Sie gut zu sich selbst.

Sich bei Angst zu bewegen,[5] kann eine großartige Befreiung von den körperlichen und geistigen Bedingungen für Angst sein. Sie müssen für diese Übung nicht das Haus verlassen und es gibt eine Option für Menschen mit Mobilitätsproblemen.

Achtsame Dezentrierung kann uns helfen, ein wenig Abstand von der Unmittelbarkeit unserer Sorgengedanken zu gewinnen, so dass wir uns von dem Gedankenfluss, der die Angst aufrechterhält, lösen können.

Wenn Ihre Ängste hartnäckig sind und Ihr Leben beeinträchtigen, tun Sie bitte, was ich getan habe, und bitten Sie um Hilfe. Es ist schwer, ich weiß, aber das ist der effektivste Weg, um sich besser zu fühlen.

AKTIVES GEWAHRSEIN

Diesmal lade ich Sie ein, Ihre Aufmerksamkeit auf Ihre körperlichen Bewegungen zu richten, wenn Sie von einem Ort zum anderen gehen. Wenn Sie zu Hause arbeiten, könnte das sein, wenn Sie von Ihrem Schreibtisch ins Bad oder in die Küche gehen. Wenn Sie an einem Arbeitsplatz arbeiten,

5 Es gibt viele verschiedene Arten von Gehübungen, aber diese wurde von Dr. Julie Smith in ihrem (fantastischen) Buch *Aufstehen oder liegen bleiben?* von Rowohlt inspiriert (siehe Kap. 6.24).

von Schreibtisch zu Schreibtisch oder zu und von Besprechungen, oder wenn Sie zu Ihrem Auto, dem Bahnhof oder der Bushaltestelle gehen. Sie müssen die Art und Weise, wie Sie sich bewegen, nicht verändern, sondern nur ein gewisses Gewahrsein Ihres Körpers zulassen. Achten Sie auf die Vorbereitung der Bewegung, auf die Absicht, sich zu bewegen, und auf die Körperlichkeit und das Gefühl des Schwungs, mit dem Sie sich bewegen. Achten Sie darauf, wie Sie Hindernisse überwinden müssen und wie Ihr Körper darauf mit Gleichgewicht oder Richtungsänderungen reagiert. In diesen Situationen ist oft ein großartiger Einsatz des Autopiloten zu erkennen.

Sie müssen nichts mit dem tun, was Sie wahrnehmen, bringen Sie einfach Ihren Geist in Ihren Körper.

Vielleicht bemerken Sie, wie sich Ihr Geist auf die ‚Ankunft' an Ihrem Ziel konzentriert. Wenn dies der Fall ist, versuchen Sie, sich wieder auf die Reise zu konzentrieren – auf die Bewegungen Ihres Körpers und auf das, was Sie um sich herum sehen und hören.

Lektion 4

STRESS, ENTRÄTSELT

Willkommen zu Lektion 4.

Wie üblich beginnen wir mit einer Einladung zu einer kurzen geführten Übung. Wenn Sie möchten, können Sie jetzt innehalten und ein paar achtsame Atemzüge machen oder sich bewusst auf Ihren Körper konzentrieren, indem Sie Ihre Haltung anpassen, um sich wohler zu fühlen, stabiler oder wacher zu werden. Sie müssen nicht versuchen, irgendetwas zu erreichen, wir ermutigen Sie nur dazu, im gegenwärtigen Moment ‚anzukommen'.

Wir nähern uns der Halbzeit des Kurses und dies ist ein guter Zeitpunkt, um über die Möglichkeit einer regelmäßigen Achtsamkeitspraxis nachzudenken – wie auch immer diese für Sie aussehen mag. Sie ist wahrscheinlich noch im Entstehen und in der Entwicklung begriffen. Wenn es Ihnen schwerfällt, Zeit für die gezielten geführten Übungen zu finden, sollten Sie sich Kapitel 2 noch einmal ansehen und die Ideen und Techniken nachlesen, die ich Ihnen vermittelt habe. Versuchen Sie zu erkennen, ob Sie sich selbst zu sehr unter Druck setzen, und lassen Sie ein wenig los; es braucht Zeit, um sich an neue Dinge zu gewöhnen. Denken Sie daran, dass Sie sich an die sehr kurzen Übungen (eine oder zwei Minuten) halten und sie jeden Tag durchführen können; dies wird Sie auf den Weg zu den Vorteilen bringen, die Achtsamkeit bewirken kann.[1]

1 James Clear und andere haben dies die *Macht der kleinen Gewinne oder das Prinzip der marginalen Gewinne* genannt. Vereinfacht ausgedrückt handelt es sich um die Theorie, dass selbst winzige Anstrengungen oder Veränderungen, die jeden Tag durchgeführt werden, aufeinander aufbauen (wie Zinseszinsen) und sich zu etwas Bedeutendem summieren, das größer ist als die Summe ihrer Teile.

Wenn Sie bewusst anerkennen, dass jede Übung, die Sie machen, ihren eigenen Wert hat (wie kurz sie auch sein mag), und sich selbst beglückwünschen, wenn Sie die Zeit dafür finden, kann das eine echte Ermutigung sein, weiterzumachen. Vielleicht möchten Sie auch bewusst die Momente erhöhten Gewahrseins zur Kenntnis nehmen und würdigen, die sich in Ihrem Tag einstellen – das ‚Achtsamkeitsglöckchen', das immer dann läutet, wenn Sie aus der Routine ausbrechen und innehalten, um sich umzusehen, zu fühlen und zu spüren. Vielleicht stellen Sie fest, dass Sie in der Lage waren, innezuhalten, anstatt sofort zu reagieren, wenn etwas Sie aufgeregt hat, oder dass Sie daran gedacht haben, sich ein wenig Zeit zu nehmen, um sich zu entspannen, zu atmen oder sich um sich selbst zu kümmern. All dies sind beruhigende Anzeichen dafür, dass ein Lernprozess im Gange ist.

Wenn Sie feststellen, dass Sie versuchen, Fortschritte zu messen, sich frustriert fühlen oder nach Veränderungen in Ihren Gefühlen streben, dann versuchen Sie, so gut es geht, von einem festen Ziel oder einer endgültigen Zielsetzung Abstand zu nehmen. Denken Sie daran, dass Achtsamkeit kein Ziel an sich ist, sondern eine Art und Weise, das Leben zu erleben und mit allem, was auftaucht, umzugehen. Vielleicht stellen Sie fest, dass Sie sich ständig fragen, ob die Achtsamkeit funktioniert. Diese Art des Denkens verleiht Ihrem Lernprozess ein Gefühl des Strebens und der Anstrengung und kann kontraproduktiv sein, wenn Sie Ihre Aufmerksamkeit auf das lenken, was Ihrer Meinung nach ‚repariert' werden muss – Sie wechseln in den ‚Aktionsmodus'. Wenn Sie können, schenken Sie Ihren Gefühlen einfach etwas Aufmerksamkeit und erkennen Sie sie mit Mitgefühl an. Eine vertrauensvolle Haltung kann helfen – Vertrauen in den Prozess, auch wenn die ‚Ergebnisse' noch nicht sichtbar sind. Wenn Sie Achtsamkeit praktizieren, dann *findet* eine Veränderung statt, auch wenn sie noch nicht sichtbar ist. Vertrauen Sie sich selbst in Bezug darauf, welche Übungen sich hilfreich anfühlen und welchen Rhythmus und welche Art des Übens Sie wählen. Seien Sie so offen wie möglich für die gesamte Erfahrung dieses Lernens und für die Veränderungen, die Sie für sich selbst vornehmen – vielleicht bemerken Sie Vorteile, von denen Sie nie wussten, dass Sie sie brauchen. Nehmen Sie alles locker und versuchen Sie es einfach immer wieder.

Wenn es Ihnen schwerfällt, sich besser zu fühlen (so wie mir), wenn Sie oft eine Wende herbeisehnen und verzweifelt versuchen, Ihren Seelenfrieden wiederzuerlangen, dann kann es hilfreich sein, sich bewusst zu machen, dass Ihre Erfahrung zwar einzigartig ist, dass Ihre Gefühle aber auch *universell* sind. Sie machen eine sehr menschliche Erfahrung. Auch ich hatte in dieser Hinsicht Mühe, und wenn ich nicht allein bin, sind Sie es auch nicht.

SELBSTERKUNDUNG

Beginnen wir nun mit einigen Überlegungen im Anschluss an unsere Aktivitäten in Lektion 3. Haben Sie Gedanken und Gefühle erkannt, die Ihnen ‚angenehm' erscheinen? Haben Sie vielleicht ein paar kleine Anpassungen vorgenommen, um die Bedingungen für Angenehmes oder Ruhe zu schaffen? Waren Sie in der Lage, sich während der Bewegungsübungen mit Ihrem Körper zu verbinden und sich auf das Kommen und Gehen der körperlichen Empfindungen einzustimmen? Wenn Sie einen Druck oder eine Überdehnung bemerkten, stimmte dies mit vertrauten Tendenzen im Denken oder in Ihrer Herangehensweise an die Arbeit oder das Studium überein? Waren Sie in der Lage, Ihren Geist in Ihren Körper zu bringen, als Sie sich nach der Übung ‚Aktives Gewahrsein' in Kapitel 4 von Ort zu Ort bewegten? Wie hat sich das angefühlt?

BEOBACHTUNGEN VON SCHÜLERINNEN UND SCHÜLERN

„Ich fand die Übung mit den angenehmen Momenten schwierig. Ich habe mich wirklich bemüht, etwas zu finden, an das ich mich erinnern konnte, ich war sofort in einer Art Suchen-und-Finden-Modus! Meine Gedanken sprangen ständig zu verschiedenen Ereignissen und dann beurteilte ich, ob sie angenehm genug waren."

„Ich konnte nicht wirklich ‚fühlen', wie das Angenehme ist. Wenn ich ehrlich bin, wusste ich nicht wirklich, wovon Sie sprachen! Beim Bodyscan war es dasselbe, abgesehen von den offensichtlichen körperlichen Empfindungen hatte ich keine Ahnung. Dann erinnerte ich mich bei der Übung zum angenehmen Moment an meine Tochter, die uns gestern alle zum Lachen gebracht hat – sie ist so eine kleine Persönlichkeit! Ich spürte dieses Gefühl in meiner Brust, wie eine Wärme über meinem Herzen, und dann breitete es sich irgendwie aus. Wow!"

„Ich bin wirklich eine ‚denkende' Person. Wenn Sie sagen, dass wir in unserem Kopf leben, dann trifft das genau auf mich zu. Ich sitze im Urlaub am Strand und fange an, über die Arbeit nachzudenken und über all die Dinge, die ich tun muss, wenn ich wieder zu Hause bin. Das führt unweigerlich dazu, dass ich mein Arbeitstelefon checke, und zack, ist der Urlaub in diesen Momenten vorbei."

„Es fiel mir schwer, mich beim Üben zu konzentrieren, aber die achtsame Bewegung hat mir wirklich geholfen, zu klareren Empfindungen zurückzukehren. Mir gefällt der Gedanke, dass unsere Bewegungen immer ‚in der Gegenwart' stattfinden, denn vorher hatte ich Probleme damit, was der gegenwärtige Moment ist. Es war wie ein langsames Erwachen für mich. Mein wichtigster Gedanke ist: ‚Hallo Körper, hier bist du!'"

„Ich bin nicht sehr einfallsreich, also habe ich die Idee des achtsamen Mittagsspaziergangs kopiert. Ich lebe in einer Stadt, aber ich liebe die Natur. Ich erinnerte mich an ein Gemeindegebiet, in dem die Leute etwas anpflanzen, darunter auch einen Kräutergarten. Gestern hatte ich eine abgesagte Besprechung und sagte mir einfach: ‚Geh! Jetzt ist deine Chance!' Ich bemerkte die verschiedenen Grüntöne und den Wechsel der Textur unter meinen Füßen vom Bürgersteig zu den Holzspänen in diesem Garten. Den Geruch der Kräuter. Ich war ziemlich aufgeregt, denn dieser Garten ist schon seit Jahren hier, aber ich hatte noch nie daran gedacht, dorthin zu gehen."

STRESS ENTRÄTSELT

In Lektion 3 haben wir unser Bewusstsein weiter geschärft. Wir konzentrierten uns darauf, durch Bewegung Zugang zum gegenwärtigen Moment zu finden. Wir erkundeten das Potenzial angenehmer Erfahrungen und den Gedanken, damit etwas zielgerichteter umzugehen – und gleichzeitig die Vergänglichkeit aller Erfahrungen anzuerkennen. Darauf bauen wir in Lektion 4 auf mit unserem Thema: *eine Erkundung von Stress und unangenehmen Erfahrungen*. Achten Sie darauf, was dieses Thema bei Ihnen hervorruft – haben Sie bereits eine Reaktion in Ihrem Geist und Körper erlebt? Welche ‚Gedankenkommentare' gibt es? Vielleicht ein Gefühl von *„Endlich, genau deshalb bin ich hier"* oder Berührungsängste? Achten Sie, so gut es geht, darauf, wann starke Reaktionen oder Gedanken Sie von den Worten auf dem Blatt ablenken, und seien Sie so freundlich und geduldig wie möglich mit sich selbst.

Diese Lektion wird dazu beitragen, unser Verständnis von Stress zu erweitern. Die Übungen und Aktivitäten in der Lektion bieten eine Vielzahl von Möglichkeiten, wie wir unsere Gefühle in schwierigen Zeiten erkennen, angehen und damit umgehen können. Es wird kein anspruchsvolles Unterfangen sein, das viel Mühe oder Anstrengung erfordert; unsere Erkundung von Stress ist eher eine Reise der Neugier, des Interesses und der Erkenntnis. In dieser Lektion werden Themen eingeführt, die sich in den übrigen Lektionen fortsetzen werden. Es bleibt also genügend Zeit, um Ideen und Verständnis zu entwickeln. In dieser Lektion geht es vor allem darum, Stress zu entmystifizieren und zu lernen, dass wir unsere eigenen Erfahrungen und unser Wohlbefinden selbst beeinflussen können – wir können viel mehr tun, als wir glauben.

STRESS DEFINIEREN

Ein grundlegendes Verständnis der Stressreaktion ist ein guter Anfang. Lassen Sie uns also mit einigen wichtigen Fakten beginnen.

- **Stress ist eine normale Reaktion**; er bereitet uns körperlich und geistig auf die Handlungen vor, die wir brauchen, um zu überleben oder erfolgreich zu sein, wenn wir mit einer Herausforderung konfrontiert werden. Diese widerstandsfähige Bewältigung bedeutet, dass wir auch in sehr beeinträchtigenden Situationen weiter funktionieren können. Stress ist auf unserer Seite.
- Die Stressreaktion wird durch alles ausgelöst, was wir als ‚Bedrohung' empfinden oder was wir nicht bewältigen können. Dazu können finanzielle Unsicherheit oder Arbeitsdruck, Fristen, Arbeitsplatzunsicherheit, Gesundheitsprobleme, soziale oder Beziehungssorgen gehören, aber auch körperliche Gefahren oder die plötzliche Notwendigkeit, uns oder andere zu schützen.
- Stress ist eine vorübergehende oder ‚akute' Reaktion: Die wahrgenommene Bedrohung treibt uns körperlich und geistig zum Handeln an. Wenn die Bedrohung oder Herausforderung bewältigt ist, lädt die Stressreaktion das ‚Ruhe- und Verarbeitungssystem' des Gehirns ein, die Kontrolle zu übernehmen, so dass wir wieder zur Ruhe kommen.

- **Wenn wir ein zukünftiges Ereignis *fälschlicherweise* als etwas *vorhersagen*, das wir nicht bewältigen können, empfinden wir Stress/ Angst. Es ist schwer, in diesem Szenario so zu handeln, dass wir wieder zu einer ruhigen Ausgangssituation zurückkehren, und der Stress kann durch die Sorge erneut ausgelöst und ‚chronisch' werden, indem er durch anhaltendes Nachdenken aufrechterhalten wird.**
- Menschen haben eine angeborene Widerstandsfähigkeit gegen Stress. Wir können auf körperliche und geistige Ressourcen zurückgreifen. Wenn diese jedoch abnehmen und wir sie nicht proaktiv wieder auffüllen, sind wir weniger in der Lage, für uns selbst zu sorgen, und der Stress kann sich fortsetzen.

Vorhersage und Reaktion

Ob eine Stressreaktion ausgelöst wird, hängt davon ab, *ob wir eine Situation bewältigen oder kontrollieren können*. Wenn wir uns Sorgen machen, dass uns etwas erheblich herausfordern oder in irgendeiner Weise verletzen wird, empfinden wir Stress; wenn sich etwas überschaubar und angenehm anfühlt, fühlen wir uns nicht gestresst. Es ist eine *unbewusste Bewertung* am Werk, die das Ausmaß der Reaktion in unserem Geist und Körper bestimmt, und sie funktioniert nach dem Prinzip ‚Vorsicht ist besser als Nachsicht'. Das bedeutet, dass wir die Schwierigkeit einer Aufgabe oder die Ernsthaftigkeit einer Bedrohung überschätzen und unsere Fähigkeiten unterschätzen – so dass wir uns mehr anstrengen, konzentrieren oder mehr Kraft aufwenden, als wir brauchen, anstatt gerade genug. Das Gehirn hat sich auf diese Weise entwickelt – es lohnt sich, kostbare Ressourcen in den Dienst des Überlebens zu stellen!

Bedingungen für Stress

Vielleicht ist Ihnen aufgefallen, dass Sie manchmal schwierige Aufgaben mit Elan und Enthusiasmus angehen, die Erfahrung genießen und sich in die Arbeit stürzen, während eine Situation zu anderen Zeiten Befürchtungen oder Ängste auslöst. Das liegt daran, dass es Faktoren gibt, die einen starken Einfluss auf die Vorhersagen haben, die wir über die Situation und unsere Fähigkeit, sie zu bewältigen oder erfolgreich zu sein, treffen.

Achtsamkeit kann uns helfen, genau die Dinge zu erkennen, die zu einer Überlastung führen, wie z.B. Perfektionismus, Versagensangst und Verantwortungsübernahme.

Nehmen Sie sich ein paar Minuten Zeit, um zu überlegen, welche Bedingungen es wahrscheinlicher machen, dass Sie ein negatives Ergebnis vorhersagen, sich überfordert fühlen oder Ihre Fähigkeit zur Bewältigung unterschätzen. Abbildung 4.1 zeigt einige allgemeine Faktoren, die es sich lohnt zu berücksichtigen, aber vielleicht haben Sie noch andere.

ABBILDUNG 4.1 Prädisponierende Zustände (psychisch und physisch), die ‚Bedingungen für Stress

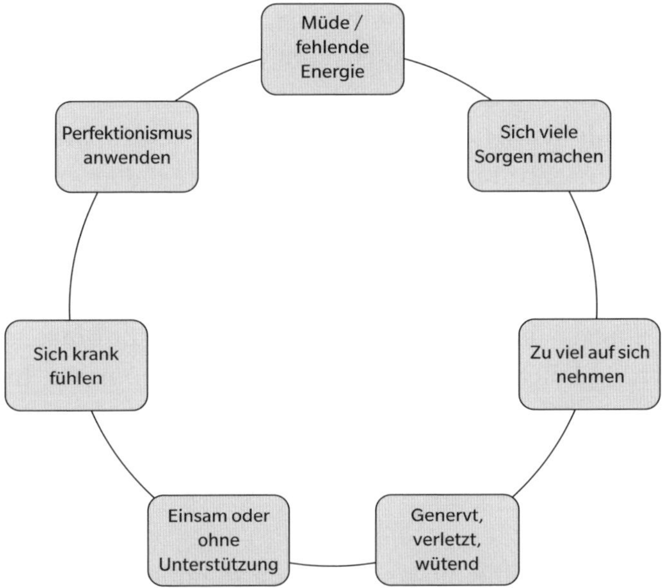

Diese Faktoren können auch von schwierigen Erfahrungen oder Traumata herrühren, die wir in der Vergangenheit erlebt haben; der Verstand kann vorhersagen, dass dasselbe wieder passieren könnte. Wir können auch aufgrund allgemeiner Lebensumstände, wie z.B. unserer finanziellen oder sozialen Lage, anfällig sein.

Diese Faktoren können:

- die Anfälligkeit und Sensibilität für Schwierigkeiten erhöhen;
- unsere Geduld oder Toleranz verringern;
- eine erhöhte Wachsamkeit für ‚Bedrohung' schaffen;
- eine negative Voreingenommenheit oder Interpretation verursachen;

- zu defensivem Verhalten, Aggressivität oder dem Bemühen, anderen zu gefallen, führen;
- eher emotionale als rationale Reaktionen auslösen.

Es kann helfen, wenn Sie wissen, dass Ihre Gefühle mit einem anderen Faktor zusammenhängen als mit der Schwierigkeit oder Herausforderung, vor der Sie stehen. Wenn Sie z.B. sagen können: „Ich bin müde und alles fühlt sich schlimmer an, als es ist", kann das den Druck ein wenig mindern. Sie können dann beschließen, eine Aufgabe nicht in Angriff zu nehmen oder sich erst dann Gedanken darüber zu machen, wenn Sie frischer sind (dann fühlt sie sich weniger beunruhigend an und ist leichter zu bewältigen). Wenn wir erkennen, welche Faktoren oder Bedingungen im Spiel sind, die den Stress verstärken, können wir hilfreiche Maßnahmen in Erwägung ziehen, wie z.B. einen Plan, um ein gesundheitliches Problem anzugehen, früh ins Bett zu gehen, eine ordentliche Mahlzeit einzunehmen – oder Druck abzubauen, indem wir mit jemandem sprechen. Wenn wir Wege finden, proaktiv (und sei es nur im Kleinen) etwas für unser eigenes Wohlbefinden zu tun, hilft uns das nicht nur, besser zurechtzukommen, sondern es kann uns auch ein Gefühl der Ermächtigung geben – wir können in unserem eigenen Interesse handeln, es gibt Dinge, die wir tun können. Wir sind nicht darauf angewiesen, dass die Dinge so bleiben, wie sie sind.

Was Stress für Sie tun kann

Es ist sehr wichtig, eine ausgewogene Einstellung zu Stress zu haben. Forschungsergebnisse deuten darauf hin, dass unsere Einstellung zu Stress ein wichtiger Faktor ist, der die Auswirkungen von Stress auf uns beeinflussen kann.[2] Wenn wir glauben, dass Stress uns schadet, kann dieser Glaube körperliche und psychologische Reaktionen auslösen, die weniger hilfreich sind und möglicherweise zu negativen gesundheitlichen Folgen führen. Wenn wir eine ausgewogenere Sichtweise von Stress und unserer Fähigkeit, damit umzugehen, haben, neigen wir dazu, besser darauf zu reagieren, und es gibt weitaus bessere Ergebnisse für Gesundheit

2 McGonigal, K. (2018) *Glücksfaktor Stress. Warum Stress uns erfolgreich und gesund macht*, TRIAS.

und Wohlbefinden. Ich kann das Buch von Kelly McGonigal, *Glücksfaktor Stress*, sehr empfehlen, das diese wichtige Forschung erklärt und in praktische Anwendungen für den Alltag umsetzt.

Hier sind einige Gründe, warum Sie Ihre Auffassung von Stress überdenken sollten.

- Stress ist *lehrreich*, denn die Stressreaktion löst ein konzentriertes Lernen über das aus, was uns herausfordert: Wir können dies für unser zukünftiges Wachstum nutzen.
- Stressige Erfahrungen können uns helfen, einen Sinn zu finden, indem sie uns zeigen, was in unserem Leben wichtig ist.
- Stress kann uns zu prosozialen Verhaltensweisen ermutigen, die die negativen gesundheitlichen Auswirkungen von Stress abmildern können;[3] diese beziehungsorientierten Reaktionen können sogar die körpereigene Fähigkeit, die Stressreaktion zu regulieren, positiv beeinflussen.[4]
- **Sich damit zu beschäftigen, wie schlimm sich Stress anfühlt, löst eher vermeidende, negative Bewältigungsmechanismen aus – in der Regel getrieben von dem verzweifelten Wunsch, sich von den Gedanken und Gefühlen von Stress und Angst zu befreien.**
- Eine positive oder ausgewogene Sichtweise von Stress wird uns ermutigen, uns den Schwierigkeiten zuzuwenden. Dies wird uns helfen, effektiv zu reagieren und uns von Verzweiflung zu Gleichmut zu bewegen (dies ist ein sehr wichtiger Punkt und unser Thema für Lektion 5).

Unsere Sichtweise von Stress zu ändern, klingt wahrscheinlich leichter gesagt als getan, aber ein achtsamer Ansatz kann dies wirklich unterstützen. Achtsamkeit erhöht unser Bewusstsein für unsere inneren und äußeren Erfahrungen. Dadurch können wir besser erkennen, wann und wie sich Stress bei uns bemerkbar macht. Dies ermöglicht es uns, auf sinnvollere, überlegtere und kreativere Weise zu reagieren, was wiederum sinnvolle und positive Veränderungen fördern kann.

Ich habe für diese Lektion eine optionale Übung mit dem Titel *Vorbereitungsstress üben* beigefügt, die Sie verwenden können, wenn Sie

---

3 Raposa, E.B., Laws, H.B. und Ansell, E.B. (2016) Prosocial behavior mitigates the negative effects of stress in everyday life. *Clinical Psychological Science*, 4(4), 691–698.

4 Taylor, S.E., Klein, L.C., Lewis, B.P., Gruenewald, T.L., Gurung, R.A.R. und Updegraff, J.A. (2000) Biobehavioral responses to stress in females: Tend-and-befriend, not fight-or-flight. *Psychological Review*, 107(3), 411–429.

eine schwierige Aufgabe vor sich haben oder wenn Ihr Beruf, Ihre Interessen oder Ihre Ausbildung regelmäßige stressauslösende Situationen beinhalten – z.B. Prüfungen, Präsentationen, Beurteilungen und Zielvorgaben.

Probieren Sie diese Übung aus, wenn Sie herausfinden möchten, wie Ihr Stress in bestimmten Situationen eine Stütze sein kann.

AVERSION UND VERMEIDUNG

Es liegt in der menschlichen Natur, dass wir uns gegen alles ‚Unangenehme' sträuben, dass wir geistig und körperlich vor Dingen zurückschrecken, die wir nicht mögen. Das geschieht automatisch und ist ein normaler Teil der gesunden Reaktion des Geistes auf Unbehagen, Schmerz und Bedrohung – wir mögen es nicht, wir wollen es nicht, wir wollen, dass es aufhört oder verschwindet. Es lohnt sich, uns daran zu erinnern, was wir bereits über unsere Augenblicksgedanken und -gefühle gelernt haben – sie sind sowohl normal als auch unvermeidlich: Sorgen, Ideen, Erinnerungen und Vorhersagen treten im Geist auf. Gedanken und Gefühle sind ‚mentale Ereignisse' und sie kommen und gehen ganz natürlich (sie sind vergänglich). Wenn die Gedanken jedoch ein Element der gefühlten Bedrohung oder Sorge enthalten, neigen wir dazu, weiter darüber nachzudenken, anstatt sie als mentales Ereignis zu verarbeiten. Es ist dieses *ständige* Grübeln, Spekulieren, Vorhersagen (Sich-Sorgen), das den psychischen Schmerz verschlimmert und vervielfacht und Stress und Ängste verursacht.

Wir versuchen vielleicht, diese Gedanken zu verdrängen und Gefühle wie die Empfindungen bei Angstzuständen (z.B. Magengrummeln, Herzrasen, Muskelverspannungen) zu vermeiden, aber indem wir versuchen, die innere Erfahrung zu stoppen, halten wir sie ungewollt am Laufen: Der Akt des ‚Nicht-Wollens' bedeutet, dass die Erfahrung im Geist lebendig bleibt. Vielleicht sehnen wir uns danach, dass die Dinge anders sind, als sie sind, oder wir wünschen uns in die Zeit zurück, als die Dinge besser waren, oder wir verfangen uns in Tagträumen über eine weniger stressige Zukunft. Wir denken vielleicht wiederholt über eine Situation nach, um zu versuchen, ihr einen Sinn zu geben, indem wir mögliche Ergebnisse durchspielen. Das kann sich wie eine Problemlösung anfühlen – aber es kann uns meilenweit von der Realität entfernen, was es schwieriger macht, die Realität eines Problems zu erkennen. All das Denken erzeugt nur eine Menge Lärm und Spekulationen im Kopf, die die Dinge weiter anschwellen lassen. Vielleicht können Sie dies mit einigen der Erfahrungen in Verbindung bringen, die Sie im Kalender der unangenehmen Ereignisse notiert haben.

Ein vermeidendes oder abwehrendes Denken lässt uns feststecken und kann zu weniger günstigen Ergebnissen führen.

- Vermeidung (dieses Gefühl des ‚Nicht-Wollens') kann die Vorstellung verstärken, dass es etwas gibt, worüber wir uns Sorgen machen müssen, weil wir uns selbst nie die Chance geben, die Existenz einer Bedrohung zu erkennen und somit zu widerlegen.
- Wir hindern uns daran oder haben weniger Gelegenheit dazu, Probleme zu lösen oder gute Entscheidungen darüber zu treffen, welche positiven Maßnahmen wir ergreifen könnten; dies kann das Vertrauen in unsere Fähigkeit zur Bewältigung untergraben.
- Vermeidendes Denken kann das Gefühl der Überforderung verstärken: Es kann dazu führen, dass wir katastrophale Zustände annehmen oder uns ‚eingefroren' und handlungsunfähig fühlen.
- Im Vermeidungsmodus ist es schwieriger, logisch oder rational zu denken, und es ist unmöglich, das Problem wirklich *zu erkennen*. Denn unser Denken neigt dazu, negativ voreingenommen, übertrieben und unzuverlässig zu sein, oder wir sind in unseren eigenen Reaktionen *auf die* Situation gefangen, anstatt sie zu erleben.
- Versuche, den Stress zu blockieren oder ihn verschwinden zu lassen, können die Form von ungesunden Bewältigungstechniken annehmen, die wir auf Autopilot vielleicht gar nicht als nicht hilfreich erkennen, z.B. die Einnahme von Substanzen, längere Arbeitszeiten, Aufschieberitis, Verzicht auf positives Gesundheitsverhalten und Abschottung gegenüber anderen. Dadurch können wir uns noch weiter in unserem Schmerz verfangen.

Eine achtsame Herangehensweise kann dazu beitragen, alle nachfolgenden und erweiterten Gedanken neu zu ordnen – wir können diese als *optional* betrachten. Unsere Aufmerksamkeit wird immer von Gedanken und Gefühlen gefesselt werden, aber wir müssen dem, was darauf folgt, nicht nachgehen oder uns darauf einlassen. Mit Hilfe von Achtsamkeitstechniken können wir lernen, anders mit dem Denken und den Gedanken umzugehen, und das kann einen großen Unterschied für unsere psychische Gesundheit und unseren Seelenfrieden ausmachen. Wir können eine überlegte Wahl treffen – und entscheiden, uns nicht auf Gedanken oder Verhaltensweisen einzulassen, die vielleicht nicht so hilfreich sind.

Sie werden feststellen, dass einige der angeleiteten Übungen, die ich vorhin vorgestellt habe, diese Idee, Gedanken als mentale Ereignisse zu sehen, unterstützen und uns durch den Ansatz der losgelösten Achtsamkeit helfen können, uns von einer anhaltenden schmerzhaften Beschäftigung zu lösen. Es gibt auch eine Übung, die Teil aller formalen Achtsamkeitslehrpläne ist und die dabei helfen kann. Lassen Sie uns nun zu unserer ersten konzentrierten Übung in dieser Lektion übergehen. Die Übung *Unangenehme Empfindungen* bietet eine Gelegenheit, die Vorstellung von Aversion und Vermeidung sanft zu erkunden. Diese Übung bietet auch Unterstützung bei einer Herausforderung, die viele erleben, nämlich Unbehagen oder Schmerzen im Körper, während sie Achtsamkeit praktizieren.

LEKTION 4 Konzentrierte Achtsamkeitsübung

Vorbereitung

Wählen Sie einen Ort zum Üben, an dem Sie nicht gestört werden.

Ich habe eine Einführungsversion beigefügt, auf die Sie beim ersten Üben zurückgreifen können.

Unangenehme Empfindungen erkennen

Diese Übung bietet uns eine großartige Gelegenheit, unsere aversiven Reaktionen auf das, was wir nicht mögen oder nicht wollen, im Rahmen der Achtsamkeitspraxis zu bemerken. Sie werden sich vielleicht fragen, wie das im ‚wirklichen Leben', bei Problemen am Arbeitsplatz, in Beziehungen oder anderen Arten von Schmerz und Leiden nützlich sein kann. Es kann helfen, uns daran zu erinnern, dass das, was wir in der Übung erleben, sich nicht von unseren Erfahrungen im übrigen Leben unterscheidet. Es gibt uns nur eine offensichtlichere Gelegenheit, es auf eine andere Art und Weise wahrzunehmen, nämlich mit voller, bewusster Aufmerksamkeit, und zu üben, unsere Erfahrungen kommen und gehen zu lassen. Die körperlichen Ablenkungen, die in der Übung auftreten – Juckreiz, Schmerzen, Verspannungen, vorübergehende Beschwerden – offenbaren dieselben aversiven Reaktionen, die jede stressige Situation auslösen kann. Indem wir die natürlich vorkommenden Ablenkungen im Körper im sicheren Raum einer Achtsamkeitsübung nutzen, machen wir uns auf hilfreiche Weise mit unseren eigenen Denkmustern und der Art und Weise vertraut, wie wir mit unseren Gedanken und Gefühlen umgehen.

ÜBERWÄLTIGUNG UND SELBSTMITGEFÜHL

Es ist sehr menschlich, zu spekulieren und Unangenehmes, Versagen, Schwierigkeiten, Scham oder sogar eine Katastrophe vorherzusehen, insbesondere wenn Stress im Spiel ist. Wir sind darauf programmiert, auf diese Vorhersagen genauso zu reagieren, wie wir es tun würden, wenn wir mit einer realen und gegenwärtigen Gefahr konfrontiert wären. Chronischer Stress kann sich einschleichen, wenn wir bei der Arbeit oder zu Hause unter unerbittlichem Druck stehen, vor allem, wenn wir keine Zeit haben, uns zwischen den Stressphasen zu erholen, oder wenn die ‚Auszeit' uns nicht von den Gedanken an die Arbeit oder unsere Probleme befreit. In manchen Fällen gewöhnen wir uns an *anhaltenden Stress* auf niedrigem Niveau und dieser wird zu unserer neuen Grundeinstellung. Das bedeutet, dass wir, wenn wir von einem Stresshöhepunkt herunterkommen, möglicherweise nur zu einem *niedrigeren Stressniveau* zurückkehren und nicht zu einer Basis von echter Ruhe und Gelassenheit. Vielleicht haben

Sie das Gefühl, dass Sie nie wirklich entspannt sind, dass der Verstand immer eingeschaltet ist, dass das Denken rast und jeden Morgen nach dem Aufwachen einsetzt. Bei mir äußerte sich das in geistiger Unruhe, Katastrophisieren, Rastlosigkeit, Sprunghaftigkeit mit häufigen Schüben von oft unerklärlichen oder nicht zuzuordnenden Angstzuständen oder Panik. Ich möchte Sie daran erinnern, dass Sie, wenn Sie sich so fühlen, immer die Möglichkeit haben, um Hilfe zu bitten – so wie ich es getan habe. Am Ende dieses Buches finden Sie weitere Informationen.

In schwierigen Zeiten können wir die Auswirkungen von Stress erkennen und unsere Achtsamkeitspraxis nutzen, um Trost und Unterstützung zu finden. Oft reicht es schon aus, sich ein paar Augenblicke Zeit zu nehmen, um zu erkennen, wie wir uns fühlen, und *bei diesen* Gefühlen zu sein – das ist das Gegenteil von einer ‚Mach-einfach-weiter'-Haltung oder dem Vorgeben, dass alles gut wird. Genauso wie es möglich ist, inmitten hektischer Zeiten kleine Momente des Wohlbefindens zu erleben, ist es auch möglich, *in Zeiten des Leidens Trost* zu finden – durch Mitgefühl. In vielerlei Hinsicht ist Mitgefühl das Gegenteil von Vermeidung, ein Ort, an dem wir unseren Schmerz vollständig anerkennen und unserem Leiden begegnen können.

Ich habe eine kurze Übung zur *Achtsamkeit des Mitgefühls* zusammengestellt, die Sie in Zeiten der Überforderung, des Kummers, der Traurigkeit oder wenn Sie spüren, wie sich Stress in Ihrem Geist und Körper aufbaut, anwenden können. Selbstmitgefühl kann sich für viele unangenehm anfühlen. Die kulturellen Skripte, denen wir folgen, könnten uns dazu verleiten, es als Selbstmitleid, Schwäche oder Wehleidigkeit zu bezeichnen. Wir könnten uns schuldig fühlen, weil es anderen ‚schlechter geht als uns'. Das ist ein fehlerhaftes und wenig hilfreiches Denken, denn das Leiden ist etwas allgemein Menschliches; wir alle leiden im Laufe unseres

Lebens. Mitgefühl für uns selbst erfordert Mut und Ehrlichkeit, aber durch Mitgefühl können wir oft Befreiung finden.

Vermeidungsverhalten und positives Denken[5]

Positives Denken kann wenig hilfreich sein, da es oft vermeidend wirkt und die falsche, unbewusste Überzeugung aufrechterhält, dass wir nicht die Kraft, die Fähigkeit oder den Willen haben, mit den tatsächlichen Gegebenheiten einer Situation fertig zu werden. Es kann sogar sein, dass wir unser Glück an äußere Kräfte wie das Verhalten anderer, eine glückliche Fügung oder einen Zufall delegieren – *ich hoffe das Beste und bleibe positiv gestimmt, dass sich die Dinge schon regeln werden, weil ich nichts anderes tun kann.* Es gibt immer etwas, was Sie tun können – diese selbstverschuldete Entmachtung ist eine weitere Möglichkeit, wie wir in schwierigen oder schmerzhaften Situationen oder ungesunden Beziehungen stecken bleiben können. Egal, was man Ihnen in der Vergangenheit gesagt hat, Sie müssen nicht positiv denken – je mehr wir uns auf positives Denken verlassen, desto mehr halten wir unsere Ängste und Befürchtungen aufrecht, denn während wir uns zwingen, positiv zu sein, geben wir uns wahrscheinlich nicht die Chance zu sehen, was wir *tatsächlich tun* können. Wenn Sie sich davon lösen können, sich auf positives Denken als Bewältigungstechnik zu verlassen, kann dies eine große Hilfe sein, um Schmerzen zu überwinden und Schwierigkeiten zu meistern. Sie könnten sich dann fragen: *Welche Umstände haben mich an diesen Punkt des Leidens gebracht*? *Was hat mich angetrieben, welche Ideale, Ambitionen oder Wünsche hatte ich? Was könnte mir helfen, diese Situation zu überwinden und mich in der Zukunft zu stützen*? Wir müssen die positive Einstellung nicht gänzlich aufgeben, aber echtes positives Denken bedeutet, dass wir uns für die *Gesamtheit einer Situation* öffnen. Sobald wir das Positive *und das Negative* in vollem Umfang sehen, können wir die Situation wirklich erfassen und von da aus auf unsere Fähigkeit vertrauen, sie zu bewältigen.

5 Maté, G. (2020) *Wenn der Körper nein sagt. Wie verborgener Stress krank macht – und was Sie dagegen tun können*, Unimedica. (Kapitel 18, Die Macht des negativen Denkens.)

Zusammenfassung

- Stress gehört zum Menschsein. **Er ist natürlich und notwendig** und wird durch alles ausgelöst, von dem wir das Gefühl haben, dass es unsere Fähigkeiten übersteigt. Akuter Stress geht vorbei, wenn der Stressor beseitigt oder das Problem gelöst ist und unser **‚Ruhe- und Verarbeitungssystem' die Oberhand gewinnt**.
- Die Identifizierung **der Bedingungen, unter denen Stress eher auftritt oder verstärkt wird**, kann helfen, unsere Stressreaktion auf eine Situation zu erklären. Dies bietet uns auch die Möglichkeit, selbst aktiv zu werden und kleine Änderungen vorzunehmen.
- Die Stressreaktion **kann viele Vorteile mit sich bringen**, z.B. geistige und körperliche Vorbereitung und Konzentration, prosoziales und partnerschaftliches Verhalten, Lernen, Wachstum und das Aufzeigen dessen, was für uns von Bedeutung ist. Wenn wir den Stress im Hinblick auf seinen Zweck und seinen Nutzen umgestalten, kann dies zu besseren Ergebnissen führen. Wir können **uns die Wirkung von Stress zunutze machen**, wenn wir Konzentration, Motivation und Energie brauchen.
- Wir haben die Vorstellung von **Gedanken als mentalen Ereignissen**, die vergänglich sind, wieder aufgegriffen. Es ist normal, dass Sorgen, Erinnerungen oder Ideen unsere Aufmerksamkeit erregen und längeres Nachdenken auslösen, das Stress und Angst aufrechterhält. **Mit etwas Übung können wir dieses zusätzliche und länger andauernde Nachdenken als *optional* betrachten**.
- Achtsamkeit kann uns dabei helfen, Stress in Geist und Körper zu erkennen. Dies ermöglicht es uns, **wohlüberlegte Entscheidungen darüber zu treffen, wie wir handeln**. Diese Reaktionen können zu weitaus besseren Ergebnissen führen als das automatische Befolgen eines Standardprogramms zur Stressbewältigung, das von Vermeidung oder Aversion bestimmt ist.
- Stress, Ängste, Schwierigkeiten und unangenehme Erfahrungen sind im Leben unvermeidlich. **Achtsames Mitgefühl zu praktizieren, schafft Raum für ein gesundes Anerkennen unserer Gefühle** und kann eine Erleichterung und Befreiung sein. Das kann einen enormen Unterschied für unser Wohlbefinden ausmachen.

Heilen kommt von dem alten Wort für *Ganzheit* und schließt Gleichgewicht ein. In der nächsten Lektion werden wir die Idee der *Annäherung* erkunden, und wie wir diese neben und als Gegenpol zu *vermeidenden* Denkstilen praktizieren können. Wir werden das, was wir über das Vermeiden gelernt haben, aufgreifen und uns mit Stress- und Angstgefühlen auseinandersetzen, um bessere Ergebnisse für Gesundheit und Produktivität zu erzielen. Dies wird leichter sein, wenn wir unsere eigenen Muster kennen und einige Zeit damit verbracht haben, achtsam zu beobachten, wie wir in unserem Arbeitsalltag mit Stress umgehen. Die Aktivitäten in Lektion 4 werden Ihnen dabei helfen und den Grundstein für Lektion 5 legen.

Aktivitäten in Lektion 4

LEKTION 4 Konzentrierte Achtsamkeitsübung

Versuchen Sie, das Erkennen unangenehmer Empfindungen zu üben, oder machen Sie die früheren Übungen, die den Ansatz der losgelösten Achtsamkeit unterstützen. Sie können auch die Achtsamkeit des Mitgefühls anwenden. Nutzen Sie das, was Ihnen angemessen und hilfreich erscheint. Versuchen Sie, mindestens eine Woche lang jeden Tag zu üben, bevor Sie zu Lektion 5 übergehen.

Nehmen Sie sich ein paar Minuten Zeit, um Ihre Beobachtungen und Überlegungen zu notieren.

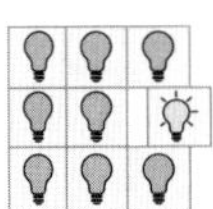

Achtsame Unterbrechung

Die Unterbrechung für diese Lektion besteht darin, alle Stressgefühle oder stressigen Denkweisen zu bemerken, die in der kommenden Woche oder in den kommenden Wochen bei der Arbeit auftreten. Wenn Sie Ihre Achtsamkeitsmuskeln weiter trainieren, wird dieses ‚Bemerken' tendenziell (aber nicht immer) etwas schneller erfolgen. Vielleicht bemerken Sie Stress durch körperliche Empfindungen, eine bestimmte Denkweise oder Ihre Gefühle. Vielleicht bemerken Sie den unmittelbaren Zwang, auf den Stress oder den Stressor zu reagieren, nachzudenken, zu spekulieren, abzulenken oder zu verbergen, was Sie fühlen, oder zu versuchen, es zu stoppen oder verschwinden zu lassen. Halten Sie, so gut Sie können, kurz inne, lassen Sie Ihren Gefühlen freien Lauf und sagen Sie zu sich selbst: „Hier ist der Stress."

Sie könnten diese ‚Aha'-Momente als einen ‚Stromkreisunterbrecher' betrachten – wir beenden den Stress nicht, das ist nicht das Ziel, sondern wir eröffnen die Möglichkeit, uns seiner bewusst zu werden und eine Wahl zu treffen.

Wir Menschen sind unglaublich gut darin, mit Stress umzugehen. Wir verfügen über angeborene Ressourcen und Widerstandsfähigkeit und entwickeln unsere eigenen Strategien, um mit Stress umzugehen und sogar unter stressigen Bedingungen zu gedeihen. Wir wissen, dass Selbstfürsorge, Ruhe, Kontakte zu anderen Menschen sowie sinnvolle und unterhaltsame Aktivitäten helfen, die negativen Auswirkungen von Stress auszugleichen. Aber oft greifen wir aus Gewohnheit oder aus dem Bedürfnis nach sofortiger Erleichterung oder Flucht (letztlich aus Vermeidungsgründen) zu Dingen, die nicht so hilfreich sind. So schaffen wir ungewollt die Bedingungen, unter denen Stress gedeihen kann. Wenn wir uns mit den ersten Anzeichen von Stress vertraut machen, können wir uns an gesünderen, klügeren Entscheidungen darüber, was wir als Nächstes tun, orientieren.

Kapitel 5

VON DER HEKTIK IN DEN FLOW KOMMEN

Dieses Kapitel wird Sie auf eine Reise in den *Zustand des Flows mitnehmen*. Flow wird mit vielen Vorteilen in Verbindung gebracht und genau wie Achtsamkeit kann ihn jeder erleben. Er wird manchmal als ‚in der Zone sein' beschrieben; in diesem Zustand fühlen wir uns völlig in das vertieft, was wir gerade tun. Flow ist ein anderer Zustand als Achtsamkeit, aber wir werden untersuchen, wie eine Achtsamkeitspraxis die Möglichkeiten, Flow zu erleben, verbessern kann. Wir werden auch sehen, wie die Erfahrung von Flow die Entdeckung (oder Wiederentdeckung) von Sinn und Zweck bei der Arbeit unterstützen kann.

Meine erste Erinnerung an einen Flow-Zustand ist mir bis heute im Gedächtnis geblieben. Ich war etwa 12 Jahre alt und englische Literatur war mein Lieblingsfach in der Schule. Ab und zu wurde eine Unterrichtsstunde dem stillen Lesen gewidmet. Bei dieser Gelegenheit bemühte sich die Lehrperson um Ruhe im Klassenzimmer. Ich war mir bewusst, dass ich von klappernden Stühlen, Geschrei und Gelächter umgeben war, während die Lehrkraft um Ruhe kämpfte. Inmitten dieses allgemeinen Chaos setzte ich mich an meinen Schreibtisch, schlug mein Buch auf und begann zu lesen. Im nächsten Moment (eigentlich war es etwa 20 Minuten später) kam ich inmitten völliger Stille zu mir, abgesehen von dem Geräusch des Umblätterns der Seiten. Es fühlte sich an wie das Auftauchen oder Erwachen aus einem schönen Traum, als wäre ich inmitten eines tobenden Sturms eingeschlafen und würde mich plötzlich in ruhiger See wiederfinden. Ich war in einen Zustand des Flows eingetreten, ich war völlig in das Buch eingetaucht, eins mit den Figuren, den Landschaften und der Geschichte. Ich hatte den beeindruckenden Geräuschpegel, den meine Klassenkameradinnen und -kameraden erzeugten, als die Lehrperson die Klasse beruhigte, völlig ausgeblendet.

Es fühlte sich *gut* an.

WAS IST FLOW?

Flow wurde von Mihaly Csikszentmihalyi erforscht und als psychologisches Konzept eingeführt, als Antwort auf die Frage, *was das Leben lebenswert macht*. Er hatte während des Zweiten Weltkriegs einige Zeit in einem Gefangenenlager verbracht und spielte Schach, um zu ‚entkommen'. Während des Spiels fand er Frieden und Glück inmitten einer brutalen und harten Realität. Später schrieb sich Csikszentmihalyi an der Universität von Chicago ein und studierte Psychologie. Seine Forschungen zum Thema Flow sind faszinierend. Der Platz auf diesen Seiten reicht nicht aus, um ihnen gerecht zu werden, aber um es zusammenzufassen: Csikszentmihalyi fand heraus, dass ein Flow-Zustand mit der Suche nach dem Sinn des Lebens zusammenhängt und dass Menschen, die sich im Flow befinden, sich am glücklichsten fühlen.[1] Csikszentmihalyi hat während seiner Forschungen einige Merkmale des Flows identifiziert, wie z.B. das Gefühl, mühelos in eine Aktivität einzutauchen und das Verstreichen der Zeit nicht zu bemerken. Flow scheint das so genannte ‚implizite' Gedächtnis anzuzapfen. Diese Art des Erinnerns stützt sich auf vorhandenes Wissen darüber, wie man Dinge tut, ohne dass man bewusst eingreifen muss – wie beim Klavierspielen, Fahrradfahren, Tippen oder Lesen; Dinge, die einfach von selbst zu geschehen scheinen. Der Flow ist jedoch nicht so passiv, wie es sich anhört: Er ist intensiv und tritt auf, wenn wir einigermaßen anspruchsvolle Aufgaben ausführen, die Konzentration erfordern. Flow erfordert genau die richtige Mischung aus Herausforderung und Kompetenz.

VORTEILE VON FLOW

Flow ist lohnend, weil wir Dinge erreichen, die uns etwas wert sind, die sinnvoll sind. In einem Flow- Zustand verblassen viele der Dinge, die uns ablenken oder stören, wie zum Beispiel unsere Sorgen, Ängste, Müdigkeit oder Unbehagen. Flow wird mit vielen positiven Effekten in Verbindung gebracht, wie z.B. Lebenszufriedenheit, Wohlbefinden und Verbesserung der Stimmung. Flow demonstriert unser Können und unsere Fähigkeiten. Wir bekommen vielleicht das Gefühl, dass wir unsere Arbeit gut gemacht

1 Csikszentmihalyi, M. (2022) *Flow: Das Geheimnis des Glücks*, Klett-Cotta.

haben, was unser Selbstvertrauen und unser Selbstwertgefühl stärkt. Er kann die Selbstzweifel untergraben, die wir alle von Zeit zu Zeit haben – im Flow machen wir uns keine Sorgen um unsere Fähigkeiten. Auf diese Weise kann Flow zur Resilienz beitragen und uns vor den Auswirkungen von Stress schützen. Am Arbeitsplatz und bei der Bewältigung unseres Lernens und unserer Karriere ist der Flow ein sehr nützlicher Zustand. Er kann die Produktivität verbessern, weil wir hochkonzentriert sind und uns weniger ablenken lassen, wodurch Fehler vermieden werden. Flow kann uns auch Klarheit verschaffen – er zeigt uns nicht nur, was wir gut können, sondern auch, was uns Spaß macht und wo unsere Leidenschaften liegen; Flow zeigt uns die Art von Aufgaben, in die wir uns mit Freude vertiefen können.

ACHTSAMKEIT UND FLOW

Achtsamkeit und Flow sind beides mentale Zustände, die sich durch die Schaffung der Bedingungen, unter denen sie auftreten können, hervorrufen lassen. Sie unterscheiden sich voneinander, haben aber auch Gemeinsamkeiten. Achtsamkeit ist ein Zustand, in dem wir unsere inneren und äußeren Erfahrungen bewusst wahrnehmen. Wir sind präsent und offen für die Erfahrungen, wenn sie auftauchen, und lenken unsere Aufmerksamkeit aktiv zurück, wenn wir abgelenkt werden. Flow ist anders: Es ist ein Zustand *spezifisch fokussierter Aufmerksamkeit* – wir sind uns der damit verbundenen Anstrengung nicht bewusst und reflektieren die Erfahrung nicht. Wenn wir einmal im Flow sind, bleiben wir darin, bis er endet – ohne die Notwendigkeit, uns absichtlich neu zu fokussieren, wie wir es bei der Achtsamkeit tun; wir gehen völlig darin auf. Man könnte sagen, dass wir im Flow das Gewahrsein verlieren und es in der Achtsamkeit gewinnen.

Obwohl es Unterschiede gibt, stellen sowohl Achtsamkeit als auch Flow eine Art und Weise dar, sich auf das einzulassen, was im gegenwärtigen Moment vor sich geht, auch wenn das eine mit direktem ‚Wissen' und Gewahrsein geschieht und das andere außerhalb der bewussten Reflexion. Beide Zustände akzeptieren die gegenwärtige Erfahrung so, wie sie ist, und keiner der beiden Zustände fördert oder erfordert ein Urteil, eine Analyse oder eine extrinsische Belohnung. Achtsamkeit kann dazu beitragen, durch Annäherung und Akzeptanz *dessen, was ist* (unabhängig davon, wie wir es bezeichnen), Wohlbefinden zu erzeugen, und Flow bringt Wohlbefinden durch Erfüllung und dadurch, dass wir das tun, was wir kennen und genießen.

Die Forschung, die den Zusammenhang zwischen Achtsamkeit und Flow untersucht, ist uneinheitlich, aber die jüngste Metaanalyse deutet darauf hin, dass „größere Achtsamkeit mit einem höheren Maß an Flow verbunden ist“[2].

ÜBUNG: DEN EIGENEN FLOW KENNEN

Ein gewisses Bewusstsein und Verständnis dafür, was Sie in den Flow versetzt, hilft Ihnen natürlich dabei, diese Bedingungen bewusst zu schaffen, damit Sie ihn so oft wie möglich erleben können.

Wenn Sie das nächste Mal einen Flow-Zustand bemerken, machen Sie sich die Tätigkeit, die Sie ausgeführt haben, und die Elemente oder die Art dieser Tätigkeit so bewusst wie möglich. Wahrscheinlich werden Sie feststellen, dass es sich um eine ‚Goldlöckchen-Aufgabe‘ handelte, d.h. nicht zu leicht, nicht zu schwer, genau das richtige Maß an Herausforderung, um zufriedenstellend und ansprechend zu sein. Die Aufgabe ging vielleicht mit einem anderen mentalen Zustand einher als mit dem, den Sie normalerweise einnehmen, wenn Sie eine Routine- oder Verwaltungstätigkeit erledigen oder wenn Sie mit einer sehr schwierigen Aufgabe zu kämpfen haben. Csikszentmihalyi hat den Zustand des Flows als abweichend von oder außerhalb der alltäglichen Realität beschrieben und so, dass die Erledigung dieser Aufgabe an sich schon Grund und Belohnung genug dafür ist – es sind also Aufgaben, die Sie wirklich erledigen wollen.

Vielleicht möchten Sie darüber nachdenken, wie sich Flow *anfühlt*, wenn Sie sich in diesem Zustand befinden – entspannt, zielgerichtet, konzentriert, ruhig, zeitlos, glücklich, beschäftigt oder kreativ. Vielleicht fühlt es sich so an, als ob die Aufgabe sich von selbst erledigt, während Sie nach Herzenslust arbeiten. Viele Menschen berichten von einem Gefühl vollkommener Klarheit in Bezug auf ihre Flow-Aufgaben (Sie sind Ihr eigenes Feedback) und davon, dass die Arbeit ohne Zweifel oder Sorgen um die Kompetenz ausgeführt wird.[3]

2 Schutte, N.S. und Malouff, J.M. (2023) The connection between mindfulness and flow: A meta-analysis. *Personality and Individual Differences*, Band 200.

3 Csikszentmihalyi, M. (1985) *Das flow-Erlebnis. Jenseits von Angst und Langeweile. Im Tun aufgehen*, Klett-Cotta.

Achten Sie auch darauf, wie es sich anfühlt, *aus dem Flow herauszukommen*, und genießen Sie es, anstatt es als selbstverständlich anzusehen. Ein kurzes achtsames Innehalten kann Ihnen helfen, den Flow zu schätzen – gönnen Sie sich eine kleine Denkpause, anstatt sich gleich der nächsten Aufgabe zuzuwenden. Nutzen Sie das aktive Gewahrsein, um wirklich wahrzunehmen und wertzuschätzen.

Hier finden Sie einige weitere praktische Ideen, um die Bedingungen für den Flow zu schaffen.

- Verbinden Sie eine oder mehrere bestimmte Handlungen mit der Vorbereitung auf den Flow, z.B. ein kurzes achtsames Innehalten, ein paar Dehnübungen, das Aufräumen Ihres Schreibtisches, das Vorbereiten Ihrer Ausrüstung, das Ausschalten von Ablenkungen. Dabei geht es nicht wirklich darum, in den Flow zu kommen, sondern darum, Assoziationen zu schaffen, die dem Gehirn signalisieren, dass wir bereit für den Flow sind.
- Identifizieren Sie so genau wie möglich alle für einen Flow-Zustand geeigneten Fähigkeiten oder Aufgaben in Ihrem Job. Die Dinge, die Ihnen Spaß machen und die Sie gerne tun. Überlegen Sie, wie Sie diese Aufgaben erweitern oder verbessern können, indem Sie Ihre Arbeitsweise so anpassen, dass sie mehr Flow erzeugt.
- Erstellen Sie einen Lern- und Entwicklungsplan, der Sie zu dem bringt, was Ihnen Spaß macht und worin Sie gut sind (hier kann Flow entstehen). Csikszentmihalyi schlägt vor, herauszufinden, was gerade jenseits unserer Fähigkeiten liegt, und dieses Potenzial aktiv zu entwickeln – das kann die Chancen für den Flow erhöhen.
- Identifizieren Sie Bereiche, die Sie vollständig unter Kontrolle haben oder die nicht sehr anspruchsvoll sind, und steigern Sie die Herausforderung bewusst – auch das kann Ihnen helfen, in den Flow zu kommen.
- Flow ist ein Zeichen für Sinn und Zweck. Wenn Sie bei Ihren derzeitigen Unternehmungen keinen oder nur wenig Flow erzielen, könnte das ein Zeichen dafür sein, dass Ihre wahre Leidenschaft woanders liegt. Sie könnten den Flow in einem Hobby oder einer Nebenbeschäftigung suchen und sich davon bei Ihrer Karriereplanung leiten lassen.

Wir werden nicht immer in der Lage sein, einen Flow zu erzeugen, aber es kann helfen, auf die Bedingungen zu achten, die ihn begünstigen – und dazu gehört auch, sich bewusst zu machen, was einen Flow-Zustand verhindern könnte.

FLOW-BLOCKER

Mangelnder Flow bei der Arbeit kann darauf hindeuten, dass der Job seinen Reiz verloren hat, oder es könnte sein, dass die Bedingungen für den Flow irgendwie verhindert werden. Die Forschungen von Csikszentmihalyi zeigen die wichtigsten Herausforderungen für einen Flow-Zustand auf. Tabelle 5.1 zeigt, wie Achtsamkeit die Chancen für einen Flow-Zustand erhöhen kann.

TABELLE 5.1 Achtsames Gewahrsein

Herausforderungen für den Flow	Achtsames Gewahrsein kann Herausforderungen für den Flow aufdecken und Wahlmöglichkeiten und selbstgesteuerte Veränderungen fördern.
Ängste und Sorgen	Es ist erwiesen, dass eine anhaltende und regelmäßige Achtsamkeitspraxis zu Verbesserungen in diesen Bereichen führt. Halten Sie Ihre Achtsamkeitsaktivitäten aufrecht, damit Sie die Wahrscheinlichkeit verringern, dass Ängste und Sorgen den Flow verhindern.
Entspannung	Sehr entspannt zu sein, ist gut für das Wohlbefinden, aber nicht förderlich für den Flow. Sie könnten versuchen, Aktivitäten zu finden, die beruhigend, aber auch *stärkend* sind; Dinge, die etwas herausfordernder und fesselnder sind. Achtsamkeit hilft uns dabei, zu unterscheiden, was eine sinnlose Ablenkung und was eine den Flow anregende Aktivität ist.
Apathie	Achtsamkeit kann uns dabei helfen, Interessantes und Abwechslung im Alltäglichen zu finden, indem wir den Geist des Anfängers oder der Anfängerin entwickeln, neugierig werden und uns wieder auf das Leben einlassen. Dies kann uns aus der Apathie befreien.
Langeweile	Vielleicht stellen wir fest, dass wir bei der Arbeit nur noch vor uns hindümpeln, dass die Dinge zur Routine geworden sind und wir wenig oder gar keine Herausforderungen mehr haben. Achtsames Gewahrsein und eine Bereitschaft, dies anzuerkennen, können uns aus der Langeweile reißen und uns anspornen, neue Herausforderungen zu suchen.

Der Flow bei der Arbeit kann durch **Ablenkungen** behindert werden: Eingehende Nachrichten können uns immer wieder aus dem Flow reißen.

Versuchen Sie daher, den Flugzeugmodus zu verwenden – auch das ist ein großartiger Produktivitäts-Hack. Ich glaube nicht, dass wir perfekte Stille brauchen, damit Flow entsteht – erinnern Sie sich an meine Erfahrung im lauten Klassenzimmer! Wenn die Tätigkeit attraktiv genug ist, können wir uns trotz des Lärms oder der Aktivität um uns herum in die Arbeit vertiefen. Schalten Sie jedoch das Klingeln und Pingen aus oder stellen Sie weißes Rauschen ein, wenn Ihre Umgebung sehr ablenkend ist.

Der Flow kann schwer zu erreichen sein, wenn wir **von Aufgabe zu Aufgabe gerissen werden**. Wenn wir nie die Gelegenheit haben, uns wirklich auf eine Arbeit einzulassen, können wir auch nicht in den Flow kommen. Versuchen Sie, sich bei der Arbeit eine bestimmte und ‚geschützte' Zeit für Flow- Aufgaben einzuräumen – oder versuchen Sie, ähnliche Aufgaben gezielt zusammenzulegen, so dass Sie einen Arbeits- (und Zeit-) Abschnitt haben, der sich für den Flow eignet.

Der Flow wird vertrieben, wenn wir **bei der Arbeit auf Autopilot** sind – zu Beginn des Tages auf das Laufband springen und am Ende davon taumeln. Den ganzen Tag auf Ad-hoc-Anforderungen zu reagieren und impulsiv und reaktiv zu arbeiten, ist kein Flow. Ihr aktives Gewahrsein kann Ihnen dabei helfen, zu viel Autopilot-Verhalten zu erkennen und Ihnen die Möglichkeit zu geben, die Tretmühle zu verlassen und sich neu aufzustellen oder den Kurs zu korrigieren.

Arbeitsaufgaben, die uns Spaß machen und uns in den Flow versetzen können, **werden leicht zurückgedrängt**. Das könnte daran liegen, dass sie unserem kulturellen Skript zuwiderlaufen, was Arbeit sein *sollte* – hart oder schmerzhaft, eher zu ertragen als zu genießen. Vielleicht fühlen wir uns schuldig, wenn wir Zeit für angenehme Aufgaben aufwenden, oder wir wollen sie aufsparen, bis die ‚echten' oder weniger angenehmen Aufgaben erledigt sind – was dazu führen kann, dass wir sie selten oder nie tun. Es kann sogar sein, dass wir angenehme Flow-Aufgaben nicht als ‚richtige Arbeit' ansehen. Diese Gedanken und Urteile können durch Achtsamkeit aufgedeckt werden – erkennen Sie diese Denkweise an und verschieben Sie angenehme Aufgaben an die Spitze Ihrer Liste. Flow ist produktiv und kann anregend sein. Ihre gesamte Arbeit wird sich verbessern (nicht nur die, die Sie im Flow erledigen), ebenso wie Ihre Stimmung und Motivation.

Die Maßnahmen, die wir für uns selbst ergreifen können, sind in der Regel keine ‚Raketenwissenschaft'. Wir müssen uns nur ausreichend bewusst machen, wo wir sind, was wir tun und wie wir uns dabei fühlen.

Flow kann uns dabei helfen, uns nicht mehr hektisch und ständig in Bewegung zu fühlen, sondern ruhig, sicher und zentriert. In einem Flow-Zustand machen wir uns keine Sorgen über unsere Probleme, planen die Zukunft oder grübeln über die Vergangenheit nach. Wir konzentrieren uns ganz auf das, was wir tun, und sind glücklich, wenn wir uns darin verlieren.[4]

AKTIVES GEWAHRSEIN

Aktives Gewahrsein ist handlungsorientiert und in der zweiten Hälfte dieses Kurses können wir es wirklich nutzen, um in unserem eigenen Interesse zu handeln. Das bedeutet, dass wir entschiedener und kritischer darüber nachdenken, wie wir unsere Zeit verbringen. Es bedeutet, dass wir ein wenig besser in unserem eigenen Interesse handeln können. Versuchen Sie in den kommenden Wochen, sich regelmäßig aktiv Ihrer Erfahrungen gewahr zu werden, so wie sie sind. Erkennen Sie wirklich:

- wann Sie sich zu viel vorgenommen haben – und welche Aufgaben Sie aufschieben, streichen oder delegieren werden;
- wann Ihre Aufmerksamkeit von den Forderungen anderer in Beschlag genommen wurde, insbesondere wenn Sie dadurch von Ihren Zielen, Prioritäten (oder Flow-Aufgaben) abgelenkt werden, und lenken Sie Ihre Bemühungen absichtlich um;
- welche Beziehungen oder Verbindungen von etwas Aufmerksamkeit profitieren würden und von welchen Sie sich vielleicht zurückziehen sollten: Bevorzugen Sie Verbindungen mit Menschen, die Sie unterstützen und interessiert sind – warum organisieren Sie nicht gleich ein Treffen mit Ihrer Bezugsperson bei der Arbeit?

4 www.ted.com/talks/mihaly_csikszentmihalyi_flow_the_secret_to_happiness

Lektion 5

HINWENDEN UND DURCHLAUFEN LASSEN

Willkommen zu Lektion 5.

Zu Beginn dieser Lektion werden Sie aufgefordert, eine der Übungen zu wählen, die bisher im Kurs angeboten wurden. Bei Ihrer Wahl werden Sie vielleicht feststellen, dass Sie Vorlieben entwickelt haben. Im Sinne des achtsamen Wahrnehmens und Unterbrechens unserer Muster sollten Sie eine Übung wählen, die Sie noch nicht ausprobiert haben oder die Sie nicht so sehr mochten und vielleicht vermieden haben. Achten Sie auf eine eventuelle Abneigung oder den Wunsch, bei dem zu bleiben, was Sie kennen und mögen.

Wir haben die Hälfte des Kurses hinter uns und die ersten vier Lektionen haben die Grundlagen gelegt. Sie haben nun die wesentlichen Konzepte und Ideen kennengelernt und Achtsamkeit durch verschiedene Übungen und Aktivitäten erfahren. In der zweiten Hälfte dieses Kurses geht es darum, unsere Achtsamkeitsmuskeln zu trainieren und das zu tun, was wir in unserem Leben, bei unserer Gesundheit, bei der Arbeit, im Beruf oder in der Ausbildung angehen, ändern oder anpassen möchten.

SELBSTERKUNDUNG

Lektion 4 hat uns geholfen, Stress wahrzunehmen und uns damit vertraut zu machen, wie er sich bei uns manifestiert. Wir haben gesehen, dass es möglich ist, Stress neu zu bewerten, umzudeuten und zu nutzen, wenn wir Energie und Konzentration brauchen, aber auch, dass er sich überwältigend anfühlen kann, wenn er anhält. Konnten Sie sich während der Übung *Unangenehme Empfindungen erkennen* auf Gefühle der Aversion einlassen? Hatten Sie ein Gefühl der Erleichterung oder des Trostes, als Sie Selbstmitgefühl praktizierten – oder fühlten Sie sich vielleicht ein wenig schuldig, weil Sie Mitgefühl mit sich selbst hatten? Vielleicht gab es in der letzten Woche oder in den letzten Wochen einige (oder viele!) Gelegenheiten, innezuhalten und zu sagen: „Hier ist Stress“, oder Zustände wie Müdigkeit, Sorgen oder Perfektionismus zu bemerken, die diese Erfahrung beeinflussen oder verstärken.

BEOBACHTUNGEN VON SCHÜLERINNEN UND SCHÜLERN

„Ich habe einen Vollzeitjob im Verlagswesen und eine Menge Termine. Wenn ich nicht arbeite, denke ich an die Arbeit. Ich fühle mich oft müde und habe das Gefühl, dass sich die Aufgaben häufen und mir die Zeit davonläuft. Mir ist klar geworden, dass ich versucht habe, den Stress verschwinden zu lassen, und ich nutze die Zeit der Achtsamkeitsübungen, um diese Gedanken und Gefühle loszuwerden. Ich beginne zu erkennen, dass ich mich durch dieses Verdrängen und Wegdrücken nur noch mehr auf die Stressgefühle und stressigen Gedanken konzentriere und sie mich noch fester im Griff haben.“

„Stress wirklich zu spüren und zu bemerken, ohne zu versuchen, ihn zu ändern, war viel hilfreicher, als ich dachte. Ich habe mich dabei ertappt, dass ich im Laufe des Tages oft gesagt habe: ‚Das ist Stress‘, wenn ich Verspannungen oder andere Anzeichen bemerkte. Wenn ich das laut aussprach, fühlte ich irgendwie, dass ich die Lage ein klein wenig mehr unter Kontrolle hatte, als ob der Stress nicht nur unter dem Radar lief oder mich heimlich kontrollierte.“

„Die Mitgefühlsübung ließ mich emotional werden und ich war besorgt, dass dies ein schlechtes Zeichen sei. Es fühlte sich irgendwie selbstverliebt an oder nach ‚ich armer Mensch‘. Aber ich habe gemerkt, dass es eine Erleichterung war, alles rauszulassen. Ich habe mich mit meinen Ängsten sehr allein gefühlt. Ich arbeite als Lehrkraft und das ist sehr stressig. Ich arbeite viele Stunden und habe trotzdem das Gefühl, dass ich mehr für meine Klasse tun sollte. Ich lerne (langsam!), dass es in Ordnung ist, auf mich selbst aufzupassen."

„Ich bemerkte den Stress und wie ich sofort etwas dagegen tun wollte. Ich verspürte ein starkes Verlangen nach Ruhe und danach, mich nicht mehr gestresst und ängstlich zu fühlen. Mir ist aufgefallen, dass ich viel aus Bequemlichkeit esse, wenn ich besorgt bin, besonders wenn ich müde bin, und dann fühle ich mich schrecklich."

VON DER VERMEIDUNG ZUR ANNÄHERUNG

Unser Thema für Lektion 5 lautet ‚Hinwendung' oder ‚Annäherung' und wird uns helfen, eine neue Art des Umgangs mit Schwierigkeiten und Stress zu finden. Wir werden lernen:

- wie wir besser darin werden, das häufig starke Bedürfnis zu erkennen, in eine Situation einzugreifen und sie in Ordnung zu bringen;
- die Kraft des Innehaltens zu nutzen;
- wie wir direkt und hilfreich mit den Stresssignalen in Körper, Geist und Emotionen arbeiten können.

Diese drei Elemente bilden einen achtsamen Ansatz für den Umgang mit Stress und Schwierigkeiten, der in allen möglichen Situationen angewandt werden kann, von einer bloß lästigen Situation bis hin zu einer völlig emotionalen oder zur Stressüberlastung. Wenn Sie diesen Ansatz verstehen und praktizieren, können Sie neue Reaktionen auf Stress entwickeln. Lassen Sie uns jedes der drei Elemente durcharbeiten.

REAKTIVITÄT ERKENNEN

Die Stressreaktion kann den Zwang auslösen, sich in eine Situation zu stürzen, mit Dringlichkeit zu reagieren, zu versuchen, die Dinge in Ordnung zu bringen oder sie auszufechten, für eine Sache zu argumentieren oder wegzulaufen. Sie kann auch eine Trägheit auslösen, bei der wir in einem Kreislauf von Sorgen oder sich wiederholenden Gedanken feststecken, die mehr in sich selbst kreisen als eine Lösung zu bringen. Diese Reaktivität ist mächtig, zwingend und automatisch. Sie tritt immer dann in Aktion, wenn wir uns ‚bedroht' oder überfordert fühlen, z.B. wenn wir eine schwierige E-Mail von einer Kollegin oder einem Kollegen erhalten, wenn wir von Vorgesetzten kritisiert oder geprüft werden, wenn wir ein Projekt nicht zu Ende bringen können oder wenn wir einfach viel zu viel zu tun haben. Der Zwang zu handeln kann beispielsweise dazu führen, dass wir überstürzt eine wütende E-Mail verschicken oder sofort einlenken, uns entschuldigen oder beschwichtigen. Wir treffen vielleicht eine übereilte, halbfertige Entscheidung oder wir machen uns Vorwürfe, zweifeln oder schimpfen mit uns selbst und greifen auf kritische Selbstzweifel zurück. Wenn wir uns überlastet, ängstlich oder gestresst fühlen, merken wir wahrscheinlich nicht, wenn unsere Überzeugungen nicht stimmen und unsere Standardreaktionen nicht die beste Vorgehensweise sind. In den meisten Fällen, wenn wir unter Stress stehen, sind unsere unmittelbaren Reaktionen und Interpretationen in gewisser Weise fehlerhaft, weil der rationale, exekutiv arbeitende Teil des Gehirns offline ist. Die Stressreaktion kann uns daran hindern, klar zu denken – oder zumindest das Gesamtbild zu sehen bzw. Nuancen oder Komplexität zu erkennen. Während Stress unseren Fokus schärft, verengt er auch unsere Sicht. Wir sehen und fühlen wahrscheinlich nur die unmittelbar hervorstechenden Details, die die Schwierigkeit oder Bedrohung darstellen. Wenn sich z.B. jemand bei der Arbeit unfair Ihnen gegenüber verhalten hat, werden Sie feststellen, dass Sie sich wie ein Laser auf die Details der Situation konzentrieren, auf das, was die Person und Sie gesagt oder getan haben, und auf die möglichen Konsequenzen. Es fällt uns nicht leicht, unseren Blick über die Unmittelbarkeit des Ereignisses und seine imaginären Auswirkungen hinaus zu erweitern; wir werden wahrscheinlich nicht in der Lage sein, den breiteren Kontext zu sehen, die Auswirkungen werden vergrößert und übertrieben. Unsere logischen Wahrnehmungsfähigkeiten stehen nicht zur Verfügung, wenn der Stress das Sagen hat. Das Achtsamkeitstraining zielt jedoch darauf ab, das Bewusstsein zu schaffen, das wir brauchen, um unsere Reaktivität zu erkennen, wenn sie unweigerlich auftaucht.

DIE MACHT DER PAUSE

Achtsamkeit und aktives Gewahrsein helfen uns, Stress zu erkennen. Wir brauchen nur einen winzigen Bruchteil der Zeit, um ihn zu bemerken – „Stress ist hier, das ist Stress“. Dieses *Wissen* bietet die Möglichkeit, *die Macht der Pause* zu nutzen, die ein Gegenmittel zur Reaktivität sein kann.

Indem wir innehalten und nichts anderes tun, *haben wir den Ausgang* einer *Situation bereits verändert*, wir haben unseren Kurs auf neue Koordinaten gesetzt – einfach, indem wir *gar nichts* tun. Abgesehen von Situationen, in denen es wirklich um Leben und Tod geht, ist die Wahrheit für die meisten von uns, dass wir innehalten *können*, wenn wir uns gestresst, verängstigt oder unter Druck gesetzt fühlen; wir können warten, ungeachtet dessen, was wir uns vielleicht einreden. Innehalten hat Macht, denn wir geben unseren Stärken und Fähigkeiten die Chance, wieder online zu gehen. Wir können eine Gelegenheit schaffen, um durchzuatmen und mit wachsender Genauigkeit, Weisheit und Verständnis wahrzunehmen, was geschieht. Wir können dann mit größerer Gelassenheit, Stabilität und Einsicht vorwärts gehen.

MIT DEN SIGNALEN VON STRESS ARBEITEN

Außerhalb des Gewahrseins werden wir die Emotionen, Gefühle, Gedanken und körperlichen Reaktionen, die die Stressreaktion begleiten und signalisieren, wahrscheinlich nicht bewusst wahrnehmen. Vielleicht haben wir uns so sehr daran gewöhnt, gestresst zu sein, dass es sich einfach wie erwartet anfühlt und wie etwas, das toleriert werden muss. Oder vielleicht hat man uns beigebracht, dass unsere Emotionen ein Zeichen von Schwäche sind, so dass wir sie nicht als die aufschlussreichen Boten wahrnehmen, die sie sind.

Mit Achtsamkeit, Offenheit und Neugierde können wir uns auf unsere Erfahrungen einstimmen.

- **Emotionen und Gefühle** sind Signale, die uns zeigen, dass uns etwas wichtig ist. Wir würden nicht emotional auf etwas reagieren, das uns nicht viel bedeutet; sie zeigen uns, was uns wichtig ist.
- Stress macht sich **im Körper** bemerkbar, manchmal deutlich, manchmal ganz subtil – wir können sogar körperliche Reaktionen bemerken, bevor wir uns bewusst sind, dass wir gestresst sind oder worüber wir gestresst sind.
- Bestimmte **Arten des Denkens** können ebenfalls darauf hinweisen, dass Stress im Spiel ist – wie zum Beispiel ein ‚rasender' Verstand oder eine zwingende, sich wiederholende Erzählung, die darauf zielt, die Zukunft zu planen, zu lösen oder vorherzusagen.

Anstatt diese Stresssignale zu ignorieren, wegzuschieben oder einfach nicht zu bemerken, können wir lernen, uns ihnen zuzuwenden und zu beobachten, was *bereits da* ist – was im Geist, im Körper und in den Emotionen entsteht.

Machen Sie sich keine Sorgen, wenn das schwer zu verstehen ist. Es ist einfacher, es durch Erfahrung zu verstehen, daher wird Sie die nächste Übung mit einigen sanften Schritten anleiten, die auf der konzentrierten Übung zum Erkennen des Unangenehmen in Lektion 4 aufbauen. Wir müssen nicht analysieren, was wir denken oder fühlen, sondern uns nur mit Offenheit und Interesse dieser ‚inneren Erfahrung' zuwenden.

Unser Achtsamkeitstraining wird jetzt mit einer ermächtigenden Praxis der *Annäherung* fortgesetzt.

LEKTION 5 Konzentrierte Achtsamkeitsübung

Vorbereitung

Wählen Sie einen Ort zum Üben, an dem Sie nicht gestört werden.

Ich habe eine Einführungsversion beigefügt, auf die Sie beim ersten Üben zurückgreifen können.

Nehmen Sie sich nach der Übung ein paar Augenblicke Zeit, um über Ihre Erfahrung nachzudenken.

Umschalten auf Annäherung

Nach unserem Verständnis von *Vermeidung* in der letzten Lektion können wir vielleicht erkennen, wie wichtig es ist, uns unseren Erfahrungen achtsam *anzunähern*. Das Konzept der Hinwendung, wie Sie es gerade in der Übung erlebt haben, mag sich manchmal kontraintuitiv anfühlen, kann uns aber in vielerlei Hinsicht unterstützen, unter anderem auch dadurch, dass es die Dringlichkeit, die wir bei Stress oder Angst empfinden, unmittelbar mindert – wo Vermeidung aufrechterhält und verstärkt, löst und entschärft Annäherung.

- Die Annäherung an unsere Erfahrungen durch Emotionen und durch den Körper kann die Kette des zirkulären, sich wiederholenden Denkens unterbrechen und dem ‚Unangenehmen' etwas Raum geben.
- Die Beschäftigung mit schwierigen Erfahrungen auf die von mir beschriebene Weise kann die Reaktivität beruhigen und bietet die Möglichkeit der Selbstregulierung, des Wohlbefindens und des Mitgefühls.
- Vermeidung signalisiert *Bedrohung*, während Annäherung die kreativen Reaktionen auslöst, die wir im Vermeidungsmodus verlieren. Wenn wir uns schwierigen Gefühlen und Gedanken – wenn auch nur zaghaft – annähern, sie anerkennen oder sie einfach nur zur Kenntnis nehmen können, bringt uns das zur Ruhe und lässt bessere Lösungen entstehen.
- Engagement bringt ein Verständnis dafür mit sich, wie sich Stress in unserem Körper, unserem Geist und unseren emotionalen Reaktionen manifestiert. Durch diese Vertrautheit können wir die Anzeichen früher erkennen und sogar eine Abwärtsspirale aufhalten, indem wir einige achtsame, selbstunterstützende Maßnahmen ergreifen.
- Annäherung bringt uns von einem Ort der Spekulation über das, was *sein könnte* (was den Stress verschlimmern kann) zu einer sanften Erkundung *dessen, was ist* (was den Stress beruhigen kann).

Achtsamkeit als metakognitive Strategie

Unsere Gedanken sind ein Produkt des Wahrnehmungsprozesses: der sensorischen Informationen, die wir aus der Welt um uns herum, aus Erinnerungen und Assoziationen aufnehmen und die von unserem körperlichen Zustand beeinflusst werden (z.B. Flüssigkeitsstand, Hormone und Blutdruck). Gedanken sind abstrahierte Darstellungen unserer Erfahrungen, aber wir sehen sie als repräsentativ dafür an, *wie die Dinge sind, waren oder sein werden* – und deshalb reagieren wir wahrscheinlich automatisch auf Gedanken, als wären sie *objektive Fakten*.

Wie wir bereits herausgefunden haben, ist es möglich, zu lernen, unsere Gedanken und Denkmuster zu ‚sehen', anstatt sie passiv weiterlaufen zu lassen. Der Begriff, mit dem dies in der Psychologie beschrieben wird, ist ‚Metakognition'. Wir haben metakognitive Techniken bereits in den Übungen verwendet, in denen wir Gedanken als ‚mentale Ereignisse' neu definiert haben. Mit dieser Technik können wir erkennen, dass der Verstand uns *mögliche Erklärungen, Ideen und Vorhersagen* anbietet und dass diese einfach als Gedanken auftreten und ankommen. Wichtig ist, dass metakognitiv auch heißt, ‚von etwas zurückzutreten', was bedeutet, dass es möglich ist, Gedanken als bloße Gedanken wahrzunehmen und nicht als objektive Realität, dass sie also von dem, *was wir sind* und was wirklich ist, unterschieden sind.

Der Verstand wird schmerzhafte oder schwierige Gedanken aufwerfen – das ist normal. Wir können zum Beispiel eine beunruhigende Vorhersage über ein schwieriges zukünftiges Ereignis erleben oder uns plötzlich an eine Meinungsverschiedenheit oder eine unangenehme Situation erinnern. Wahrscheinlich *reagieren wir auf diese Gedanken* mit Analysen und Spekulationen, erweitern die ursprüngliche Vorstellung, erfinden Geschichten und imaginäre Ergebnisse, die weitere Gedanken auslösen. Das kann sich wie Selbstschutz anfühlen, als würden wir ein Problem besser kennenlernen oder ihm einen Sinn geben, planen oder uns vorbereiten. Dies bringt uns jedoch selten weiter, da wir nicht auf der Grundlage neuer Informationen handeln, sondern nur das wiederholen, was wir bereits wissen oder zu wissen glauben. Diese geistige Aktivität kann einen immensen Einfluss auf unser Wohlbefinden haben. Eine längere Beschäftigung mit schmerzhaftem, bedrohungsorientiertem Denken kann zu Ängsten und schlechter Stimmung führen – und der ganze Prozess des unkontrollierten Denkens ist geistig anstrengend. Achtsamkeit kann als metakognitive Technik praktiziert werden und ermöglicht es uns, unsere Gedanken und Erinnerungen, unsere Selbstüberzeugungen und die Gefühle, die wir erleben, wahrzunehmen. Dies versetzt uns in die Lage, uns aktiv dafür zu entscheiden, uns nicht weiter mit Sorgen, Spekulationen, Vermeidung, Verdrängung oder vermeintlicher ‚Sinnstiftung' zu beschäftigen. Wir können beschließen, uns zurückzuhalten und unsere Gedanken als die vorübergehenden und flüchtigen mentalen Ereignisse zu sehen, die sie sind. Es liegt in unserer Macht, den Gedanken zu erlauben, sich durch unser Bewusstseinsfeld zu bewegen wie Wolken, die über den Himmel ziehen, sie als Beobachtende kommen und gehen zu sehen und sich von der schmerzhaften geistigen Auseinandersetzung zu lösen.

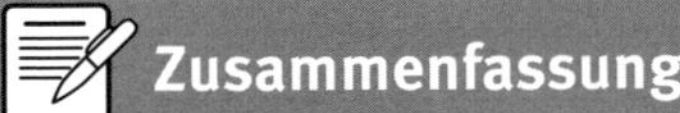

Zusammenfassung

- **Vermeidung** ist eine normale Anfangsreaktion auf Schwierigkeiten oder Schmerzen. Das Erkennen der Vermeidung bietet die Möglichkeit, sich auf das Unangenehme *hinzubewegen* und sich darauf einzulassen, anstatt weiterhin Wege zu finden, es wegzuschieben.
- Wir haben drei Elemente erforscht, die einen achtsamen Ansatz für den Umgang mit Stress und Schwierigkeiten ausmachen: das **Bewusstsein für den Zwang zu agieren/reagieren,** die **Kraft des Innehaltens** oder Aufschiebens von Handlungen und die **direkte Arbeit mit den Stresssignalen** in Geist und Körper.
- Mit achtsamem Gewahrsein kann sich das Gefühl, *zum Handeln gezwungen* zu sein, in eine *Aufforderung zum Innehalten* verwandeln. Selbst **ein paar Augenblicke des Innehaltens können unseren Handlungsablauf völlig verändern** und sich auf das Ergebnis auswirken.
- Wir können uns dem, was schwierig ist, mit Interesse oder Neugier auf die gefühlte Erfahrung von Stress annähern. Das kann den Druck nehmen, indem wir **etwas Raum schaffen** zwischen dem Problem und unserer Reaktion darauf. Diesen Freiraum können wir nutzen, um **uns in eine bessere Position zu bringen, in der wir überlegter und sinnvoller reagieren können**, da unsere Kreativität und unser logisches Denken wieder aktiviert werden.
- Es ist möglich, unsere **Gedanken** zu beobachten und sie als **mentale Ereignisse** zu erkennen. Wir müssen nicht glauben, was der Verstand uns anbietet, und wir müssen auch nicht über den Inhalt unserer Gedanken streiten oder dagegen argumentieren. Gedanken sind von Natur aus vergänglich; schwierige Gedanken sind unvermeidlich, aber weiteres Denken, Engagement und Spekulationen sind optional. Wenn wir unsere Gedanken ‚sehen' können und beschließen, sie in Ruhe zu lassen, können sie leichter ‚durchlaufen'.

Aktivitäten in Lektion 5

LEKTION 5 Konzentrierte Achtsamkeitsübung

Die konzentrierte Übung in Lektion 5 wird dazu beitragen, das Bewusstsein zu fördern und zu entwickeln, das erforderlich ist, um Reaktivität zu bemerken und zu reduzieren und sich Schwierigkeiten auf sanfte Weise zuzuwenden, um gesündere, ruhigere und kreativere Reaktionen zu erzielen. Diese Aktivitäten helfen uns, uns nicht mehr auf Stress und seine Auswirkungen zu konzentrieren oder uns darüber Sorgen zu machen, sondern die Stresssignale als etwas zu betrachten, mit dem – und nicht gegen das – wir arbeiten können.

Wie immer sollten Sie alle Aktivitäten als Einladung betrachten, innerhalb Ihrer Komfortzone bleiben und jede Zurückhaltung oder jeden Widerstand mit Freundlichkeit und Geduld zur Kenntnis nehmen. Bitte beachten Sie, dass Sie diese Übungen nicht anwenden müssen, wenn Sie sich nicht bereit fühlen oder wenn sie Ihnen Unbehagen bereiten.

Wenn Sie sich gerade sehr gestresst, emotional oder überreizt fühlen (das passiert uns allen von Zeit zu Zeit), dann haben Sie einige Möglichkeiten: Sie könnten die Übung *Achtsamkeit des Mitgefühls* aus Lektion 4 als Ihre konzentrierte Übung ausprobieren und es gibt einige weitere Übungen zu achtsamem Mitgefühl auf der Website. Wenn die Reglosigkeit der sitzenden Übungen nicht hilfreich ist, versuchen Sie es mit achtsamer Bewegung oder Gehen. Priorisieren Sie, so gut es geht, die Dinge, von denen Sie wissen, dass sie Sie aufbauen und Ihnen ein besseres Gefühl geben – und führen Sie sie achtsam aus. Dies kann als Ihre konzentrierte Übungszeit dienen.

Wenn Sie sich dazu in der Lage fühlen, üben Sie die *Achtsame Annäherung* mehrere Male, bevor Sie zu Lektion 6 übergehen. Es kann sinnvoll sein, diese Übung mit den Übungen aus Kapitel 3 abzuwechseln, die uns helfen, anders mit Gedanken umzugehen und die Aufmerksamkeitskontrolle zu verbessern. Das kann bedeuten, dass Sie

etwas länger bei Lektion 5 bleiben. Das ist völlig in Ordnung – denken Sie daran, dass es keine Eile hat!
Nehmen Sie sich ein paar Minuten Zeit, um Ihre Beobachtungen und Überlegungen zu notieren.

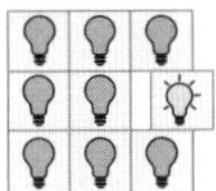

Achtsame Unterbrechung

Unsere achtsame Unterbrechung soll uns diesmal automatische Reaktionen auf das, was wir als schwierig empfinden, bewusst machen – egal ob es sich dabei um Stress, Konflikte, Hektik, Langeweile oder geringe Motivation handelt.
Im Folgenden finden Sie einige typische Bewältigungsreaktionen, die als Teil der Stressreaktion auftreten.

Kampf: Wir gehen in die Offensive und betrachten den Angriff als die beste Form der Verteidigung. Diese Reaktion nutzt die Energie und den Fokus, die der Stress liefert, um eine unmittelbare Herausforderung zu bewältigen.

Flucht: sich aus einer Situation zurückziehen, sich aus der Schusslinie entfernen.

Erstarren: sich unbeweglich fühlen, nicht wissen, was zu tun ist, oder eine Zeit lang auf der Stelle treten.

Nachgeben: Beschwichtigungsmaßnahmen, Fügsamkeit oder Mitmachen, um zurechtzukommen.

Sich kümmern oder in Ordnung bringen: Organisation, Planung, Selbstfürsorge, Vorbereitung.

Vortäuschen: ein Problem ignorieren oder davon ablenken, ihm trotzen, den ‚Kopf in den Sand stecken'.

Sich anfreunden: verbindliche Verhaltensweisen, mit anderen zusammenarbeiten, Rat suchen, aushelfen.

All diese Reaktionen können nützlich sein, wenn sie mit Achtsamkeit eingesetzt werden. Sie können uns aber auch zurückhalten:

- Sich zu kümmern, ist nützlich, aber zu viel Reden und Planen und nicht genug Handeln kann zu Trägheit führen.

- Sich anfreunden – anderen zu helfen mag sich gut anfühlen und uns aufbauen, kann aber zu Beeinträchtigungen unseres eigenen Wohlbefindens führen, wenn wir zu viel geben.
- Kämpfen ist großartig, wenn wir uns einer Herausforderung stellen müssen, aber wenn wir uns ohne nachzudenken in die Schlacht stürzen, könnten wir die Sache noch schlimmer machen oder uns sogar auf eine Weise verhalten, die nicht unseren persönlichen Werten entspricht.
- Etwas vorzutäuschen mag uns eine vorübergehende Atempause verschaffen, in der wir etwas Freiraum gewinnen können. Aber wenn wir uns zu sehr auf Ablenkung verlassen, kann das bedeuten, dass wir ein Problem nie wirklich in den Griff bekommen; wir bekommen vielleicht nie die Chance zu zeigen, was wir können, und wir könnten ungesunde Bewältigungsmechanismen anwenden, um den Schmerz zu verdrängen.
- Achten Sie in den kommenden Wochen darauf, ob Sie weiterhin auf Reaktionen angewiesen sind, die Ihnen nicht helfen, und unterbrechen Sie diese aktiv, indem Sie sanft zu einer Alternative übergehen. Vergessen Sie nicht, sich selbst zum Bemerken und Erkennen zu gratulieren – das zeigt, dass sich Ihre Achtsamkeitsfähigkeiten wirklich entwickeln.

Kapitel 6

SICH BESSER FÜHLEN, BESSER ARBEITEN

Wir haben bereits untersucht, warum es schwierig sein kann, von der Arbeit und den Verpflichtungen abzuschalten, und wie sich ein unzureichendes *psychologisches Detachment* negativ auf das Wohlbefinden auswirken kann. Wenn Sie Ihr Bewusstsein durch Achtsamkeitsübungen steigern, fällt es Ihnen vielleicht leichter, Gedanken zu erkennen, die zu arbeitsbezogenen Grübeleien und Sorgen führen – oder die das in Kapitel 4 erwähnte Sicherheitsverhalten auslösen könnten.

Vielleicht stellen Sie auch fest, dass sich Ihre Aufmerksamkeitskontrolle verbessert, so dass Sie Ihre Aufmerksamkeit absichtlich von diesen Gedanken weglenken und ihnen erlauben können, durch den Geist zu ziehen. Wenn Sie eine Erinnerung an diese Technik der ‚losgelösten Achtsamkeit' brauchen oder wenn sie sich unerreichbar anfühlt, habe ich hier einige weitere Informationen und eine kurze Übung hinzugefügt.

Denken Sie daran, dass es unvermeidlich ist, dass Gedanken an die Arbeit auftauchen, wenn Sie versuchen, sich auszuruhen oder Ihr Leben jenseits der Arbeit zu leben. Das ist einfach die Funktionsweise des Geistes. Es ist normal, dass diese aufdringlichen Gedanken auftauchen – aber wir wissen jetzt, dass es sich dabei *nur um Gedanken* handelt und dass Sie nicht darauf reagieren müssen (es sei denn, Sie entscheiden sich bewusst dafür). Sie werden darin geübt sein, diese Gedanken zu bemerken und darauf mit freundlicher und geduldiger Anerkennung und einer bewussten Verlagerung der Aufmerksamkeit oder mit einem Loslassen zu reagieren – vielleicht mit einem wissenden Lächeln, während Sie dem Geist dafür danken, dass er Sie zur Unzeit an eine Herausforderung, einen Termin oder eine Schwierigkeit erinnert hat! Ich vergleiche das manchmal mit einem kleinen Kind, das uns ein Spielzeug anbietet – es will sich beschäftigen und etwas teilen und wird versuchen, unsere Aufmerksamkeit zu gewinnen, aber wir würden das Kind nicht beschimpfen oder ihm dieses harmlose Spiel missgönnen. Wir können jedes freundlich angebotene Spielzeug annehmen und es diskret weglegen (vorzugsweise außer Reichweite!) und schließlich wird sich das Kind langweilen und der Strom von Spielzeugen wird versiegen. Wenn wir lernen, Gedanken an die Arbeit als mentale Ereignisse zu behandeln – als spontane Ereignisse, von denen wir uns lösen können –, kann die Arbeit zu einem weniger dominierenden Faktor in unserem Denken werden, so dass wir uns besser ausruhen und spielen können.

Aufschub von Gedanken

Es kann schwer sein, die Gedanken an die Arbeit loszulassen. Manchmal können sie uns regelrecht überwältigen und unsere Aufmerksamkeit fesseln. Für diese Fälle gibt es eine sehr nützliche Technik, die Sie ausprobieren können. Zunächst können wir *den Gedanken anerkennen* und uns erlauben, ihn zu haben – schließlich sind Gedanken natürlich und spontan, die Reaktion eines wohlmeinenden Geistes. Danach können wir *einen bestimmten Zeitpunkt* für den nächsten Arbeitstag *festlegen*, an dem wir den Gedanken wieder aufgreifen und 5 oder 10 Minuten darüber nachdenken – und uns sogar Sorgen machen, wenn wir das möchten.

Mit dieser Technik können wir Gedanken an die Arbeit, die außerhalb der Arbeitszeit auftauchen, ‚auf Eis legen'. Wenn sie später wieder auftauchen, können wir den Gedanken bestätigen – vielleicht mit den Worten: „Hallo, ich habe dich schon einmal gehört, danke, aber im Moment nicht" – und uns wieder bereit erklären, zur vereinbarten Zeit und am vereinbarten Ort darauf zurückzukommen, um darüber nachzudenken. Dies kann uns dabei helfen, uns in Zeiten, in denen wir unsere Batterien aufladen, von unserer Arbeitsmentalität zu lösen. Diese Technik ist dem äußerst erfolgreichen Ansatz des ‚Sorgenaufschubs' aus der *metakognitiven Therapie* entlehnt.[1]

Die in *Achtsamkeit angewöhnen* mitgeteilten metakognitiven Fähigkeiten und Techniken der Achtsamkeit brauchen zwar eine Weile, um sich zu entwickeln, sind aber unglaublich erfolgreich, wenn es darum geht, die *psychologische Erholung* von den Auswirkungen der Arbeit zu fördern und zu ermöglichen. Das ist unser Thema für dieses Kapitel. Wir werden sehen, dass *die Art und Weise, wie* wir uns ausruhen und erholen, nicht nur einen großen Einfluss auf unser Wohlbefinden, sondern auch auf unsere Produktivität haben kann. Wir werden Ruhe und Erholung als einen wesentlichen *Bestandteil der Produktivität* betrachten und untersuchen, wie aktives Gewahrsein dies unterstützen kann.

MEHR TUN, ABER WENIGER ERREICHEN

Wie wir in Kapitel 3 untersucht haben, wirkt sich der ‚Always-on'-Ansatz bei der Arbeit, bei dem wir uns anstrengen und nur selten abschalten, negativ auf unser Wohlbefinden aus. Aber er kann sich auch nachteilig auf unsere Produktivität auswirken – sowohl kurzfristig auf die Qualität unserer Arbeitsleistung als auch längerfristig, indem er das berufliche Fortkommen und die berufliche Entwicklung behindert. Das liegt daran, dass wir das Lernen für ‚dringendere' Aufgaben opfern oder es auf Zeiten verschieben, in denen wir nur noch wenig Energie haben. Wenn wir uns selbst zu sehr unter Druck setzen und weiterarbeiten, wenn wir müde, aufgeregt und gestresst sind, leiden ironischerweise genau die Ziele, die wir erreichen wollen (Effizienz, Ergebnisse, Fortschritt) – und zwar auf eine Art und Weise, die uns vielleicht gar nicht bewusst ist, zum Beispiel wie folgt:

- minderwertige Ergebnisse, Fehler und Fehlinterpretationen;
- Aufgaben dauern länger, als wenn wir erholt und ausgeruht sind;
- wir reagieren eher auf eingehende Anforderungen oder Nachrichten oder lassen uns von ihnen ablenken (geringe Aufmerksamkeitskontrolle);

1 Wells, A. (2011) *Metakognitive Therapie bei Angststörungen und Depression*. Beltz.

- wir springen vielleicht von einer Aufgabe zur nächsten (die Neuorientierung braucht Zeit und verbraucht noch mehr Energie);
- Müdigkeit und Stress können dazu führen, dass wir in unserer Kommunikation reaktiv sind oder uns einmischen, wenn es nicht wirklich nötig ist. Wir können für unser Management, unsere Kundinnen und Kunden oder unser Team eher ein Hindernis als eine Hilfe sein;
- wir fangen eher etwas an und bringen es nicht zu Ende (wir haben vielleicht viele halbfertige Aufgaben oder eine ständig wachsende To-Do-Liste);
- wenn wir zustimmen, nach Feierabend ‚einfach mal reinzuschauen', könnten wir Dingen ausgesetzt sein, die uns dann im Kopf herumgehen und uns von einer guten Erholung abhalten – und es ist oft so, dass ein müdes Gehirn um 10 Uhr abends ein Problem als riesig oder unmöglich interpretiert, aber wenn wir um 8 Uhr morgens frisch sind, ist der Weg klar.

Das Arbeiten außerhalb der Arbeitszeit kann natürlich bewusst eingesetzt werden, wenn ein besonderer Bedarf besteht (ein weiterer Hinweis darauf, dass dieses Buch keine Vorschriften macht, sondern eine aktive Entscheidung unterstützt). Wir können uns jederzeit *dafür entscheiden*, länger zu arbeiten, und zwar im Rahmen einer ausgewogenen und wohlüberlegten Strategie. Dabei müssen wir die Auswirkungen berücksichtigen, die sich daraus ergeben, dass wir uns die Energie und den Fokus von morgen leihen; wir müssen auf Fehler, Fehlinterpretationen oder emotionale Reaktionen achten und Ausgleichsmaßnahmen ergreifen – zum Beispiel uns die Zeit am nächsten Tag zurücknehmen.

Unabhängig von unserer Rolle und Verantwortung macht es keinen Sinn, unsere Arbeitszeit regelmäßig und automatisch zu verlängern – unsere Leistung *wird* sich verschlechtern. In einem erschöpften Zustand denken wir vielleicht nicht, dass unsere Leistung beeinträchtigt wird, oder bemerken keine Fehler, schlechte Entscheidungen oder Defizite in unserer Arbeit. Wir erscheinen weiterhin zur Arbeit und erbringen vielleicht sogar Leistungen, aber bloß über die Runden zu kommen, ist selten zufriedenstellend für das Individuum oder gut für das Geschäft. Es kann sein, dass wir ungewollt in ein Regime der ‚inneren Kündigung' verfallen, ein furchtbar schädlicher Begriff, der zwar Handlungsfähigkeit suggeriert, in Wirklichkeit aber ein verzweifelter Versuch der Selbsterhaltung oder eine Umkehrung der schlechten Auswirkungen von Überforderung und Erschöpfung ist. Es gibt viele Gründe dafür, dass wir in eine ‚Always-on'-Arbeitsweise verfallen sind. Wir müssen nicht forensisch vorgehen, aber es kann interessant sein, zu erkennen, was der Grund dafür sein könnte. Vielleicht ist es unsere Leidenschaft für unsere Arbeit, die manchmal auch als ‚fragiles Gedeihen' bezeichnet wird, weil wir glauben, dass wir unter großem Druck am besten arbeiten oder unsere Arbeit so sehr lieben, dass wir uns rund um die Uhr damit beschäftigen wollen. Oder vielleicht folgen wir unbewusst einem kulturellen Skript – einer verzerrten Interpretation von Engagement und Loyalität gegenüber einem Job, einem Team oder einer Organisation, die unsere Autonomie und rationale Reaktionsfähigkeit außer Kraft setzt. Wie wir bereits erwähnt haben, können diese Skripte von dem herrühren, was uns von klein auf beigebracht wurde – die Notwendigkeit von harter Arbeit, Hingabe und Selbstaufopferung. Kulturelle Skripte können sich auch innerhalb einer Organisation entwickeln, vor allem dann, wenn die Führungskräfte nicht auf die Kultur achten. Lange Arbeitszeiten und erweiterte Verfügbarkeit können sich wie eine Selbstverständlichkeit anfühlen, wie die einzige Möglichkeit, eine hohe Arbeitsbelastung zu bewältigen, weil alle anderen das auch tun. Das ist ein komplexes Thema, mit dem ich mich in meiner Arbeit mit meinen Mentees sowie Kundinnen und Kunden beschäftige, aber wenn wir die Strategie verfolgen, auf ein hohes Arbeitsvolumen oder eine hohe Verantwortung auf ungesunde Weise zu reagieren, werden ungewollt alle unangemessenen Anforderungen, die an uns gestellt werden, aufrechterhalten und verschleiert. Am Ende glauben wir, dass wir gar keine andere Wahl haben. Was auch immer die Gründe sein mögen, wenn wir uns nicht von den Anstrengungen der Arbeit erholen, kann dies dazu führen, dass wir uns über unsere Gesundheit und unsere Leistungsfähigkeit nicht mehr im Klaren sind.

Wenn wir aktiv ein Bewusstsein dafür schaffen, *was* wir tun, *wie* wir uns dabei fühlen und was wir leisten, kann das in jedem Fall den Kontext aufdecken, in dem sich ungesunde Arbeitsmuster entwickelt haben. Dies kann zielgerichtete und mutige Gespräche sowohl mit uns selbst als auch mit unserer Managerin oder unserem Manager, mit unserer Führung oder unserem Team unterstützen.

Es ist leicht, die Anzeichen von kognitiver Erschöpfung und Überlastung zu übersehen, vor allem wenn sie sich im Laufe der Zeit normalisiert haben. Als praktische Hilfe, um sich dessen bewusst zu werden, sollten Sie die folgenden Aussagen betrachten und prüfen, inwieweit sie auf Sie zutreffen könnten.

Übung zum aktiven Gewahrsein

Generator zum Gewahrsein von Produktivität

	✔
Ich verliere mich in einfachen Aufgaben oder Routinetätigkeiten.	
Ich bringe Projekte nicht so schnell oder so viel voran, wie ich es vorhatte.	
Es fällt mir schwer, Prioritäten für meine Ziele zu setzen.	
Ich springe von Aufgabe zu Aufgabe.	
Ich verrichte meine Arbeit auf dieselbe Weise wie immer.	
Ich habe keinen Kontakt zur Organisation oder zum Unternehmen.	
Meiner beruflichen Bildung und Entwicklung fehlt es an Richtung und Engagement.	
Ich lasse mich von den Aufgaben ablenken, die ich mir vorgenommen habe.	
Der Abschluss einer Aufgabe dient nur dazu, mich zur nächsten zu bewegen.	
Die Arbeit ist unbefriedigend und uninspirierend.	

EINE NEUE NACHRICHT

Wenn wir in einem erschöpften Zustand arbeiten, kann es sich wirklich so anfühlen, als ob es uns gut ginge oder wir sogar Fortschritte machten. Schließlich arbeiten wir an unserer Kapazitätsgrenze – und das ist die Botschaft, die wir an uns selbst senden, dass wir alles tun, was wir können. Wenn wir jedoch regelmäßig über unser Energieniveau hinaus arbeiten, in einem nicht erholten Zustand, haben wir wahrscheinlich das Gefühl dafür verloren, was es bedeutet, unser Bestes zu geben. Wir arbeiten vielleicht an der Kapazitätsgrenze, aber nicht so, wie wir es tun würden, wenn wir voll aufgeladen wären. Wir müssen anfangen, diese neue Botschaft zu senden, nämlich dass wir mit *Teilressourcen* alles tun, was wir können, und dass dies zu einem allmählichen, unmerklichen Rückgang führt, bei dem *mehr zu tun* in Wirklichkeit *weniger zu tun* bedeutet.

Sich bei der Arbeit mehr anzustrengen, ist vielleicht ein Weg, um Stress oder Überforderung zu vermeiden oder damit umzugehen, und es könnte eine gewisse Erleichterung schaffen – wenn auch nur vorübergehend.

Dies ist eine weitere Botschaft, die wir uns selbst senden: *Ich baue Stress ab, indem ich mehr tue.* Aber wenn wir über unsere Grenzen hinaus arbeiten, kann dies zu Erschöpfung und einer Anfälligkeit für Stress und Angstgefühle führen. Wenn wir unter diesen Bedingungen noch härter und länger arbeiten, können wir unbewusst die Vorstellung verstärken, dass wir keine Kontrolle mehr haben, dass wir keine Wahl haben und dass wir die Dinge nie in den Griff bekommen werden – es ist einfach alles zu viel. Wenn Sie sich etwas Zeit nehmen, um sich zu erholen, senden Sie eine neue Botschaft: Meine Stärken, Talente und Energie sind von höchstem Wert und wert, bewahrt zu werden – und *ich kann und muss* eine gewisse Kontrolle über sie ausüben.

Erholung kann zu echtem Fortschritt und echter Arbeitsqualität führen – und wir können auf eine Weise arbeiten, die zu einem Gefühl von Kontrolle, Selbstwert und Zufriedenheit beiträgt. Wenn wir in Erholung investieren, können wir unsere Leistung steigern, uns besser fühlen und besser arbeiten. Wir müssen die Botschaft über den Wert von Erholung und Selbstfürsorge neu formulieren und vermitteln.

Hier ist, was die Wissenschaft über die Erholung von den Anstrengungen der Arbeit sagt:[2]

- Erholung steht in einem positiven Zusammenhang mit dem Grad der Produktivität: Die aufgabenbezogene Leistung und selbstinitiierte Verhaltensweisen stehen beide in einem positiven Zusammenhang mit dem Erholungszustand zu Beginn des Arbeitstages;
- Gutes Abschalten am Wochenende korrelierte signifikant mit ‚geringerer wahrgenommener Anstrengung‘ – mit anderen Worten, wenn Sie sich gut erholt haben, fühlt sich dieselbe Aufgabe leichter und besser zu bewältigen an;

2 Kahn, W.A. (1990) Psychological conditions of personal engagement and disengagement at work. *Academy of Management Journal*, 33(4), 692–724. Hobfoll, S.E. (1989) Conservation of resources: A new attempt at conceptualizing stress. *American Psychologist*, 44(3), 513–524. Jansen, N.W.H., Kant, Ij. und van den Brandt, P.A. (2002) Need for recovery in the working population: Description and associations with fatigue and psychological distress. *International Journal of Behavioral Medicine*, 9(4), 322–340. Binnewies, C., Sonnentag, S. und Mojza, E.J. (2009) Daily performance at work: Feeling recovered in the morning as a predictor of day-level job performance. *Journal of Organizational Behavior*, 30(1), 67–93. Binnewies, C., Sonnentag, S. und Mojza, E.J. (2010) Recovery during the weekend and fluctuations in weekly job performance: A week-level study examining intra-individual relationships. *Journal of Occupational and Organizational Psychology*, 83(2), 419–441.

- Produktivität ist abhängig von der Verfügbarkeit psychologischer Ressourcen (unsere ‚kognitiven Ressourcen' sind endlich);
- Arbeiten nach Feierabend und arbeitsbezogene erweiterte Erreichbarkeit können unsere Erholungsprozesse behindern, da ein kognitives Detachment nicht möglich ist – dies steht im Zusammenhang mit psychischer Belastung, Erschöpfung und Burnout;
- Es ist wichtig, sich von den Anstrengungen der Arbeit zu erholen, damit wir zu einem normalen Niveau der kognitiven Funktionen zurückkehren können;
- Die Erholung muss ausreichend sein – andernfalls müssen wir uns am nächsten Tag mehr anstrengen, um ein akzeptables Produktivitäts- und Leistungsniveau zu halten;
- Unzureichende Erholung kann im Laufe der Zeit zu zunehmender Ermüdung führen und eine verstärkte Erholung wäre erforderlich.

ERHOLUNG UND LEISTUNG

In allen Arbeitsbereichen sind die Spitzenkräfte erfolgreich, wenn sie Erholungszeiten und strukturierte Pausen *in* ihr Programm einbauen. **Eine gute Erholung bedeutet eine bessere Leistung.**[3] Unabhängig von Ihrem persönlichen Kontext und Ihrer Situation ist es sehr wohl möglich, die geistige Fitness bei der Arbeit durch effektive und angemessene Erholung zu verbessern. Ein gut erholtes Gehirn kann dabei helfen, hohe Arbeitsbelastungen zu bewältigen, ruhige und konstruktive Gespräche am Arbeitsplatz zu führen und unsere beruflichen Ziele zu erreichen. Wir brauchen keine komplizierten Erholungsstrategien, um weitreichende positive Auswirkungen zu erzielen. Wir können sie einfach, klein und erreichbar halten.

Wenn wir geistig und körperlich von der Arbeit abschalten können, können wir uns erholen; wenn wir uns von der Arbeit erholen können, unterstützt dies ein weiteres Abschalten.

Unser wachsendes achtsames Gewahrsein ist der Schlüssel zu besseren Entscheidungen und zur Schaffung positiver, dauerhafter Bedingungen für Wohlbefinden und Produktivität.

3 Rob Archers *High Performance Routines* bietet großartige Ideen, wie Sie Ihre Energie für sich arbeiten lassen können: www.highperformanceroutines.com

Übung zum aktiven Gewahrsein

Generator zum Gewahrsein von Annahmen

Die Annahmen, die wir über unsere Arbeitsweise haben, beruhen wahrscheinlich auf den Gewohnheiten, die wir entwickelt haben – und vielleicht sehen wir sie gar nicht als Annahmen, sondern als Aussagen über die Realität oder Wahrheit. Vielleicht stimmen Sie einigen der folgenden Aussagen von ganzem Herzen zu, vielleicht aber auch nicht (aber Sie vertreten sie trotzdem):

	✔
Ich kann nicht Nein sagen, weil ich mich dann schuldig fühle bzw. es so aussieht, als ob ich nicht klarkomme oder nicht hilfsbereit bin.	
Ich muss jederzeit verfügbar sein.	
Ich muss in der Lage sein, meine Benachrichtigungen zu überprüfen, sobald sie eintreffen.	
Eine Pause zu machen, ist Luxus.	
Außerhalb der Arbeitszeit ist eine gute Zeit, um sich mit Problemlösungen zu beschäftigen.	
Schnelles Wechseln zwischen Aufgaben ist hilfreich.	
Wenn ich sofort auf die Arbeit reagiere, habe ich das Gefühl, die Kontrolle zu haben.	
Ich fühle mich verpflichtet, zu Meetings zu gehen, wenn ich eingeladen werde.	
Es ist gut, die meiste Zeit sehr beschäftigt zu sein.	
Alles ist immer dringend.	
Struktur und Grenzen werden von den Anforderungen meines Jobs diktiert, nicht von mir.	
Ich komme mit wenig Schlaf aus.	
Wenn ich lange arbeite, kann ich das morgige Arbeitspensum besser bewältigen.	

Bescheid wissen

Die Arten und Weisen, wie wir gelernt haben, auf den Druck der Arbeit zu reagieren, können manchmal produktiv sein, manchmal aber auch nicht (sie sind nicht universell anwendbar oder nicht anwendbar). Wir können nur wissen, welche Reaktion wirklich nützlich und angemessen ist, wenn wir *uns aktiv des gesamten Kontextes der Aufgabe gewahr sind und den Drang oder Zwang, darauf zu reagieren, bemerken.*

Achtsamkeit ist keine präskriptive Praxis, aber ich habe einige Antworten hinzugefügt, die Ihnen helfen werden, die Aussagen aus dem Generator zum Gewahrsein von Annahmen (auf Ihre eigene Weise) zu hinterfragen.[4]

Ich kann nicht Nein sagen, weil ich mich dann schuldig fühle bzw. es so aussieht, als ob ich nicht klarkomme oder nicht hilfsbereit bin.
‚Nein' ist eine gute Standardantwort, wenn ‚Ja' eine minderwertige Leistung bedeutet oder Sie von Ihren Prioritäten ablenkt.
Ich muss jederzeit verfügbar sein.
Erreichbarkeit ist keine Verlässlichkeit. Sie vermittelt den Eindruck, dass Sie Ihre Zeit nicht wertschätzen (warum sollten andere das also tun?).
Ich muss in der Lage sein, meine Benachrichtigungen zu überprüfen, sobald sie eintreffen.
Die Auszeit zu unterbrechen, um Benachrichtigungen zu prüfen, verhindert eine effektive Erholung und unsere Antworten sind möglicherweise nicht effektiv.
Eine Pause zu machen, ist Luxus.
Pausen sind der Treibstoff für Produktivität, Effizienz, Genauigkeit, Stabilität und Gesundheit. Heute länger zu arbeiten, stiehlt Energie für morgen.
Außerhalb der Arbeitszeit ist eine gute Zeit, um sich mit Problemlösungen zu beschäftigen.
Die Arbeitszeiten können und sollten Zeit für Inspiration und kreatives Denken beinhalten.
Schnelles Wechseln zwischen Aufgaben ist hilfreich.
Das Wechseln zwischen Aufgaben ermüdet das Gehirn unverhältnismäßig stark. Am besten ist es, eine Sache nach der anderen zu erledigen oder ähnliche Aufgaben zusammenzufassen.
Wenn ich sofort auf die Arbeit reagiere, habe ich das Gefühl, die Kontrolle zu haben.
Wenn Sie mit Ihren Zielen in Kontakt bleiben (und wissen, was Sie davon abhält), haben Sie ein besseres und echtes Gefühl der Kontrolle.
Ich fühle mich verpflichtet, zu Meetings zu gehen, wenn ich eingeladen werde.
Sie müssen nicht an Meetings teilnehmen, wenn es wenig zu lernen oder beizutragen gibt. Abzusagen oder zu delegieren, ist eine gute Möglichkeit, Zeit zu gewinnen. Hüten Sie sich vor dem Trugschluss versunkener Kosten bei Meetings – Sie können gehen, wenn sich ein Meeting als nicht nützlich erweist.
Es ist gut, die meiste Zeit sehr beschäftigt zu sein.
Geschäftig ist nicht gleichbedeutend mit produktiv. Versuchen Sie es mit kurzen, aufgabenbezogenen Aktivitäten (etwa 30 Minuten) mit strukturierten Pausen dazwischen.
Alles ist immer dringend.
Für ein gestresstes und müdes Gehirn fühlt sich alles dringend an, uns fehlt das Unterscheidungsvermögen. Halten Sie inne, bevor Sie auf ‚dringende' Anfragen oder Forderungen reagieren.
Struktur und Grenzen werden von den Anforderungen meines Jobs diktiert, nicht von mir.

4 Um Ihre Vorstellungen von Produktivität weiter zu hinterfragen und um einige unglaubliche Techniken und Ideen zu finden, empfehle ich Ihnen die Arbeit von Grace Marshall – ihr Buch How to be Really Productive wird in der Leseliste erwähnt.

Achten Sie auf Ihre Zeit, passen Sie Ihre Energie der Aufgabe an und nicht umgekehrt und gehen Sie inkognito, um Dinge zu erledigen (der Flugzeugmodus ist ein großer Gewinn für die Produktivität).
Ich komme mit wenig Schlaf aus.
Schlaf ist lebenswichtig für Produktivität und Gesundheit. Die Beweise für die Vorteile des Schlafs sind überwältigend. Viele Spitzenkräfte halten tagsüber ein Nickerchen: Sie tanken an einem Tag Energie für zwei Tage.
Wenn ich lange arbeite, kann ich das morgige Arbeitspensum besser bewältigen.
Wenn Sie gegen Ende des Tages langsam zur Ruhe kommen (statt hart zu stoppen), schaffen Sie gute Voraussetzungen für eine Erholung; eine gewisse Planung für den nächsten Tag sorgt für ein beruhigendes Gefühl im Hinblick auf das morgige Arbeitspensum.

AKTIVES GEWAHRSEIN

Es kann schwierig sein, eine Pause einzulegen. Es ist sehr leicht, in Reaktivität zu verfallen, wenn wir uns gestresst oder provoziert fühlen oder einfach wahnsinnig beschäftigt sind. Die STOP-Übung, die Sie auf der Website finden, ist nützlich für die Momente, in denen Stress vorprogrammiert ist, sich bereits aufbaut oder in vollem Gang ist! Sie müssen nicht gestresst oder gehetzt sein, um davon zu profitieren. Wie bei allen Achtsamkeitspraktiken kann es sogar eine schützende Wirkung haben, STOP in Ihren Tag einzubauen, wenn Sie ruhig sind.

Versuchen Sie, Ihren Tag mit einem STOP zu unterbrechen, indem Sie entweder eine Erinnerung einrichten oder eine regelmäßige Arbeitsaktivität wählen, mit der Sie es verbinden – zu Beginn oder am Ende einer regelmäßigen Aufgabe, Besprechung oder Aktivität. STOP bietet eine strukturierte ‚Pause', eine Gelegenheit, sich zu sammeln, und ist oft nützlich, um den Kurs Ihres Tages zu korrigieren oder wenn Sie Ihre Energie auffrischen, sich auf etwas Schwieriges vorbereiten oder Ihren Reset-Knopf drücken müssen!

Sie können auch einen neuen Blick auf die ‚Bedingungen für Stress' aus Abbildung 4.1 in Lektion 4 werfen (eine Erinnerung finden Sie unten) und sich vornehmen, in dieser Woche (oder heute) eine Sache zu ändern – vielleicht entscheiden Sie sich für eine frühe Nachtruhe, gehen mit Freundinnen und Freunden aus oder lassen den Perfektionismus hinter sich und stimmen zu, dass ein Projekt *gut genug* ist. Achten Sie auf den Unterschied, den es in Bezug auf Ihr Empfinden macht.

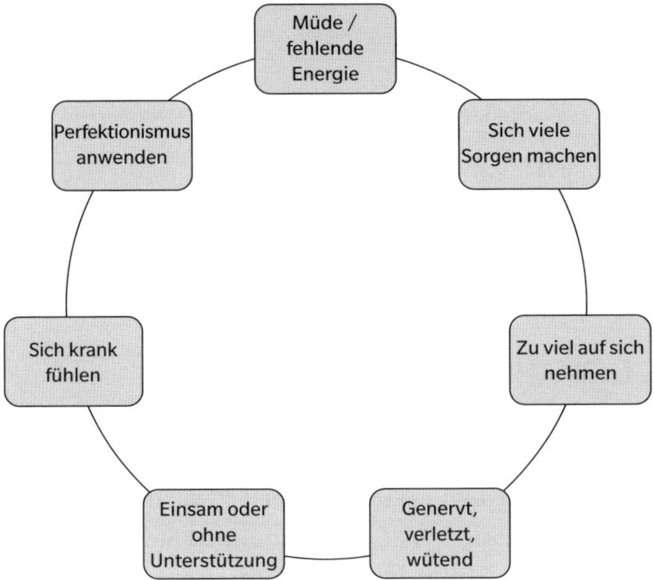

Lektion 6

DEM FEEDBACK DAS BEDROHLICHE NEHMEN

Willkommen zu Lektion 6.

Die kurze Übung, mit der diese Lektion beginnt, bietet uns die Gelegenheit, *in uns zu gehen* und unsere aktuelle Energie, unseren Gemütszustand, unsere Motivation und unseren Fokus wahrzunehmen. Eine solche Übung schafft Selbsterkenntnis, ohne dass wir unter Druck gesetzt werden, uns zu engagieren oder zu versuchen, das, was wir vorfinden, zu ändern. Stattdessen kann sie uns einen Hinweis darauf geben, wie wir die Energie und die Stimmung, die wir haben, am besten und angemessensten nutzen und damit arbeiten können. Sie kann uns auch helfen zu erkennen, ob Selbstfürsorge oder eine Änderung des Fokus oder des Tempos erforderlich sind. Diese Übung kann uns dabei helfen, gute Entscheidungen zu treffen, die sowohl unseren gesundheitlichen Bedürfnissen als auch den Anforderungen unserer Arbeit und unserer Verantwortung besser gerecht werden.

ACHTSAMKEIT ANGEWÖHNEN – DIE BOXENSTOPP-ÜBUNGEN UND DER UMGANG MIT WIDERSTAND

An diesem Punkt des Kurses bietet sich die Möglichkeit einer organischeren Integration der Achtsamkeit in das tägliche Leben an. Um dies zu unterstützen, habe ich eine Reihe von sehr kurzen **Boxenstopp-Übungen** entwickelt, die Sie auf der Website finden können. Wir alle, egal wie erfahren wir in Sachen Achtsamkeit sind, werden Zeiten erleben, in denen wir einfach *keine Lust haben zu üben*. Das merken Sie vielleicht besonders, wenn Sie viel zu tun haben. Dieser *Widerstand* ist ganz normal – Achtsamkeit ist und bleibt störend und Störung bedeutet, Dinge anders zu tun, und anders fühlt sich nicht immer angenehm oder gar willkommen an. Je mehr wir uns daran gewöhnen, bessere Entscheidungen für uns selbst zu treffen, desto mehr lernen wir, die Möglichkeit der Wahl zu erkennen, und können unsere Optionen abwägen. Wir können entscheiden, ob wir so üben, wie wir es geplant hatten, oder ob wir etwas ändern wollen. Es ist hilfreich, wenn wir uns mit unseren eigenen Widerstandsgedanken vertraut machen, wie z.B. „Ich will nicht üben" oder „Ich kann das jetzt nicht" oder „Das mache ich später, wenn ich damit fertig bin". Wenn wir dies bemerken, können wir uns entscheiden, trotzdem zu üben – oder nicht.

Diese sehr kurzen Boxenstopp-Übungen können, weil sie kurz sind, den Widerstand verringern. Sie erinnern Sie daran, dass Sie die Kontrolle über Ihre Aufmerksamkeit haben, dass Sie entscheiden, wohin Sie sie lenken – und dass Achtsamkeit keine langwierige, mühsame Aufgabe sein muss. In vielerlei Hinsicht sind es diese häufigen Achtsamkeits-Boxenstopps, die zur Entstehung Ihrer Achtsamkeitsgewohnheit beitragen. Sie halten Ihre Achtsamkeit wirklich aufrecht, indem sie diese neuen ‚achtsamen' Bahnen im Gehirn mit Leben füllen, und sie sind eine Brücke zwischen den längeren konzentrierten Übungen.

Widerstand in sich tragen

Es ist erstaunlich, wie stark der Drang sein kann, einfach mit dem weiterzumachen, was wir gerade tun oder denken, und dass es sich schon unmöglich anfühlt, auch *nur eine Minute* innezuhalten, und dass dies eine ganze Reihe von Gedankenspielen, Argumenten und Gegenargumenten hervorrufen kann. Es kann nützlich sein, jeden Widerstand mit Interesse zu betrachten. Wenn Sie bemerken, dass die „Ich-will-nicht-üben"-Gedanken auftauchen, sind Sie tatsächlich bereits präsent und achtsam – Sie können achtsam *Widerstand in sich tragen*, er kann einem Zweck dienen. In meiner eigenen Erfahrung habe ich festgestellt, dass ich in der Zeit, in der ich das „Ich-kann-das-jetzt-nicht-machen"-Gespräch bzw. die Debatte mit mir selbst geführt habe, meine Füße auf den Boden hätte legen oder ein paar achtsame Atemzüge machen können. Wenn Sie sich Sorgen machen, dass Ihnen die Motivation zum Üben fehlt, dann kann es interessant sein, sich vor Augen zu führen, dass unsere Tage voller Dinge sind, die wir ohne jegliche Motivation tun – vielleicht habe ich *wirklich* keine Lust, morgens aus dem Bett aufzustehen oder auf dem Heimweg von der Arbeit in den Supermarkt zu gehen, aber wenn ich etwas erledigen und etwas Gutes essen möchte, dann tue ich diese Dinge trotzdem. Mangelnde Motivation muss kein Hindernis sein, um Achtsamkeitspraktiken und aktivitäten auszuüben, die sich weit mehr auszahlen als die anfänglichen paar Minuten Investition, die sie erfordern. Wir können einfach trotzdem üben – versuchen Sie es jetzt!

SELBSTERKUNDUNG

Lektion 5 hat uns geholfen, mit unseren Standardreaktionen vertraut zu werden und, was wichtig ist, die reale Möglichkeit der Veränderung vorgestellt. Wir können beginnen, die Macht des zielgerichteten Gewahrseins zu erkennen und wie es genau dann aktiviert werden kann, wenn wir es brauchen.

Waren Sie in der Lage, während einer stressigen Situation innezuhalten und Ihre Reaktion zu ändern? Haben Sie während der Übung zur achtsamen Annäherung kleine Schritte in Richtung Schwierigkeiten gemacht? Waren Sie in der Lage, sich aus Ihren Gedanken zurückzuziehen und sie mit freundlichem Interesse zu beobachten? Wenn Sie Emotionen im Körper wahrgenommen haben, waren Sie in der Lage, mit ihnen zu arbeiten, um Unbehagen zu lindern? Vielleicht konnten Sie mit der STOP-Übung ein aktives Gewahrsein erreichen.

BEOBACHTUNGEN VON SCHÜLERINNEN UND SCHÜLERN

„Ich fand die Annäherung an eine Schwierigkeit in der Übung ein wenig unecht (mit meinem ‚urteilenden Verstand'), aber ich bemerkte, dass mein Herz ein wenig raste, als ich mir die dienstäglichen Fortschrittsbesprechungen, die wir auf der Arbeit haben, ins Gedächtnis rief. In der nächsten Woche bemerkte ich dasselbe Herzrasen, als ich zur Arbeit ging, und auch ein Gefühl der Aufregung. Ich hatte gar nicht bemerkt, dass die Besprechung mich so beeinflusst hatte. Ich nutzte die Übung des achtsamen Gehens, um etwas Ruhe zu finden. Als ich im Büro ankam, beschloss ich zu sehen, was ich tun kann, um mich besser auf die Besprechung vorzubereiten und den Erwartungsstress, von dem ich jetzt weiß, dass ich ihn verspüre, zu reduzieren."

„Ich versuche immer, alle glücklich zu machen und alles für alle zu sein. Ich hatte nur nicht erkannt, dass dies eine Reaktion auf Stress ist! Ich dachte, es sei einfach so, wie die Dinge sind, so wie ich veranlagt bin. Mir sind die Augen völlig geöffnet worden. Ich habe begonnen zu erkennen, dass ich eine Wahl habe."

„Ich war etwas irritiert von der STOP-Übung. Ich hatte mein Telefon so eingestellt, dass es mich zweimal am Tag daran erinnert, dies zu tun, und war etwas verärgert darüber, dass ich unterbrochen wurde. Aber es hat mich ein paar Mal ‚aufgeweckt', so dass ich merkte, wenn ich bei einer Aufgabe nur auf der Stelle trat. Wenn ich das so lese – ja, es ist ein Störfaktor, also ist die Unterbrechung wohl der Sinn der Sache!"

„Ich bin bei der Arbeit in eine stressige Situation geraten, weil eine wichtige Frist verpasst wurde. Ich habe eine Nachricht verschickt, um die Situation zu erklären, aber ein paar Leute haben das falsch verstanden und mir ziemlich abwehrende Nachrichten geschickt. Ich konnte die Verärgerung und den Stress förmlich in meinem Körper spüren, ich fühlte mich besorgt und ungerecht behandelt, es war so stark. Ich schrieb eine Antwort, zwang mich dann aber dazu, einen ganzen Tag lang zu warten. Dann löschte ich sie und schickte eine andere E-Mail, die die Situation eher beruhigte als anheizte. Das war ein echter Wendepunkt für mich."

ACHTSAMKEIT IN AKTION

Lektion 6 setzt die Arbeit fort, die wir in der letzten Lektion begonnen haben. Sie hilft uns, Achtsamkeit in die Tat umzusetzen, Entscheidungen zu treffen, und zwar bewusst und mit Absicht. Das ist aufregend und viele finden, dass diese letzten Lektionen das Spiel verändern. Lassen Sie uns weiter verfeinern, aufbauen, anpassen und manövrieren, um herauszufinden, wie wir Achtsamkeit wirklich auf sinnvolle und transformative Weise in unseren Alltag integrieren können. Die stabilisierende Wirkung der

Achtsamkeit und die Einsicht und Klarheit, die sie mit sich bringt, kann sich besonders positiv auf unsere *Interaktionen mit anderen Menschen* auswirken, die – da sind wir uns sicher alle einig – eine Quelle von Stress sein können! Wenn wir von anderen unter Druck gesetzt werden, verschwinden unsere gut gemeinten ruhigen Reaktionen und Einsichten oft schnell – gerade dann, wenn wir sie am meisten brauchen!

Das Thema von Lektion 6 ist *achtsame Beziehung und Kommunikation.*

DER WERT (UND DIE KOSTEN) DER HARMONIE

Der Mensch ist von Natur aus ein soziales Wesen. Die Beziehung und Kommunikation mit anderen Menschen können einen großen Einfluss auf unser emotionales Wohlbefinden, unser Selbstvertrauen und unser Wachstum haben. Die Arbeit mit anderen Menschen kann Freude und Motivation bringen – sie gibt uns das Gefühl, Teil von etwas zu sein, das größer ist als wir selbst, und kann Gefühle von Selbstwert und Zugehörigkeit hervorrufen. Die Interaktion mit anderen kann aber auch unangenehm, unvorhersehbar, verletzend und stressig sein. Konflikte und Schwierigkeiten können und werden auch mit denjenigen auftreten, denen wir vertrauen und mit denen wir uns gut verstehen – das ist normal und oft notwendig. Unterschiedliche Ansichten und die Notwendigkeit, zu hinterfragen, zu widersprechen, zu diskutieren und manchmal schwer verständliches Feedback zu geben und zu erhalten, sind gesund und können positive Beziehungen, Leistung und Kreativität fördern. Sie können zu echten Problemlösungen anregen und den persönlichen, beruflichen und geschäftlichen Erfolg fördern. Konflikte selbst sind ein Zeichen dafür, dass etwas diskutiert, gelöst oder bearbeitet werden muss. Es kann schwer sein, Meinungsverschiedenheiten als einen notwendigen und gesunden Teil des Arbeitslebens zu betrachten – weil sie sich schwierig anfühlen. Wir sehen sie eher als etwas an, das im Weg steht, das wir abschalten müssen oder das wir am besten ignorieren sollten. Das ist ganz natürlich und ein weiteres Beispiel für das normale reflexartige Denken und die automatischen Reaktionen, die Menschen gegenüber Bedrohungen oder unangenehmen Dingen haben. Wenn wir jedoch schwierigen Situationen (oder Menschen!) weiterhin *aus dem Weg gehen*, kann dies äußerst kontraproduktiv sein. Wenn wir Konflikten kein Ventil geben, kann dies zu einem unangemessenen Streben nach Freundlichkeit am Arbeitsplatz führen. Dies kann sich in bedingungsloser Konformität, Resignation vor dem Mittelmaß, mangelnder Innovation und ‚Gruppendenken' äußern, bei dem die Menschen mitmachen, um zurechtzukommen und die Harmonie zu erhalten. Es mag sich im Moment einfacher anfühlen, einen Konflikt zu ignorieren, aber letztendlich führt dies dazu, dass schlechte Gefühle in den Untergrund getrieben werden und die Möglichkeit, reinen Tisch zu machen oder kreative Lösungen zu finden, im Keim erstickt wird – und das kann zu dysfunktionalen Entscheidungen führen. Das Vermeiden von schwierigem Feedback (sowohl beim Geben als auch beim Empfangen) kann auch Dinge verschleiern, die in einem Team oder einer Organisation nicht gut laufen, und es kann unbeabsichtigt Unfairness oder Ungleichheit fördern, was aufgrund mangelnder Verantwortlichkeit zu Ressentiments führt. Es kann sein, dass wir schlechtes Verhalten bei anderen dulden, es sogar als normal ansehen oder uns sagen: „Na ja, so sind die Dinge hier eben".

Die Evolution der Disharmonie

Wenn Meinungsverschiedenheiten und Konflikte normal, unvermeidlich und notwendig sind, warum fühlen sie sich dann so unerwünscht oder gefürchtet an? Warum können sich ‚Feedback'-Diskussionen am Arbeitsplatz so unangenehm anfühlen?
Die Antwort finden wir in unserer Evolutionsgeschichte: Der Mensch ist auf Harmonie ausgerichtet, weil die Zugehörigkeit zu einer Gruppe der Schlüssel zu seinem Überleben war. Disharmonie schuf die Möglichkeit, aus der Sicherheit einer Gemeinschaft ausgestoßen zu werden, was eine ernsthafte Bedrohung für das Überleben gewesen wäre. Wir können dies auch auf die heutige Zeit und auf den Arbeitsplatz, die Familie und den Freundeskreis übertragen. Jede Art von ‚schwieriger' Kommunikation, Kritik, Meinungsverschiedenheiten, Missverständnissen – einschließlich Feedback geben und erhalten – kann als *Bedrohung* interpretiert werden. Es ist uns sehr wichtig, was andere über uns denken; wir wollen dazugehören und jeder Hinweis auf Ausgrenzung lässt die Alarmglocken läuten. Am Arbeitsplatz beruht unser Gefühl von Respekt und Sicherheit nicht nur auf unseren Leistungen und beruflichen Erfolgen, sondern auch auf der Wertschätzung, die wir für uns selbst empfinden.

UNSERE KOMMUNIKATIONSMUSTER KENNEN

Zu wissen, warum wir Konflikte, Feedback oder schwierige Situationen als bedrohlich empfinden, ist nützlich, denn es kann unsere Gefühle normalisieren. In seinem Buch *Gesund durch Meditation* beschreibt John Kabat-Zinn[1] dies als „Stressfaktor Mitmensch". Er erklärt, wie ein achtsamer Ansatz uns helfen kann, mit schwierigen Kommunikationen umzugehen, indem er uns hilft, unsere Standard-Denkmuster und etwaige Fehlreaktionen zu erkennen. Achtsamkeit veranlasst uns, unsere (oft unbewusste) Wahrnehmung einer Situation als potenziell bedrohlich anzuerkennen. Sie hilft uns zu verstehen, dass es menschlich ist, sensibel darauf zu reagieren, wie andere uns wahrnehmen, und dass es ganz natürlich ist, den Verlust des Gefühls der Zugehörigkeit, des Respekts oder des Ansehens zu fürchten. Achtsamkeit hilft uns, diese Ängste zu erkennen, wenn sie am Arbeitsplatz ausgelöst werden, z.B. wenn wir einer Person begegnen, die feindselig, herausfordernd oder aggressiv ist, oder wenn wir das Gefühl haben, dass wir missverstanden oder falsch dargestellt wurden. Unsere Ängste können auch ausgelöst werden, wenn wir einen Fehler zugeben, ein Versagen eingestehen oder unsere Handlungen erklären oder verteidigen müssen. In jeder dieser und weiterer Situationen empfinden wir wahrscheinlich Stress. Achtsamkeit deckt den emotionalen Schmerz in diesen Situationen auf und gibt uns die Möglichkeit, diesen als normalen, menschlichen Ausdruck unseres *Bedürfnisses nach einer Bestätigung, dass wir noch dazugehören*, anzuerkennen. Wir können unsere anschließenden Reaktionen als Versuche erkennen und verstehen, die Wertschätzung, die uns entgegengebracht wird, wiederherzustellen oder zu verbessern. Wir können auch bedenken, dass unsere Reaktionen (unter Stress) möglicherweise nicht zur Lösung oder Harmonie beitragen – oder unseren eigenen Werten zuwiderlaufen. Achtsamkeit erinnert uns in dieser Hinsicht daran, dass wir Menschen sind und dass Menschen zwanghaft und unbewusst reagieren. Daniel Goleman beschreibt dies als ‚Überfall des Mandelkerns',[2] bei dem der rationale Teil des Gehirns (der präfrontale Kortex) die Stressreaktion nicht mit Perspektive oder emotionaler Regulierung moduliert; dies kann dazu führen, dass wir uns ‚untypisch' verhalten. Beispiele für diese Verhaltensweisen finden Sie in Abbildung 6.1.

1 Kabat-Zinn, J. (2013) *Gesund durch Meditation. Das vollständige Grundlagenwerk zu MBSR*, Barth (siehe Kapitel 28).

2 Goleman, D. (1997) *Emotionale Intelligenz*, dtv (siehe 31–49).

ABBILDUNG 6.1 Illustration der Arten von Reaktionen, die durch den ‚Stressfaktor Mitmensch' ausgelöst werden können

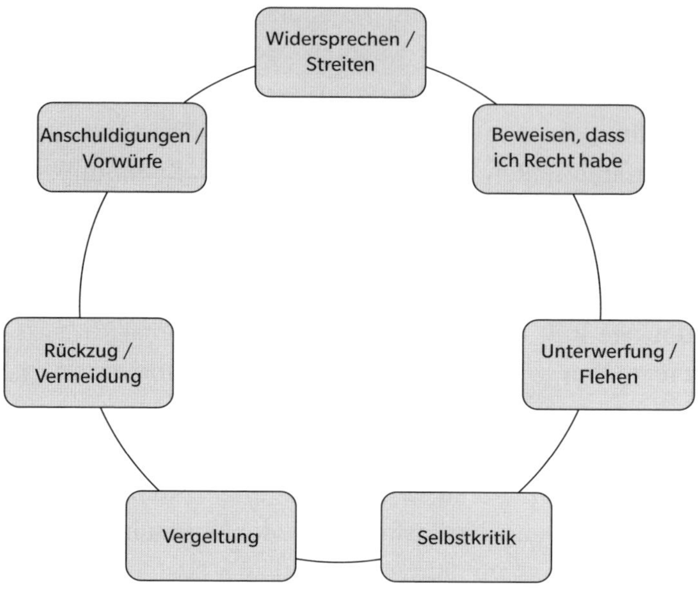

Wenn Sie das Gefühl haben, dass Sie es brauchen, machen Sie hier eine kurze Pause. Dieses Lernen kann schwierig sein und emotionale Situationen hervorrufen – vergangene, aktuelle oder erwartete. Spüren Sie Ihre Füße auf dem Boden oder atmen Sie ganz bewusst. Nehmen Sie wahr, was im Bereich Ihrer gegenwärtigen Erfahrung, hier und jetzt, in Ihrem Körper und Geist auftaucht.

Unsere Reaktionen machen uns nicht zu ‚schlechten Menschen' und sie bedeuten nicht, dass wir unfähig sind, damit umzugehen, oder dass es uns an Professionalität mangelt. Wir sind keine schlechten Menschen, wenn wir um uns schlagen oder beweisen wollen, dass wir Recht haben, oder wenn wir das Gefühl haben, um jeden Preis gewinnen zu müssen; es bedeutet nur, dass wir Menschen sind und wir alle der gleichen Biologie unterliegen – dem Bedürfnis, dazuzugehören und zu überleben. Unsere Reaktionen mit Mitgefühl und Ehrlichkeit wahrzunehmen, ist der erste Schritt auf dem Weg, die Verantwortung für die Entscheidungen zu übernehmen, die wir treffen. Vor ein paar Jahren unterstützte ich jemanden bei einem Arbeitskonflikt und sie sagte: „Ich würde lieber über heiße Kohlen gehen, als dieser Person auf halbem Weg entgegenzukommen.“ Sie meinte es ernst. Sie fühlte sich unglaublich gekränkt und verletzt – und ich kann Ihnen versichern, dass sie kein ‚schlechter Mensch‘ war und ist. Sie war ein verletzter Mensch. Achtsamkeit wird den emotionalen, reaktiven Schmerz, den wir in Konfliktmomenten empfinden, nicht stoppen, aber sie kann die Flammen löschen und uns die Werkzeuge und die emotionale Stabilität geben, um sie effektiv zu bewältigen.

Wie wir aus früheren Lektionen wissen, treiben uns unsere biologischen Reaktionen, wenn wir unter Stress stehen, *aus dem Gewahrsein* und der Rationalität in *eine automatische Reaktivität*, die sich wie eine Lähmung oder eine unaufhaltsame Eigendynamik anfühlen kann. Ich bin mir sicher, dass es keine Leserinnen und Leser gibt, die sich nicht schon einmal gewünscht haben, etwas, das sie gesagt oder getan oder in einer E-Mail geschrieben haben, ungeschehen machen zu können. Und ebenso werden die meisten von uns schon einmal Zeit damit verbracht haben, über ein Szenario nachzudenken oder es im Kopf noch einmal durchzuspielen – vielleicht mit anderen Antworten als denen, die wir damals gegeben haben. Denken Sie daran, dass auch dies normal und eine ererbte Strategie ist, mit der wir versuchen, aus Erfahrungen zu lernen – aber es kann schmerzhaft sein, wenn wir zulassen, dass es von alleine weiterläuft. Achtsames Gewahrsein bedeutet nicht, dass wir jedes Mal alles richtig machen. Es ist keine Garantie für Gelassenheit angesichts von Provokationen oder gefühlter Bedrohung, aber Sie können Ihre Achtsamkeitsfähigkeiten nutzen, um:

- Gefühle auf gesunde und kontrollierbare Weise ins Bewusstsein zu bringen;
- für uns selbst und andere Mitgefühl zu zeigen;
- die emotionale Regulierung zu unterstützen und Verantwortung für unser Handeln zu übernehmen;
- eine Pause herbeizuführen, in der Stress abgebaut werden kann;
- die Möglichkeit klügerer, ruhigerer Entscheidungen – anstelle von Reaktivität – in den Vordergrund zu stellen; und
- Gefühle des Bedauerns und der Selbstbestrafung zu verhindern oder damit umzugehen.

ERWEITERN SIE DEN KONTEXT – WAS IST KOMMUNIKATION?

Kommunikation ist buchstäblich ein *Zusammentreffen von Meinungen*, ein Prozess des Austauschs. Es geht dabei nicht unbedingt um *Zustimmung*, wir können auch ohne Zustimmung effektiv kommunizieren, aber eine solide, hilfreiche Kommunikation erfordert, dass wir das Thema oder die Situation *von allen Seiten* betrachten, nicht nur von unserem eigenen Standpunkt aus. Das ist eine menschliche Eigenschaft, die man feiern sollte, und der Verstand ist dafür gut gerüstet – die Fähigkeit der Empathie ist auch für unser Überleben hilfreich. Es schränkt uns selbst ein, wenn wir uns so sehr auf *unsere* Sichtweise versteifen, dass wir eine andere Position nicht einmal in Betracht ziehen können. Wenn wir dies beibehalten würden, könnten wir uns nur mit den Menschen identifizieren, die genau unsere Ansichten teilen. Fortschritte werden selten, wenn überhaupt, dort gemacht, wo dieselben Ansichten verstärkt und untermauert werden. Achtsamkeit bringt Gewahrsein, Ruhe und Mitgefühl mit sich, was die Bereitschaft fördert, alternative und sogar gegensätzliche Ansichten anzuerkennen. Es kann sich unglaublich schwer anfühlen, sich in die Lage einer anderen Person hineinzuversetzen, vor allem, wenn wir das Gefühl haben, von ihr ungerecht behandelt worden zu sein, oder wenn wir sie als ‚Bedrohung' gekennzeichnet haben. Wir müssen nicht mit jeder Ansicht übereinstimmen oder schlechtes Verhalten hinnehmen, aber wir können anerkennen, dass es eine andere Ansicht gibt und dass es dafür Gründe gibt – egal, für wie unangebracht oder falsch informiert wir sie halten. Dies ist nützlich für uns *und* für Situationen, in denen wir unweigerlich in Meinungsverschiedenheiten geraten – selbst wenn die andere Person nicht in der Lage ist, dies zu erwidern. Wenn *Sie* die Situation als Ganzes sehen und sich auf eine andere Sichtweise einlassen können, verändert sich die Dynamik der Kommunikation und kann sich weiterentwickeln. Sie werden feststellen, dass Sie die Dinge am Ende natürlich klarer (von allen Seiten) sehen und mehr Einfluss haben als zuvor. Wenn wir eine schwierige Situation mit Offenheit angehen, können wir verhindern, dass wir aufgrund der Worte, des Verhaltens oder der Agenda einer anderen Person in Reaktivität verfallen – und damit die Kontrolle an diese Person abtreten. Sie treibt *Sie* buchstäblich auf die Palme. In einem achtsamen Raum können wir vielleicht hinterfragen, warum wir uns von jemandem aus dem Gleichgewicht bringen lassen sollten, gerade dann, wenn wir dieses Gleichgewicht brauchen, um die Situation zu meistern. Wenn wir lernen, auch nur ein wenig Ruhe zu bewahren, können wir uns in eine Position bringen, in der wir weniger in emotionaler Reaktivität gefangen sind und ein wenig fester stehen können. Wir werden uns nicht völlig ruhig fühlen, aber gerade so viel, dass wir die Details der aktuellen Erfahrung wahrnehmen können. Andere mögen immer noch an ihrer Agenda festhalten und zu ihren Worten stehen oder sich weiterhin schlecht verhalten, aber das muss Sie nicht weiter destabilisieren. Das Gleiche gilt, wenn es sich um Ihre eigene Agenda handelt. Wenn Sie für sich selbst argumentieren, ist es besser, dies unter Einbezug aller Perspektiven zu tun – Einwände oder Alternativen zu verstehen und *damit zu arbeiten*, kann Ihrer eigenen Sichtweise mehr Farbe und Definition verleihen.

All das, was ich beschreibe, beruht auf Gewahrsein, auf Wahrnehmen und Innehalten (wenn auch nur minimal) und stellt ein Beispiel dafür dar, wie Achtsamkeitstechniken *Ruhe und Kontrolle vermitteln.* Unsere Achtsamkeit wird von der anderen Person als bereitwilliges Engagement, Format, Stärke und Ausgeglichenheit wahrgenommen werden – und signalisiert die Möglichkeit einer konstruktiven Kommunikation. Sie wird eher bereit sein, Ihnen zuzuhören. Wir sollten uns darüber im Klaren sein, dass dies alles nicht einfach ist und dass wir in schwierigen Gesprächen und Konflikten immer wieder zu unseren achtsamen Momenten zurückfinden müssen. Wir können dabei auch stolpern und versagen. Wir sind auch nur Menschen, aber mit einer nachhaltigen Achtsamkeitspraxis können wir unsere inneren Ressourcen wirklich sammeln und nutzen.

Hier sind einige der Möglichkeiten, wie achtsame Kommunikation helfen kann:

- die Bereitschaft, ein schwieriges Treffen oder Gespräch anzustoßen und anzugehen, anstatt zuzulassen, dass es sich hochschaukelt und drohend über uns hängt, was die Dinge durch Vermeidung vielleicht noch schlimmer macht;
- aufmerksames Zuhören, die Fähigkeit, eine andere Perspektive anzuerkennen – lässt uns stark, freundlich und professionell kompetent erscheinen;
- die Offenlegung von gemeinsamen Interessen fördern – eine Situation erleichtern und verarbeiten;
- verzögertes Handeln, achtsames ‚Sammeln', ein Raum, in dem sich die Emotionen beruhigen können;
- absichtsvoll sprechen, schreiben oder kommunizieren – Ihr weisestes, ruhigstes und geschicktestes Selbst in eine Situation einbringen.

Unser Achtsamkeitstraining wird jetzt mit einer grundlegenden Achtsamkeitsübung fortgesetzt.

LEKTION 6 Konzentrierte Achtsamkeitsübung

In dieser Lektion stellen wir Ihnen die *Sitzübung* vor, die eine Vielzahl von Stufen und verschiedene Arten der Aufmerksamkeitsfokussierung umfasst. Sie sollten sich dafür Zeit nehmen und wie immer, wenn Ihnen etwas zu viel oder zu kompliziert erscheint, können Sie innehalten und zu einer der früheren Übungen zurückkehren.

Vorbereitung

Wählen Sie einen Ort zum Üben, an dem Sie nicht gestört werden. Dies ist eine etwas längere Übung, achten Sie also besonders auf Ihren Komfort.

Achtsame Signale

Die faszinierende Forschung von Ellen Langer zeigt, dass achtsames Zuhören und Wahrnehmen bei der Kommunikation und Interaktion mit anderen uns in die Lage versetzt, ‚offen für Signale' zu sein, so dass wir mit größerer Wahrscheinlichkeit bemerken, wenn jemand unser Verhalten kategorisiert oder verurteilt. In ihrem Beispiel spürt eine Geschäftspartnerin, dass sie von einer Person in ihrem Kollegenkreis negativ als *starr oder unflexibel* eingestuft wird. Mit achtsamer Offenheit kann sie erklären, dass sie in einer Geschäftsbeziehung Wert auf Beständigkeit und Vorhersehbarkeit legt.[3] Wenn die andere Person auch für Kommunikationssignale offen ist, kann sie diese neuen Informationen aufnehmen. Die Offenheit und Achtsamkeit für diese Kommunikationssignale kann dazu führen, dass

3 Langer, E. (2015) *Mindfulness. Das Prinzip Achtsamkeit. Die Anti-Burn-out-Strategie*. Vahlen, 69–71.

unterschiedliche Standpunkte anerkannt werden und die Möglichkeit besteht, neue Informationen zu geben und zu empfangen. So entstehen eine kontinuierliche Feedbackschleife und ein Kommunikationsstil, der das Gleichgewicht wiederherstellen und aufrechterhalten oder eine Beziehung korrigieren kann. Ich habe die Erfahrung gemacht, dass die andere Person selbst dann, wenn sie zunächst nicht offen oder ansprechbar ist, dazu neigt, die von uns ausgesandten Verhaltenssignale der Offenheit und Gelassenheit aufzugreifen.

Achtsame Haltungen der Großzügigkeit, Offenheit und des Mitgefühls sind wertvolle Qualitäten für eine effektive Kommunikation am Arbeitsplatz und helfen, Missverständnisse zu beseitigen und Konflikte zu lösen. Vielleicht unterschätzen oder missachten wir diese Qualitäten oder nehmen an, dass sie ‚Schwäche' vermitteln. Vielleicht wurde uns beigebracht, dass robuste, aggressive oder defensive Reaktionen ‚stärker' sind, aber das lässt uns unvernünftig oder weniger kontrolliert erscheinen. Achtsame Haltungen helfen uns, Schwierigkeiten mit Würde, Pragmatismus, Unterscheidungsvermögen, Authentizität und Menschlichkeit anzuerkennen – dies sind starke Einflüsse, die sich am Arbeitsplatz (und im Leben!) positiv auswirken. Sie helfen uns auch, eine ausgewogene und gerechtere Sichtweise auf Menschen einzunehmen, mit denen wir ‚im Konflikt' stehen, denn es ist nur allzu leicht, *die Person als das Problem* zu definieren und nur dieses Problem zu sehen.

Zusammenfassung

- Feedback, Meinungsverschiedenheiten oder Konflikte lösen die Stressreaktion aus – **das Gehirn setzt Disharmonie mit Ablehnung gleich**, was evolutionär gesehen zu schlechten Überlebensergebnissen führt.
- Vermeidung von Konflikten schadet jeder Organisation, Gruppe, Familie oder jedem Team und kann zu Dysfunktion, der Aufrechterhaltung von schlechtem Verhalten, Ressentiments, verengten Sichtweisen und einem Mangel an kreativen Lösungen führen. **Konflikte sind ein Zeichen dafür, dass etwas angegangen werden muss oder bereit ist, sich zu entwickeln.**

- Achtsamkeit kann uns helfen, den ‚Stressfaktor Mitmensch' wahrzunehmen und anders mit ihm umzugehen. Wir können **unsere Reaktionen normalisieren** und alle ‚großen' Emotionen mit Mitgefühl erkennen. Sie sind Zeichen für unser **menschliches Bedürfnis nach der Bestätigung, dass wir dazugehören**.
- Kommunikation kann schwierig sein, wenn wir unter dem Einfluss von Stress stehen. Mit Achtsamkeit können wir **die Notwendigkeit eines Meinungsaustauschs erkennen** und die Vorteile eines **breiteren Kontextes und der Offenheit für alternative oder entgegengesetzte Ansichten** nutzen.
- Achtsamkeit als Teil einer schwierigen Kommunikation verhindert, dass wir uns in die Agenda der anderen Person oder in eine emotionale Reaktivität hineinziehen lassen, die destabilisierend ist. **Ein achtsamer Moment hilft uns, für uns selbst einzutreten, und bringt uns mit Würde, Mitgefühl und Authentizität voran.**

Aktivitäten in Lektion 6

LEKTION 6 Konzentrierte Achtsamkeitsübung

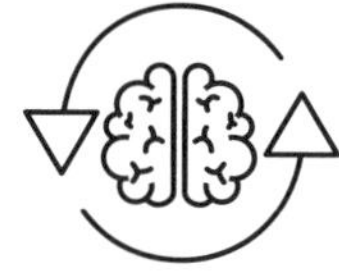

Verwenden Sie in dieser Lektion jeden Tag die *Sitzübung* oder wechseln Sie sie mit einer anderen Übung ab, die sich für Sie richtig anfühlt.

Sie können Ihre Erfahrungen mit Hilfe des *Kommunikationskalenders* reflektieren – vollständige Anweisungen und Beispiele finden Sie auf der Website.

Betrachten Sie alle Aktivitäten wie immer als Einladung, bleiben Sie im Rahmen Ihrer Möglichkeiten und nehmen Sie jede Zurückhaltung oder jeden Widerstand mit Freundlichkeit und Geduld zur Kenntnis.

Wenn Sie noch keinen *Tag der Achtsamkeit* geplant haben, sollten Sie dies in Erwägung ziehen.

Vertrauen Sie auf Ihren Instinkt, wann Sie bereit sind, zu Lektion 7 überzugehen.

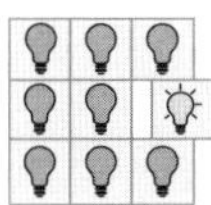

Achtsame Unterbrechung

Versuchen Sie, mindestens einmal pro Tag eine andere Boxenstopp-Übung zu machen.

Es kann hilfreich sein, diese Übungen mit regelmäßigen Aktivitäten in Ihrem Tag zu verbinden, damit sie als Aufforderung dienen.

Und wenn Sie jemand wirklich bedrängt, ist ein Boxenstopp eine perfekte erste Reaktion und kann als Schutzschalter dienen, der weniger hilfreiche Reaktionen unterbricht.

Wie bereits erwähnt, sind diese Übungen eine Brücke zwischen Ihren längeren, konzentrierten Übungen. Auch wenn sie sehr kurz sind, sollte ihre Bedeutung nicht unterschätzt werden.

Kapitel 7

STABILITÄT IN ERMANGELUNG VON GEWISSHEIT

In meiner beruflichen Laufbahn als Trainerin und Mentorin gibt es ein Thema, das immer wieder auftaucht: die Auswirkungen von Veränderungen – sei es im Zusammenhang mit einem neuen Job, einer neuen Rolle oder einer neuen beruflichen Ausrichtung, mit dem Antritt, dem Ausscheiden oder der Rückkehr ins Berufsleben oder mit den Auswirkungen von Umstrukturierungen oder Entlassungen. Es gibt eine ganze Reihe von Reaktionen auf Veränderungen: Aufregung, Motivation und Inspiration, aber auch Furcht, Angst und Sorge. Wir werden diesen Zwiespalt erforschen und feststellen, dass Veränderungen zwar unsere Widerstandsfähigkeit auf die Probe stellen und sich manchmal beunruhigend anfühlen können, aber auch notwendig und wünschenswert sind und eine Gelegenheit zum Lernen und Wachsen bieten können. Durch die Normalisierung und Erläuterung der üblichen Gefühle und Reaktionen auf Veränderungen wird deutlich, dass die Angst vor der *Ungewissheit* im Mittelpunkt steht. Ein Verständnis dafür wird uns helfen, die Art und Weise, wie wir an Veränderungen herangehen, neu zu gestalten und zu transformieren. Wir werden sehen, wie wir der Unsicherheit mit Hilfe unseres Achtsamkeitstrainings und unserer Techniken auf neue und nützliche Weise begegnen können.

VERÄNDERUNG

Der menschliche Geist ist intrinsisch motiviert durch das Bedürfnis, zu lernen und voranzukommen, zu entdecken, zu verbessern und zu erneuern. Als Spezies passen wir uns ständig an neue Dinge und neue Herausforderungen an – und das haben wir während unserer gesamten Evolutionsgeschichte getan, denn das hat unser Überleben gesichert. Der Wandel ist im Leben allgegenwärtig und nichts, buchstäblich nichts, bleibt gleich. Die Welt um uns herum ist ständig in Bewegung. Selbst auf zellulärer Ebene verändert sich der menschliche Körper – neue Zellen bilden sich und alte Zellen sterben ab. Wir *bewegen uns durch* eine sich ständig verändernde Welt und sind *Teil davon* und wir werden uns unser ganzes Leben lang verändern und anpassen. Der Mensch mag jedoch auch Stabilität, und das ist in vielerlei Hinsicht sinnvoll für uns – Vertrautheit und Routine sind, wie wir bereits gesehen haben, effektiv und effizient. Wenn wir jedoch versuchen, die Welt im Dienste der Routine oder der Vorhersehbarkeit stillzuhalten, kann dies kontraproduktiv für unser Wohlbefinden und unsere Lebenschancen sein. Das soll nicht heißen, dass alle Veränderungen positiv sind, aber wenn wir uns *reaktiv* gegen Veränderungen wehren, verwehren wir uns die Möglichkeit zur achtsamen Reflexion und Bewertung. Die Besorgnis, das Unbehagen oder die Angst, die wir in Zeiten des Wandels bei der Arbeit oder in der Karriere empfinden, sind in der Regel auf Gefühle der *Ungewissheit* zurückzuführen.

ACHTLOSIGKEIT UND WARUM WIR NACH GEWISSHEIT STREBEN

Gewissheit gibt uns Trost durch gefühlte Sicherheit und Wissen. Es ist sehr menschlich, *wissen zu* wollen und Garantien zu haben oder zumindest das Gefühl, dass unsere Umgebung vorhersehbar ist. Wenn sich die Dinge sicher anfühlen, können wir uns auf den Autopiloten verlassen. Dies ist eine effiziente Nutzung unserer Energie und unserer kognitiven Ressourcen und daher für unser Gehirn von Vorteil. Wir fühlen uns wohl, können uns entspannen und müssen nicht viel nachdenken. Wir handeln auf der Grundlage gesicherter Kompetenz und Fähigkeit und gehen davon aus, dass wir alle Informationen darüber haben, wie die Dinge sind. Wenn die Dinge sicher sind, folgen wir ausgetretenen Pfaden, Routinen und Annahmen; wir tun, was wir immer getan haben, auf die Art und Weise, wie wir (oder andere) es immer getan haben.

Das ‚achtlose' Arbeiten schafft zwei große Herausforderungen. Erstens verweigern wir uns selbst die Möglichkeit der Bewertung/Neubewertung und des Lernens – denn *Gewissheit* bedeutet, dass es *keine anderen Möglichkeiten gibt* (denken Sie daran, dass wir uns unserer Unwissenheit nicht bewusst sind!). Zweitens erschaffen wir eine Illusion oder eine falsche Vorhersage von Gewissheit und glauben an sie. Wie wir bereits besprochen haben, ändern sich die Dinge immer, manchmal unmerklich und manchmal immens. Wenn wir uns unbewusst sicher sind, werden Veränderungen, die uns aus diesem Zustand aufrütteln, eher Stress auslösen – und wenn wir die

Gelegenheit haben, etwas für uns selbst zu ändern, halten wir uns zugunsten der Gewissheit zurück.

Es ist wahrscheinlich, dass wir Gewissheit als gut (bekannt, effizient, vorhersehbar, sicher) und Ungewissheit als schlecht (riskant, mühsam und unvorhersehbar) eingestuft haben. Sowohl das Arbeiten mit Gewissheit (Routine und Gewohnheit) als auch das Streben nach Gewissheit (angetrieben durch Stress) geschehen auf Autopilot. Das Streben nach Gewissheit in Zeiten erwarteter oder tatsächlicher Veränderungen bedeutet in der Regel, dass wir versuchen, Veränderungen zu vermeiden, indem wir versuchen, die Dinge gleich zu halten. Es gibt viele Möglichkeiten, wie wir dies bei der Arbeit versuchen können.

Wenn wir mit **aufgezwungenen Veränderungen** konfrontiert werden, sei es durch organisatorische Veränderungen oder neue Arbeitsweisen, versuchen wir vielleicht, unseren Anspruch geltend zu machen, unser Profil zu schärfen oder umgekehrt nicht in Erscheinung zu treten. Oder wir übernehmen zusätzliche Aufgaben oder verkomplizieren die Dinge, um unseren Wert zu demonstrieren – alles, um das Vertraute zu erhalten und unseren Platz darin zu behaupten. Wir könnten uns verbeißen und an unserer Art, die Dinge zu tun, festhalten. Wir könnten versuchen, die Kontrolle zu übernehmen, wo immer das möglich ist, versuchen, das zu beeinflussen, was wir nicht kontrollieren können, und uns über das sorgen, was wir nicht beeinflussen können. Zynismus und der Wunsch, Veränderungen scheitern zu sehen, sind ebenfalls häufige automatische Reaktionen, die darauf abzielen, die Aufrechterhaltung der Gewissheit zu unterstützen, indem sie das Neue diskreditieren. Wir werden von Zwang angetrieben. In diesem Zustand haben wir wenig oder gar keine Gelegenheit, unsere menschlichen Fähigkeiten und Eigenschaften wie Kreativität, Rationalität, Stabilität, Offenheit und Unterscheidungsvermögen zu entfalten. Wir sehen keine Gelegenheit, sondern eine Bedrohung; wir lassen uns nicht darauf ein, wir vermeiden es.

Das Ankämpfen gegen die Ungewissheit kann auch **selbstinitiierte Veränderungen** verhindern. Vielleicht haben wir die Liebe zu unserem Job verloren oder glauben, dass wir unsere Flügel ausstrecken oder etwas Neues ausprobieren müssen, aber das Bedürfnis nach Gewissheit (und die Angst vor Ungewissheit) kann uns zurückhalten. Was wir wissen und vorhersagen können, *auch wenn es nicht zufriedenstellend* ist, kann dem ‚Risiko' der Veränderung vorzuziehen sein.

Es geht hier nicht darum, zu diskutieren, ob eine Veränderung gut, schlecht oder neutral ist. Wir sollten nie davon ausgehen, dass jede Veränderung für ein Unternehmen, eine Organisation oder eine Person positiv ist. Der Punkt ist, dass zwanghaftes und reaktives Handeln auf Autopilot eine *bewusste Auseinandersetzung* verhindert. So können wir die Arten oder Möglichkeiten von Veränderungen nicht erkennen und uns nicht genug mit der Realität und dem größeren Kontext auseinandersetzen, um sie zu erkunden. Wenn sich bei der Arbeit Veränderungen abzeichnen, geraten wir leicht in eine Warteschleife des Denkens, der Vorhersagen, der Besorgnis und der negativen Reaktivität, die Treibstoff verbrennt, während wir im Kreis fliegen. Irgendwann werden wir landen müssen. Wenn sich Veränderungen ankündigen, ist es besser, sich von Anfang an so offen wie möglich auf sie einzulassen, damit wir einen kontrollierten Abstieg in eine möglicherweise interessante neue Landschaft planen können. Wenn wir dies tun, werden die negativen Reaktionen und der Stress abnehmen (durch Annäherung) und wir werden vielleicht feststellen, dass das Ausmaß der Veränderung nicht so groß ist, wie wir vorhergesagt haben, und dass unsere Fähigkeit, mit den aufgezwungenen Veränderungen umzugehen, größer ist, als wir dachten. Wenn die Veränderung nicht positiv ausfällt, können wir das Selbstvertrauen gewinnen, zu neuen Ufern aufzubrechen oder uns kreativ auf einen eigenen Veränderungsplan einzulassen.

DER ROBOTER, DER IHREN JOB ÜBERNOMMEN HAT

Abbildung 7.1 veranschaulicht das *Paradox der Gewissheit*. Sie zeigt, wie unsere Arbeits-, Denk- und Verhaltensweisen (unsere ‚Systeme'), die für einen bestimmten Zweck oder ein bestimmtes Ergebnis erfolgreich sind, sehr schnell zu Automatismen werden – Menschen sind großartig darin, zu wiederholen, was funktioniert und was sich gut anfühlt. Wenn wir jedoch routinemäßig arbeiten, können wir unsere Sensibilität für das Umfeld und den breiteren Kontext verlieren – und das Potenzial für Verbesserungen oder die Notwendigkeit anderer und besserer Maßnahmen und Ergebnisse bleibt unbemerkt. Wir beschäftigen uns nicht mehr mit unserer Arbeit, unserer Karriere, unserem Lernen oder unserem geschäftlichen und organisatorischen Kontext. Wir tragen Scheuklappen, sind laserfokussiert und handeln roboterhaft. Es kann auch sein, dass wir unsere Hinweise und Anweisungen gedankenlos und unhinterfragt von anderen übernehmen. Unsere Systeme bleiben unbemerkt und neigen dazu, uns zu überstimmen, oder fühlen sich unantastbar an. Dies *verengt* unseren Blick auf die Arbeit und auf das, was wir über unsere eigenen Fähigkeiten glauben (vorausgesetzt, wir halten überhaupt an, um darüber nachzudenken).

Achtsam und mit aktivem Gewahrsein zu arbeiten, bedeutet, dass wir unsere Systeme (Arbeits-, Denk- und Verhaltensweisen) aktualisieren können, um unsere persönlichen, beruflichen oder organisatorischen Bedürfnisse und Ziele zu unterstützen. Das bedeutet, dass wir *anerkennen, dass ein gewisses Maß an Ungewissheit besteht*, dass Veränderung immer eine Option und eine Möglichkeit ist. Unsere Systeme können dann in den aktiven Dienst gerufen werden. Es ist weniger wahrscheinlich, dass wir in festen Arbeits- und Denkweisen gefangen sind, und wir können eine *umfassendere* Sichtweise erreichen. Wir können offen sein für Neues und uns unserer derzeitigen Fähigkeiten – und eventueller Lücken – voll bewusst sein. Um diese achtsame Arbeitsweise zu nutzen, müssen wir uns der *Ungewissheit* annähern, sie anerkennen und *mit ihr* arbeiten, anstatt uns gegen sie zu stemmen.

Das ist paradox, denn Gewissheit ergibt sich technisch gesehen aus dem Erfolg (die Dinge, die wir gut machen und die funktionieren, werden wiederholt), aber Erfolg ergibt sich auch definitiv und absolut daraus, die Ungewissheit anzunehmen. Dies wird in Abbildung 7.1 veranschaulicht.

Wir werden nun drei Wege erkunden, wie wir uns selbst bei dem Unbehagen oder dem Stress, der mit Veränderungen verbunden ist, helfen können. Erstens können wir mit Hilfe unserer Achtsamkeitstechniken direkt mit schwierigen Emotionen arbeiten. Dies wird uns helfen, schwierige Gefühle und sich wiederholende ängstliche Denkweisen zu bewältigen und die Stabilität und Einsicht zu fördern, die wir brauchen. Zweitens können wir in Zeiten des Wandels und der Ungewissheit einige praktische Maßnahmen ergreifen, um unser geistiges Wohlbefinden zu fördern. Und drittens können wir uns darin üben, in Zeiten, in denen sich die Dinge ruhig und routinemäßig anfühlen, bewusst aus der Gewissheit auszubrechen – uns mit der Ungewissheit anzufreunden und sie zu normalisieren –, das heißt, wir können *den Wandel* auf unsere eigene Weise *üben*.

ABBILDUNG 7.1 Das Paradox der Gewissheit – die Bedeutung des Umgangs mit Ungewissheit

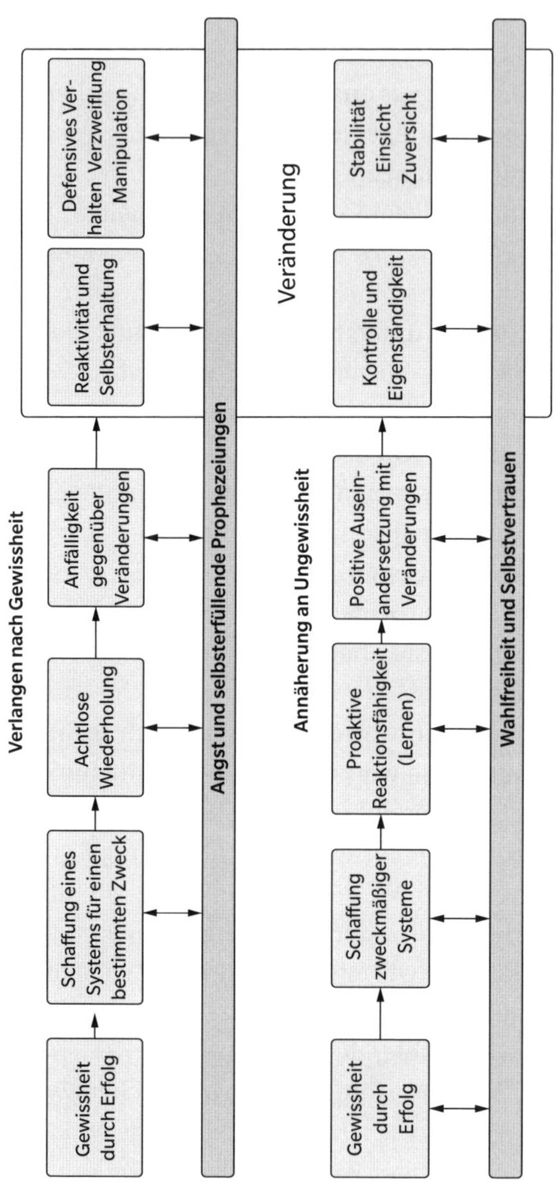

UMGANG MIT SCHWIERIGEN GEDANKEN UND EMOTIONEN

Ungewissheit ist das Tor, durch das wir gehen müssen, um Veränderungen zu realisieren. Alle, die schon einmal mit Veränderungen konfrontiert waren, werden Gefühle der Ungewissheit erlebt haben – von leichtem Unbehagen oder Befürchtungen bis hin zu völliger Angst. Wenn wir versuchen, unsere Gefühle zu blockieren, ihnen zu widerstehen oder sie zu analysieren, kann dies dazu führen, dass sie weiter bestehen bleiben. Je mehr wir uns vor Veränderungen und Ungewissheit fürchten und dagegen ankämpfen oder versuchen, sie zu vermeiden, desto mehr verstärken wir sie als etwas, das man fürchten muss. Wir können den Begriff der achtsamen Annäherung aus Lektion 5 wieder aufgreifen und jede Reaktion auf Veränderungen und Ungewissheit bemerken, effektiv mit den Signalen von Stress umgehen und uns unseren Gefühlen zuwenden. Annäherung ist, wie wir gesehen haben, stabilisierend und ermutigt uns, in einen Zustand zurückzukehren, in dem wir unsere Kreativität zurückgewinnen und von Einsichten profitieren können. Annäherung ist ermächtigend und zeigt uns, dass wir kein ‚Opfer' des Wandels sein müssen, dass wir nicht einfach alles hinnehmen müssen, was uns vorgeworfen wird, sondern dass wir in unserem eigenen Namen handeln können. Es ist interessant zu wissen, dass sich hinter der Emotion der Angst, die durch Veränderungen ausgelöst wird, die Schwesteremotion *Aufregung* verbirgt – diese beiden Emotionen werden leicht miteinander verwechselt.

- In Zeiten, in denen wir aufgrund von Ungewissheit oder Veränderungen Furcht und Angst empfinden, können wir auch ein Aufflackern von Aufregung als Reaktion auf das Neue, das Neuartige oder die Gelegenheiten, die sich durch den Wandel ergeben, bemerken. Sie fragen sich vielleicht: Habe ich Angst oder bin ich aufgeregt – oder ist es ein bisschen von beidem?
- Erkennen Sie die Reaktivität von Geist und Körper, nehmen Sie sie freundlich zur Kenntnis und lassen Sie sie zu. Es gibt keinen Grund, unsere Gefühle zu analysieren, zu versuchen, sie zu ändern, oder zuzulassen, dass anfängliche Gedanken oder Sorgen sich zu einer Flut von Gedanken ausweiten. Kehren Sie zu dem zurück, was vor Ihnen liegt, genau hier, genau jetzt.

UMGANG MIT VERÄNDERUNG UND UNGEWISSHEIT

Es kann hilfreich sein, sich all die Veränderungen und Ungewissheiten ins Gedächtnis zu rufen, die Sie bereits erfolgreich bewältigt haben, sowie die positiven Ergebnisse, die diese Veränderungen für das Lernen und den Fortschritt gebracht haben. Sie sind ein Produkt des Wandels und der Vorwärtsbewegung – es kann schwer sein, dies anzuerkennen, denn was einst neu war, wurde schnell zur Normalität. Aus eigener Erfahrung wissen Sie vielleicht, dass die Angst nachlässt, sobald wir genügend Informationen haben oder mit einer neuen Situation vertraut sind und uns erlaubt haben, sie zu bewältigen. Diese Leichtigkeit, dieses Wohlbefinden und diese Zuversicht wurden weder dadurch erreicht, dass wir Veränderungen vermieden haben, noch dadurch, dass die Dinge wieder genauso geworden sind, wie sie vorher waren. Die Leichtigkeit und Zuversicht, die wir jetzt empfinden, sind das Ergebnis der Auseinandersetzung mit dem Wandel. Am Ende haben wir unser Ziel erreicht, aber wenn der Weg dorthin mit Vermeidung, Widerstand, Festhalten oder dem Streben nach Gewissheit verbunden war, dann war er vielleicht schwieriger, als er sein musste.

Ich führe hier einige praktische Techniken zur Veränderung an.

- In Zeiten des Wandels können Sie Trost und Energie aus dem Kontakt mit anderen schöpfen. Finden Sie Ihre Ansprechpartnerinnen und -partner, oder noch besser, bauen Sie diese Beziehungen im Voraus aktiv auf. Eine positive Auseinandersetzung mit anderen Menschen kann eine reiche Quelle sein, aus der Sie schöpfen können. Achten Sie darauf, diejenigen zu meiden, die vielleicht ihren Zynismus mit Ihnen teilen wollen.
- Konzentrieren Sie sich auf die Dinge, die Sie beeinflussen können, anstatt Energie damit zu verschwenden, über Dinge nachzudenken, sie zu analysieren oder sich über sie zu beschweren, die außerhalb Ihrer Kontrolle liegen – Ersteres wird Sie voranbringen, Letzteres wird Sie zurückhalten.[1]
- Halten Sie inne und warten Sie (achtsames Innehalten). Tun Sie Ihr Bestes, um zuzuhören, zu atmen und sich ein Urteil vorzubehalten. Achten Sie darauf, ob Sie vorschnell nach Gewissheit streben. So könnte es beispielsweise eine gute Idee sein, Ihren Lebenslauf aufzufrischen,

1 Coveys Kreis der Kontrolle und des Einflusses ist ein nützliches Modell: Covey, S.R. (2024) *Die 7 Wege zur Effektivität, Prinzipien für persönlichen und beruflichen Erfolg*, GABAL.

wenn Sie befürchten, Ihren Job zu verlieren oder zu kündigen, aber Zeit und Energie darauf zu verwenden, sich verzweifelt auf beliebige Stellen zu bewerben, könnte die Unsicherheit noch verstärken. Gehen Sie in Zeiten des Wandels überlegt, kritisch und egoistisch mit Ihrer Zeit und Energie um.

- Erkennen und schätzen Sie bewusst die Gewissheiten, die Sie haben – das sind die Dinge, die Ihnen niemand wegnehmen kann, Ihr Wissen, Ihre Fachkenntnisse, Ihre Fähigkeiten, Ihre Einstellung und Ihre Leistungen. Schützen Sie diese Eigenschaften bei allem, was Sie tun.
- Verbinden Sie sich wieder mit Ihren Werten und halten Sie sie fest: Zeiten des Wandels können dazu führen, dass Sie nach Sicherheit suchen, indem Sie ‚mitmachen, um zurechtzukommen'. Entscheiden Sie, wo Ihre Kompromisslinien liegen, und vertrauen Sie Ihrem inneren Kompass. Andere können sich drängeln, Sie können sich um Ihre Würde bemühen.
- Stellen Sie wieder eine Verbindung zu Ihren Hoffnungen und Träumen her: Zeiten, in denen sich Veränderungen aufdrängen, können Gelegenheiten für eine Neubewertung und eine selbstinitiierte Kurskorrektur oder einen willkommenen Richtungswechsel bieten.

WENN ZU VIEL GEWISS IST

In Zeiten der Gewissheit fühlt sich das Leben ruhig an, von Routine bestimmt (und vielleicht auch ein bisschen langweilig!). Im Folgenden finden Sie einige Anzeichen, die darauf hindeuten könnten, dass Sie etwas mehr Unsicherheit in Ihrem Leben brauchen.

- Gewissheit ist achtlos: Man verlässt sich in hohem Maße auf Routinen und festgelegte Vorgehensweisen; Lernen, Bewerten und Neugier sind in Ihrem Arbeitsleben nicht vorhanden – hat das ‚Roboter-Ich' Ihren Job übernommen?
- Es fällt Ihnen schwer, Lösungen zu finden, wenn die Dinge nicht nach Plan laufen, oder andere oder kreative Arbeitsweisen erscheinen Ihnen zu riskant oder störend. Es könnte sein, dass Sie sich zu sehr auf die immer gleichen Vorgehensweisen verlassen haben – Regeln, Systeme und Routinen haben aufgehört, hilfreiche Wegweiser zu sein, und sind zu einer unbeweglichen und kontrollierenden Kraft geworden.

- Sie halten am Vertrauten fest und bezeichnen alles, was außerhalb davon liegt, als ‚riskant'. Im Laufe der Zeit kann dies unsere Welt unbewusst einschränken und wir werden nur selten über unsere selbstgesetzten Grenzen hinausgehen. Unsere Fähigkeiten, mit Veränderungen umzugehen, und unser Appetit auf Neues werden beeinträchtigt, was uns anfällig gegenüber unvermeidlichen Veränderungen oder Herausforderungen macht.
- Sie erleben nie wirklich ein Gefühl der Erregung, es sei denn, Sie erreichen es durch weniger gesunde Verhaltensweisen wie den Konsum von Substanzen, die Suche nach Nervenkitzel oder die Schaffung von Dramen oder Problemen bei der Arbeit.

Wir alle brauchen eine gewisse Ungewissheit, denn dadurch fühlen wir uns lebendig und wichtig. Wie immer können Sanftmut und Selbstmitgefühl einen gesunden Weg weisen.

Beginnen Sie damit, dass Sie Ihre täglichen Erlebnisse aktiv wahrnehmen. Sehen Sie sie neu, mit dem Verstand einer Anfängerin oder eines Anfängers, und bemerken Sie bisher übersehene Details. Nehmen Sie kleine Veränderungen vor oder verstärken Sie achtsame Unterbrechungen. Passen Sie Ihre Arbeitsabläufe an, suchen Sie sich einen neuen Weg zur Arbeit oder ordnen Sie Ihren Arbeitstag neu. Es gibt viele, viele Möglichkeiten, wie wir Unsicherheit auf sichere Weise einführen können: Tauschen Sie eine Schicht mit Ihren Mitarbeitenden, machen Sie eine Online-Schulung, suchen Sie sich eine Mentorin bzw. einen Mentor oder hospitieren Sie in einer anderen Abteilung, stellen Sie schwierige Fragen, treffen Sie sich mit Freunden und Freundinnen auf einen Drink an einem neuen Ort und kommen Sie früh, um die neue Umgebung aufzusaugen, übernehmen Sie eine freiwillige Tätigkeit. Wenn Sie können, gehen Sie einige kleine Schritte in Richtung Ihres Traumjobs oder Ihres Lieblingsprojekts und achten Sie darauf, wie Sie sich dabei fühlen und was Sie denken. Wenn Sie beginnen, sich mit der Ungewissheit und dem Gedanken an Veränderungen anzufreunden, kann Ihnen das helfen, die Grenzen dessen zu verschieben, was vielleicht zu einer engen oder selbstbegrenzenden Welt geworden ist. Sie können dies auf jede Art und Weise tun, die für Sie hilfreich ist – es muss nicht unbedingt ‚Karrierewechsel' oder ‚Unternehmerin bzw. Unternehmer werden' sein, sondern es geht eher darum, dass *Sie Ihre Flügel ausbreiten* oder *ein wenig Mut über Ihr Wohlbefinden stellen*. Was auch immer Sie tun, ob bei der Arbeit oder außerhalb davon, nehmen Sie das Gefühl von Neuheit, Aufregung, Zuversicht und Lebendigkeit wahr und lassen Sie sich davon ermutigen.

Wenn Sie sich vor neuen Dingen oder Veränderungen fürchten, denken Sie daran, dass die Stressreaktion dazu führt, dass wir eine Herausforderung überschätzen und unsere Fähigkeit, sie zu bewältigen, unterschätzen, was die Bewältigung von Veränderungen erschweren kann. Sie können dies überwinden, indem Sie sich daran erinnern, was Sie tun können!

MEHR MÖGLICHKEITEN ZUM AUSBRECHEN (UND DINGE, DIE UNS GEFANGEN HALTEN)

Ich erlebe so oft, dass Menschen alles auf eine Karte setzen und sich mit einem Job, einem Unternehmen oder einer Organisation verheiraten, die sie niemals lieben werden. Das schafft ein falsches Gefühl der Sicherheit, auf das wir uns verlassen. Wir haben das Gefühl, dass wir ein Recht auf etwas haben oder dass uns etwas geschuldet wird – was die Angst vor dessen Verlust schürt. Jede Veränderung (oder auch nur ein Hauch von Veränderung) lässt die Alarmglocken schrillen – denn wir haben die Kontrolle über *unsere* Karriere an jemanden oder etwas abgegeben, das wir nicht kontrollieren können. Es gibt zwei wichtige Ansätze, die dies unterbrechen oder verhindern können.

1. **Geben Sie nicht zu viel für einen Job** – geben Sie Ihr Bestes, aber opfern Sie niemals Ihre Gesundheit und Ihr Wohlbefinden für einen Job. Ihr Wohlbefinden ist Ihre Eintrittskarte, um mit Veränderungen und Ungewissheit umzugehen, und ein notwendiger Faktor für Produktivität, Spaß und Konzentration. Wenn Sie zu viel geben und rund um die Uhr überall dabei sind, erreichen Sie wahrscheinlich das Gegenteil von dem, was Sie beabsichtigen. Das sieht nicht gut aus – es signalisiert Ineffizienz und Ineffektivität am Arbeitsplatz, nicht Hingabe und Engagement. Wenn Sie *sich selbst* an erste Stelle setzen, bedeutet dies, dass Sie auch Ihrer Arbeit Priorität einräumen; beide bedingen sich gegenseitig und schließen sich nicht aus. Denken Sie daran, dass Sie jeden Job jederzeit aufgeben können und dass ein Unternehmen Sie jederzeit entlassen kann. Es handelt sich um eine 50:50-Beziehung, nicht um eine Beziehung des Besitzes oder des Anspruchs!
2. **Lernen Sie, lernen Sie und lernen Sie noch mehr** – ganz gleich, ob es sich um einen Grundkurs, ein Hobby oder die Rückkehr in die Schule

oder eine Weiterbildung handelt. Etwas zu lernen und zu beherrschen, stärkt das Selbstvertrauen und das Selbstwertgefühl und kann Ihnen in Ihrem Job und Ihrer Karriere wieder die Zügel in die Hand geben. Lernen erinnert uns daran, dass wir nicht alles wissen und dass es noch so viel zu lernen gibt. Lernen Sie im Einklang mit Ihren Leidenschaften und Interessen und bilden Sie sich rollenbasiert weiter. Lernen ist mehr als nur eine Vorbereitung auf Veränderungen, *es ist eine Veränderung* – und es hilft Ihnen dabei, zu überlegen, wohin Sie als Nächstes gehen möchten. Lernen gibt Ihnen Optionen, die Welt öffnet sich. Veränderung und Ungewissheit werden dann zu aufregenden Gelegenheiten und nicht zu etwas, das Sie fürchten, scheuen oder gegen das Sie sich wehren.

ACHTSAMER UMGANG MIT UNGEWISSHEIT

Sich mit dem Wandel anzufreunden, bedeutet zu wissen, dass Gewissheit bestenfalls vorübergehend ist, während Unsicherheit allgegenwärtig ist. Wir können Ungewissheit normalisieren, uns mit ihr anfreunden, wissen, wie sie sich anfühlt, und die Informationen nutzen, die sie uns bringen kann. Wenn wir Veränderungen und Ungewissheit achtsam akzeptieren, bleiben wir ausgeglichen, vorbereitet, gestärkt und nehmen die Chancen um uns herum wahr. Wir werden uns nicht immer wohl dabei fühlen, aber es ist besser, wenn Veränderungen aus der Dunkelheit ins Licht des Bewusstseins geholt werden, so dass wir unsere Reaktionen und Gefühle klar erkennen können. Vielleicht können wir alles ein wenig leichter nehmen, so dass wir uns nicht davon aufgezehrt oder überwältigt fühlen. Achtsamkeit kann die Kunst der Stabilität in der Abwesenheit von Gewissheit sein.

Enttäuschung

Enttäuschung ist eine bittere Erfahrung. Sie tritt in der Regel auf, weil sich die Situation, die wir geplant oder auf die wir hingearbeitet haben, entweder geändert oder erledigt hat und wir mit all unseren Bemühungen und Erwartungen scheinbar ohne Heimat dastehen. Enttäuschung kann leicht zu Zynismus, Groll und dem Gefühl führen, enttäuscht worden zu sein, nicht gut genug zu sein oder ungerecht behandelt worden zu sein. Wir wollen vielleicht aufgeben oder wünschen uns, wir hätten uns nie bemüht, oder wir beginnen, uns selbst zu beschuldigen und zu kritisieren. Wir grübeln vielleicht darüber nach, was wir hätten anders machen können. Alles, was ich beschrieben habe, ist eine normale menschliche Reaktion, aber sie kann uns niederdrücken.

Es kann wirklich helfen, die Enttäuschung als natürliches und vorübergehendes Gefühl und die Auswirkungen der Enttäuschung als temporär zu betrachten. Sie ist schließlich auf die Vergangenheit fokussiert, sie ist bereits geschehen. Durch achtsames Gewahrsein wissen wir, dass starke Emotionen ein Gefühl von Dauerhaftigkeit hervorrufen können, aber wie wir bei unserer Erkundung des Wandels sehen können, ist nichts von Dauer und wir haben die Wahl, wie wir auf enttäuschende Situationen reagieren. Ich empfehle Ihnen die Arbeit von Prof. Carol Dweck über eine Mentalität des Wachsens[2] – insbesondere die kraftvolle Vorstellung des ‚Noch-nicht'. Ich habe auf der Website eine Übung zusammengestellt, die Ihnen helfen wird, starke Emotionen zu verarbeiten, die bei Enttäuschungen auftreten, und die Ihnen helfen kann, herauszufinden, was die Enttäuschung Ihnen signalisiert.

AKTIVES GEWAHRSEIN

Es ist nicht ungewöhnlich, dass wir den Arbeitstag mit einem gewissen Schwung beginnen – wir könnten wie auf einen Startschuss am Anfang eines Rennens loslegen und dort weitermachen, wo wir am Vortag oder in der letzten Schicht aufgehört haben, oder die Dinge tun, die wir immer tun, so wie wir sie immer tun. Vielleicht tauchen wir irgendwann später aus der Arbeit auf und fragen uns, wo die Zeit geblieben ist oder warum

2 www.growthmindsetinstitute.org/

wir nicht so weit sind, wie wir es gerne wären. Diese Aktivität zum aktiven Gewahrsein lädt Sie dazu ein, Ihre Aufmerksamkeit auf den Beginn Ihres Tages zu lenken. Wir haben vielleicht keine Wahl, *was* wir in unserem Job tun müssen, aber wir haben immer eine Wahl, *wie wir es tun*. Erkennen Sie, so gut Sie können, Gewissheit, Vertrautheit und automatische oder systematische Arbeitsweisen und ändern Sie die Dinge ein wenig (oder viel).

Lektion 7

DIE ACHTSAME KUNST DER AKZEPTANZ

Willkommen zu Lektion 7.

Während wir uns der letzten Lektion dieses Achtsamkeitskurses nähern, können Sie die Gefühle wahrnehmen, die ein ‚Ende' oft mit sich bringt. Sie werden sich vielleicht dabei ertappen, wie Sie zurückblicken oder die Erfahrungen bewerten, die Sie gemacht haben. Vielleicht fühlen Sie eine gewisse Befriedigung, Meisterschaft oder vielleicht auch Frustration oder negative Urteile über den Fortschritt. Emotionen haben in dieser Zeit vielleicht etwas mehr Gewicht und es kann interessant sein, ihnen Aufmerksamkeit zu schenken. Sie sollten sich überlegen, welchen Nutzen die Emotionen haben – mit anderen Worten: Wäre es hilfreich, wenn Sie bei der Emotion bleiben und zulassen würden, dass sie Ihr Handeln beeinflusst? Benennen Sie die Emotion so gut wie möglich mit Ihren eigenen Worten,[1] und wenn sie nicht praktikabel oder nützlich ist, dann nutzen Sie Ihre Achtsamkeitstechniken, um ihr etwas Raum zu geben, und erkennen Sie an, dass Gefühle kommen und gehen. Wie die Gedanken werden auch die Gefühle weiterziehen, wenn wir sie in Ruhe lassen. Versuchen Sie also davon abzusehen, sie zu erklären, zu vermeiden oder zu analysieren.

Zu Beginn jeder der vorangegangenen Lektionen habe ich vorgeschlagen, eine Pause einzulegen, um zu üben. Wenn Sie bisher beschlossen haben, diese ersten Übungen auszulassen, warum versuchen Sie es nicht dieses Mal?

1 Dr. Dan Siegel erklärt dies mit seinem Ansatz „Benennen Sie es, um es zu zähmen". Sie finden viele Erklärungen dazu im Internet und in seinem Buch über Elternschaft: Siegel, D. und Bryson, T. (2013) *Achtsame Kommunikation mit Kindern*, Arbor.

SELBSTERKUNDUNG

In Lektion 6 ging es um Kommunikation und Interaktionen mit anderen Menschen. Wir haben gelernt, dass Menschen sich nach Harmonie, Verbindung und einem Gefühl der Zugehörigkeit sehnen. Meinungsverschiedenheiten, Feedback und Missverständnisse können als ‚Bedrohung' aufgefasst werden, sind aber oft ein Zeichen dafür, dass es etwas gibt, das angesprochen werden muss. Haben Sie seit der letzten Lektion bemerkt, dass Sie empfindlich oder ängstlich auf Feedback oder schwierige Gespräche reagieren? Vielleicht haben Sie eine Anspannung oder Aufregung im Körper bemerkt, wenn Sie einer Person begegnet sind, mit der Sie nicht zurechtkommen oder die Sie schwierig finden. Wenn ja, waren Sie in der Lage, freundlich und neugierig zu sein und sich diesen Gefühlen (oder der Person) sogar ‚anzunähern', anstatt zu versuchen, sie zu vermeiden? Wenn Sie einen Tag der Achtsamkeit organisieren konnten, nehmen Sie sich bitte die Zeit, über diese Erfahrung zu reflektieren, insbesondere darüber, was dies für die Qualität Ihrer Praxis und Ihr Verständnis der Erfahrung von Achtsamkeit gebracht hat.

BEOBACHTUNGEN VON SCHÜLERINNEN UND SCHÜLERN

„Es gibt jemanden bei der Arbeit, die immer reizbar und aggressiv ist. Ich habe immer Angst, in ihrer Nähe zu sein, weil sie so aggressiv und unberechenbar ist. Letzte Woche bin ich absichtlich mit ihr in den Aufzug gestiegen (früher hätte ich die Treppe genommen!). Ich habe sie gefragt, wie ihr Abend war. Wir hatten eine nette Unterhaltung. Es war nicht einfach, aber ich fühlte mich danach etwas leichter und ich weiß, dass ich beim nächsten Mal, wenn ich sie sehe, etwas weniger ängstlich sein werde."

„Alle sind bei der Arbeit ständig angespannt, weil die Arbeitsplätze unsicher sind. Ich dachte nicht, dass mich das wirklich betrifft, aber jetzt sehe ich, dass ich das mit mir herumtrage – ich reagiere defensiv, wenn jemand meine Arbeit kommentiert, und ich halte Angebote zur Unterstützung oder Interesse an meiner Rolle für Kritik oder Versuche, mich zu verdrängen."

„Ich fürchte mich immer vor den Beurteilungen, die ich bei meiner Vorgesetzten habe, weil ich mich unter Beobachtung fühle. Meine Vorgesetzte ist immer hilfsbereit, aber auch sehr ehrlich, wenn es um Verbesserungsmöglichkeiten geht. Ich erzählte ihr von diesem Kurs und wie besorgt ich über die Beurteilungen war. Wir sprachen darüber und sie beruhigte mich. Sie erklärte mir auch, dass ich ihr Feedback geben könne, so dass es mehr in beide Richtungen ginge."

„Ich glaube, ich gehöre zu den Menschen, die gerne zuerst angreifen – als ob Angriff die beste Verteidigung wäre. Ich schäme mich ziemlich, wenn ich an einige der E-Mails denke, die ich verschickt habe, und an die Gespräche, die ich geführt habe. Ich glaube, ich interpretiere die Motive anderer negativ, wenn sie versuchen, Dinge anzusprechen oder Kommentare über mich oder mein Team abzugeben. Ich denke, das könnte daran liegen, dass ich ängstlich bin und unter dem Druck unserer Führung und meiner eigenen Vorgesetzten stehe. Ich würde gerne maßvoller und vernünftiger erscheinen, wenn ich mit anderen zusammenarbeite."

In Lektion 7 setzen wir Achtsamkeit weiter ‚in die Tat um', indem wir den Begriff ‚achtsame Akzeptanz' definieren und erklären.

NICHT NACHGEBEN, NICHT AUFGEBEN

Akzeptanz ist eine der grundlegenden Haltungen, auf die wir uns stützen, um einen achtsamen Ansatz zu fördern, aber sie wird oft falsch interpretiert oder missverstanden. Wenn wir das Wort *Akzeptanz* zum ersten Mal hören, denken wir vielleicht, dass es bedeutet, nachzugeben oder Unangenehmes zu ertragen. Eine achtsame Haltung der Akzeptanz bedeutet nicht, dass wir nachgeben oder die Kontrolle oder Verantwortung aufgeben. Achtsamkeit ermutigt uns nicht dazu, Dinge ‚hinzunehmen' – auch keine wenig hilfreichen Denk- oder Verhaltensmuster. Wir können achtsame Akzeptanz etwas anders definieren, nämlich als: die Bereitschaft, unsere gegenwärtige Erfahrung *genau so* wahrzunehmen und anzuerkennen, *wie sie ist*, genau hier und genau jetzt.

Akzeptanz ist in diesem Zusammenhang gleichbedeutend mit Bestätigung oder Anerkennung, und als solche kann achtsame Akzeptanz ein wirkungsvoller Wegbereiter für positive Veränderungen und Ermächtigung sein.

Der Diskrepanzmonitor

Wir alle haben eine Reihe von Idealen, wie die Dinge unserer Meinung nach sein *sollten*. Wir messen unsere Erfahrungen immer wieder an unseren Idealen. Das können einfache alltägliche Erfahrungen sein, wie z.B. die Erwartung, in Ruhe arbeiten zu können, und stattdessen von Lärm gestört zu werden; oder Verspätungen im Verkehr, wenn wir eigentlich pünktlich sein müssten. Aber wir bewerten auch größere Dinge, z.B. wie wir uns im Leben schlagen, wie glücklich oder erfolgreich wir im Vergleich dazu sind, wie wir glauben, dass wir es sein sollten, oder welche materiellen Dinge wir im Vergleich zu anderen Menschen besitzen. Der Verstand bewertet ständig, wie wir die Dinge gerne hätten, und zeigt uns, wo unsere Erfahrungen zu kurz kommen – dies wird als *Diskrepanzmonitor* bezeichnet. Eine Diskrepanz kann eine sehr zielgerichtete Denkweise auslösen, mit viel Analyse, Bewertung und ‚Tun'. Wir versuchen vielleicht verzweifelt, die Dinge zu ändern, um uns dorthin zu bringen, wo wir glauben, dass wir sein sollten, oder wir machen uns Sorgen oder werden immer ärgerlicher oder frustrierter über unser Los. Diese getriebene Geisteshaltung kann Unzufriedenheit mit der Art und Weise beinhalten, wie die Dinge sind, oder mit einer Erfahrung, die *bereits da ist*. Dies kann uns in einem anstrengenden und manchmal schmerzhaften Kreis herumführen.

WIE SIE SICH IN ACHTSAMER AKZEPTANZ ÜBEN KÖNNEN

In einem ersten Schritt kann das Akzeptieren einer Situation dazu beitragen, automatische aversive Reaktionen, Grübeln oder vermeidendes oder wertendes Denken zu unterbrechen. Wir sind dann besser in der Lage, ein Problem anzugehen oder eine zielgerichtete Aktion zu unternehmen.

Wir haben bereits in vielen unserer Übungen achtsame Akzeptanz geübt, insbesondere im Rahmen der Übungen *Unangenehme Empfindungen erkennen* in Lektion 4, *Achtsame Annäherung* in Lektion 5 und der *Sitzübung* in Lektion 6. In den vorangegangenen Lektionen haben wir gesehen, dass wir jedes Mal, wenn wir in der Übung still sitzen, möglicherweise eine Spannung oder ein Unbehagen im Körper bemerken. Oft haben wir den

Impuls, uns zu bewegen, herumzuzappeln, unsere Position anzupassen oder uns zu dehnen, um das Gefühl zu verdrängen und die Übung mit dem in Einklang zu bringen, was sie unserer Meinung nach sein sollte (der Diskrepanzmonitor ist am Werk). Wir können frustriert und verärgert über die Ablenkung sein und beginnen wahrscheinlich, sie als unerwünscht abzustempeln. Es kann sogar sein, dass wir anfangen, unserem Körper die Schuld zu geben oder ihn nicht zu mögen. Das kann die Aversionsbahnen des Geistes auslösen und uns in den Autopiloten-Modus schicken, in dem wir nachdenken, uns beschweren oder Geschichten erzählen: „Ich will das nicht / andere Leute haben das nicht / der Schmerz ist so unfair / wie kann ich ihn stoppen? / ich bin so abgelenkt / ich übe nicht richtig / es macht alles kaputt / mein Körper lässt mich immer im Stich / wenn ich nur fitter/dünner/gesünder wäre . . . “.

Beachten Sie, dass wir jetzt das ursprüngliche Unbehagen haben *und* dazu noch impulsive körperliche Reaktionen *und* einen geistigen Kommentar. Man könnte sogar sagen, dass wir jetzt viele Schmerzen haben – das ursprüngliche körperliche Unbehagen und viele ‚Schichten' – alles andere, was der Verstand zum Tragen gebracht hat.

Die Übungen, die mit Ablenkung arbeiten, haben uns in den Begriff der Akzeptanz eingeführt, indem sie uns geholfen haben, uns dem Unbehagen während der Meditation achtsam *anzunähern*. Das können wir nur, wenn wir bereit sind, die Ablenkung überhaupt erst einmal zu erkennen und zu akzeptieren. Wir haben wahrscheinlich bemerkt, wie Ablenkungen und Unbehagen ihre Unmittelbarkeit und Frustration beibehalten, wenn wir sie vermeiden, aber ihren Griff lockern, wenn wir uns ihnen annähern. Das ist Akzeptanz in Aktion. Achtsame Akzeptanz kann uns aus einer sehr getriebenen Geisteshaltung herausführen, wenn Dinge nicht so laufen, wie wir wollen. Akzeptanz bedeutet zu sehen, dass, was auch immer es ist (ob es uns gefällt oder nicht), bereits geschehen ist, es ist bereits da; wir können dann beginnen, eine überlegte Vorgehensweise zu wählen, um die Harmonie wiederherzustellen. Im Falle von körperlichem Unbehagen während der Übung könnte dies eine bewusste, überlegte Bewegung sein, das Öffnen der Augen, das Atmen in das Unbehagen hinein oder das Schaffen von Raum für das Unbehagen – oder die Entscheidung, die Dinge ruhen zu lassen, oder der Entschluss, mit jemandem zu sprechen oder sich Hilfe zu holen.

(ACHTSAME) GEISTESHALTUNGEN UND AKZEPTANZ IN AKTION

Ein Gefühl für achtsame Akzeptanz zu entwickeln und anschließend jenseits der konzentrierten Übung selbstunterstützend zu handeln, ist der Schlüssel zu einer achtsamen Lebensweise. Um das, was Sie bisher gelernt haben, noch lebendiger zu machen, habe ich die Illustration in Abbildung 7.2 erstellt. Sie zeigt die mentalen Veränderungen, die wir zwischen den Geisteshaltungen vornehmen können. In jedem Fall müssen wir zunächst akzeptieren und wissen, *wo wir stehen* – was die Erfahrung ist (im Geist und im Körper). Dies ist das Gewahrsein, das Sie gelernt und geübt haben.

Hier ist der gegenwärtige Moment, aber wir finden uns oft *dort drüben* wieder, gefangen in Gedanken, die spekulativ, vermeidend, automatisch oder auf die Vergangenheit/Zukunft ausgerichtet sind. Wenn wir uns in Achtsamkeit üben, können wir häufiger von *dort* zurückkehren und wieder *hierher* kommen, indem wir uns mit dem beschäftigen, was wir spüren und wissen können. Von hier aus können wir sinnvolle Entscheidungen treffen. Achtsamkeit ist die Aktivität des Wahrnehmens von und des *Wechselns zwischen* diesen Modi. Wir müssen uns nicht länger gefangen, festgefahren, verstrickt oder verheddert fühlen in einem Netz aus Gedanken, Grübeln, Sorgen oder völliger Aktivität, Streben, Sehnsucht und Anstrengung. Wir können wahrnehmen, akzeptieren und handeln (oder uns entscheiden, nicht zu handeln). Wir werden in Lektion 8 auf diese Geisteshaltungen zurückkommen und einige Beispiele dafür geben, wie wir sie in realen Situationen einsetzen können.

ABBILDUNG 7.2 Illustration zur Darstellung von Achtsamkeitsmodi[2]

2 Dr. Susan David, Harvard Medical School, Psychologin und Autorin von *Emotionale Beweglichkeit*, Unimedica.

In den vorangegangenen Übungen haben wir unsere gegenwärtige Erfahrung wahrgenommen und die Bereitschaft kultiviert, sie durch direkte Sinneserfahrung zu erforschen (anstatt über sie *nachzudenken*). Wir haben zugelassen, dass unangenehme Empfindungen in den Mittelpunkt unserer Aufmerksamkeit rücken. Wir haben uns vom Nicht-wissen-Können, in dem die Ablenkung das Sagen hat, zum Wissen-Können und zur Wahlfreiheit bewegt. Das Wissen, das Sehen und das Akzeptieren von Unbehagen, Schmerz oder Irritation können die automatische Kette des Denkens und der Reaktivität, die daraus entsteht, verkürzen. Mit freundlichem, achtsamem Gewahrsein ist es möglich, weniger ‚Lärm' in Geist und Körper zu erleben. Akzeptanz zeigt uns, dass wir nicht mehr automatisch auf die Launen von Schmerz, Ablenkung oder Unbehagen reagieren müssen. Das kann sich ermutigend anfühlen. Wir können dann erkennen, dass der Schmerz uns nicht besitzt und dass er nicht automatisch unsere Handlungen diktieren muss; Gedanken *über* den Schmerz sind nur Gedanken, und der Schmerz ist nicht mehr oder weniger als der Schmerz.

Das Gleiche gilt für geistiges Unbehagen, wie Sorgen oder Ängste, oder wenn wir von starken Emotionen wie Angst, Scham oder Wut erfasst werden. Unser Überlebensmodus setzt ein und die Gedanken setzen sich fort und wachsen durch Spekulationen und genauere Ausarbeitungen (Grübeln) an. Sie können eine ziemliche Eigendynamik im Kopf entwickeln, während wir uns in die eine oder andere Richtung drehen und versuchen, den Dingen einen Sinn zu geben. Wir wünschen uns vielleicht, dass diese Emotionen oder Gedanken verschwinden und uns in Ruhe lassen, oder wir versuchen, das ‚Problem zu lösen', indem wir uns Sorgen machen – aber wir können nicht wirklich lösen, was in der Vergangenheit passiert ist, indem wir es immer und immer wieder durchleben, genauso wenig wie wir das, was in der Zukunft kommen könnte, im Voraus lösen können. Wenn wir akzeptieren, dass unsere ängstlichen Gedanken oder starken Gefühle *bereits hier* sind, sind wir eher in der Lage, sie als ‚mentale Ereignisse' zu sehen und zu erkennen. Wir können dann wählen, unsere Aufmerksamkeit auf einen Ankerpunkt zu lenken oder uns wieder auf das zu konzentrieren, was wir gerade tun oder was um uns herum ist. Wir müssen das Denken nicht behindern, indem wir dagegen argumentieren oder rationalisieren oder uns Sorgen machen, dass wir solche Gedanken haben. Je weniger wir tun, desto besser. Erinnern Sie sich an das, was wir bereits gelernt haben: Gedanken sind von Natur aus vergänglich – der Grund dafür, dass sie nicht verschwinden, liegt nicht an ihrem Inhalt, ihrer Natur oder ihrer Bedeutung, sondern daran, dass wir uns dafür entscheiden, uns mit ihnen zu beschäftigen. Wie Prof. Mark Williams und Dr. Danny Penman in ihrem Buch *Das Achtsamkeitstraining. 20 Minuten täglich, die Ihr Leben verändern*[3] erklären, kommt die zusätzliche Denkaktivität nie richtig in Gang, wenn wir eine Erfahrung früh genug im Bewusstsein einfangen können. Akzeptanz gibt uns auch die Möglichkeit, die Gültigkeit oder Richtigkeit unserer Gedanken zu erkennen. Wir können sagen: OK, ich hatte diesen Gedanken, aber handelt es sich dabei um eine Spekulation oder ist er eine gültige und sichere Realität? Oft stellen wir fest, dass es Ersteres ist.

Wenn wir Erfahrungen – Gedanken, Schmerzen, Emotionen, Unbehagen und Ärgernisse – achtsam wahrnehmen und akzeptieren, stellen wir vielleicht auch fest, dass alles, was in der Gegenwart auftaucht, nicht konstant ist, sondern sich verschiebt und verändert. Es ist üblich, bei unangenehmen Dingen oder schwierigen Empfindungen ein Gefühl der Beständigkeit zu haben. Wir könnten das Gefühl haben, dass *es immer so sein wird*: dass wir ständig gequält und von schmerzhaften Emotionen wie Angst, Furcht, Sorge, Schuld oder Scham verfolgt werden; oder dass *alles ruiniert ist*, weil der Tag schlecht und nicht so begonnen hat, wie wir es wollten. Achtsames Gewahrsein ist wie ein helles Licht, das auf eine Erfahrung fällt und uns hilft zu erkennen, dass das, was *bereits hier ist*, nicht dauerhaft oder feststehend und wahrscheinlich nicht so weitreichend ist, wie es sich anfühlen mag. Es ist dann möglich, offen zu sein für das, was *der nächste Moment bringen mag*, und geschickter mit einer Pause zu reagieren, sich in den Körper fallen zu lassen oder zu fragen, was helfen würde.

LEKTION 7 Konzentrierte Achtsamkeitsübung

3 Williams, M. und Penman, D. (2015) *Das Achtsamkeitstraining. 20 Minuten täglich, die Ihr Leben verändern*, Goldmann.

Vorbereitung

Unsere Übung für Lektion 7 bietet eine Gelegenheit, achtsame Akzeptanz zu erforschen. Achtsame Akzeptanz ist Weisheit in Aktion. Durch sie können wir *wissen* und von diesem Standpunkt aus entscheiden, was als Nächstes zu tun ist.

Wählen Sie einen Ort zum Üben, an dem Sie nicht gestört werden.

Zusammenfassung

- Akzeptanz ist eine wichtige Facette und Haltung der Achtsamkeit. Achtsame Akzeptanz bedeutet nicht, dass man nachgibt oder sich mit den Dingen abfindet. In diesem Zusammenhang ist achtsame Akzeptanz die **Bereitschaft, anzuerkennen: „Das ist es, was ich genau jetzt erlebe“,** und sie ist ein wichtiger erster Schritt zu einer sinnvollen Veränderung.
- Die Praxis der achtsamen Akzeptanz schafft den Raum, in dem wir wahrnehmen können, was im Feld unserer Erfahrung ankommt. Durch Akzeptanz **können wir offen sein für das, was als Nächstes kommt** – wir können uns entscheiden, auf überlegte und hilfreiche Weise zu handeln.
- Achtsamkeit kann als ein Wechsel zwischen zwei Geisteszuständen gesehen werden: dem *getriebenen* Modus, der sehr **analytisch, automatisch und auf das Streben ausgerichtet ist** (hier verbringen wir natürlich viel Zeit), und dem *Seinsmodus* des Geistes, in dem wir **unsere Erfahrungen direkt wahrnehmen, fühlen und wirklich wissen können.**
- Schmerzhafte Situationen oder Probleme können **ein Gefühl von Dauerhaftigkeit** vermitteln. Im getriebenen Modus haben wir vielleicht das Gefühl, dass nichts jemals wieder gut oder richtig sein wird. Wenn wir uns im Seinsmodus auf unsere Gefühle einstimmen können, sehen wir, dass **wir uns bereits durch die Erfahrung hindurchbewegen.**

Aktivitäten in Lektion 7

LEKTION 7 Konzentrierte Achtsamkeitsübung

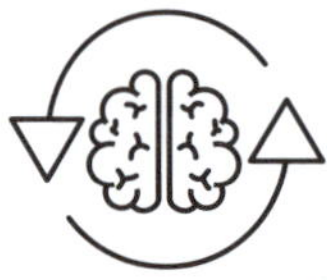

Die konzentrierten Übungen in Lektion 7 sind die Sitzübung, einschließlich *achtsamer Akzeptanz*, und die Bergmeditation, die ein Gefühl der Ermächtigung, Würde und Stabilität vermittelt. Üben Sie eine von beiden jeden Tag. Sie können auch mit den kürzeren Übungen fortfahren, wie z.B. einem Boxenstopp oder einer Atempause, um Ihren Tag mit Achtsamkeit zu unterbrechen – denken Sie daran, sie mit den Dingen zu verknüpfen, die Sie regelmäßig tun.

Versuchen Sie vor Lektion 8 eine ‚selbstgeführte' Meditation. Auf der Website finden Sie zu diesem Zweck Anleitungen und Übungen verschiedener Länge mit einem Glockentimer. Beginnen Sie mit der fünfminütigen Übung und sehen Sie, wie Sie zurechtkommen.

Vertrauen Sie auf Ihren Instinkt, wann Sie bereit sind, zu Lektion 8 überzugehen.

Achtsame Unterbrechung

Die Unterbrecher-Aktivität für Lektion 7 besteht aus einer dreistufigen Atempause und einem zusätzlichen Schritt, in dem Sie eine achtsame Wahl treffen. Sie können diese Übung in Ihren Tag einbauen, entweder als geplante, konzentrierte Übung oder immer dann, wenn Sie Schwierigkeiten (körperliche oder geistige Beschwerden) haben. Eine Anleitung finden Sie auf der Website, also probieren Sie es aus!

Kapitel 8

ACHTSAMKEIT BEI DER INKLUSION

Untersuchungen, die sich auf geschlechtsspezifische, ethnische und kulturelle Vielfalt beziehen, zeigen immer wieder, dass Vielfalt und ein inklusiver und gerechter Arbeitsplatz ‚gut fürs Geschäft' sind.[1] Diese Daten unterstützen die Vorstellung, dass es für die Menschen *und* die Organisationen, in denen sie arbeiten, richtig ist, sich für Fairness, Gleichheit und Respekt einzusetzen. Dieses Kapitel betrachtet Vielfalt, Gleichberechtigung und Inklusion (DE&I, d.h. Diversity, Equity & Inclusion) am Arbeitsplatz durch die Brille der Achtsamkeit. Wir werden sehen, wie aktives Gewahrsein unbewusste kognitive Verzerrungen und die automatische ‚Kategorisierung' von Menschen durch den Verstand aufdecken kann. Wenn diese Prozesse nicht unterbrochen werden, können sie anderen ungewollt Schaden zufügen, aber mit einem achtsamen Ansatz müssen sie nicht unbemerkt oder gar *unbeachtet bleiben*. Achtsamkeit ist nicht *die* Antwort auf die Beseitigung von Vorurteilen und Diskriminierung, aber sie kann ein Teil der Antwort sein und sie wird zunehmend durch Forschungsergebnisse unterstützt.[2]

ACHTLOSE DISKRIMINIERUNG

Vorurteile werden oft mit drei Komponenten beschrieben – Emotionen (Affekt), Verhalten (Handlung) und Kognition (Denken). *Diskriminierung* ist der aktive Ausdruck einer vorurteilsbehafteten Einstellung. Vorurteile können zu Diskriminierung führen oder auch nicht und eine Person kann sich ihrer diskriminierenden Verhaltensweisen bewusst sein oder auch nicht. Es ist unwahrscheinlich, dass wir uns all unserer ‚kognitiven Verzerrungen' bewusst sind, die im Wesentlichen die Abkürzungen sind, die das Gehirn im Dienste der Effizienz nimmt. Wie bereits in diesem Buch

1 Dies ist nur eine von vielen Forschungsinitiativen im Bereich DE&I am Arbeitsplatz: *Diversity wins: How inclusion matters*, McKinsey (2020).

2 Stolier, R.M. und Freeman, J.B. (2016) Kapitel 7 – The neuroscience of social vision. *Neuroimaging Personality, Social Cognition, and Character*, J.R. Absher und J. Cloutier (Hrsg.), Academic Press.

erwähnt, verfügt das menschliche Gehirn über endliche Ressourcen und wir haben Wege entwickelt, um den Aufwand zu minimieren und die uns zur Verfügung stehenden Ressourcen durch Automatismen zu erhalten. In Kapitel 2 sind wir auf einige der spezifischen Abkürzungen eingegangen, die sich entwickelt haben, um uns bei der Verarbeitung der riesigen Menge an Reizen und der Fülle der Welt um uns herum zu helfen. Ohne diese Effizienz würden wir schnell überwältigt werden. Wir haben uns mit den kulturellen Skripten befasst, die als automatische Annahmen über die Arbeit ablaufen und die unkontrolliert unsere Reaktionen auf die Arbeit bestimmen können. In diesem Kapitel befassen wir uns mit der *sozialen Kategorisierung*, d.h. dem Prozess, der mit der Schaffung und Verwendung von Stereotypen einhergeht.[3]

Der Mensch macht sich ein Bild von der Welt, indem er Kategorien schafft, um schnell auf alltägliche Begegnungen reagieren zu können. Diese kognitiven Abkürzungen sind effizient. Wir müssen nicht jedes Mal, wenn wir mit etwas konfrontiert werden, Energie aufwenden, um es zu bewerten und zu analysieren, wir ordnen einfach die Merkmale dieser Kategorie zu und schon ist es ‚verstanden'. Dies geschieht jedes Mal, wenn wir eine Person sehen oder treffen. Wir ordnen sie automatisch einer Gruppe zu und schreiben ihr eine Reihe von zuvor erlernten oberflächlichen ‚Gruppen'-Merkmalen zu. Die gängigsten Kategorien sind wohl Geschlecht, Ethnie und Alter, aber natürlich gibt es noch viele andere Kategorien und Unterkategorien. Mit diesen Kategorien gehen auch Werturteile einher, z.B. dass Menschen, die mit einem regionalen Akzent sprechen, nicht gut ausgebildet sind; dass junge Menschen schwach und unzuverlässig sind; dass ältere Menschen wenig zu bieten haben. Sobald wir eine Kategorie gebildet haben, funktionieren die Assoziationen, die wir herstellen, außerhalb unserer bewussten Wahrnehmung, als Voreinstellungen. Wenn wir diese stereotypen Urteile fällen, entgeht uns leider die Einzigartigkeit und Komplexität der *Person*. Darüber hinaus ist der Mensch so konzipiert, dass er Menschen aus Gruppen, mit denen er sich identifiziert (die gleich aussehen, einen ähnlichen Hintergrund haben usw.), automatisch *positiv* bewertet und Menschen, die sich von ihm unterscheiden, *weniger positiv* einstuft. Wenn wir einen ‚Unterschied' wahrnehmen, suchen

3 Soziale Kategorisierung ist ein oft unbewusster und ungewollter Prozess, bei dem Menschen sich selbst und andere auf der Grundlage von Merkmalen wie Aussehen, Religion und ethnischer Zugehörigkeit in soziale Gruppen einteilen.

wir möglicherweise unbewusst nach *mehr Unterschieden* und ignorieren die Gemeinsamkeiten. Dies kann Menschen (und Gruppen) auseinandertreiben und die Möglichkeit des Lernens, der Freundschaft oder einer sinnvollen beruflichen Zusammenarbeit verhindern. Genau wie bei den anderen Beispielen für unbewusste Abkürzungen oder Automatismen, die wir in diesem Buch besprochen haben, *verpassen wir etwas*. Im Hinblick auf die soziale Kategorisierung kann das Ergebnis unseres effizienten Verstandes jedoch auch zu schwerwiegenden Konsequenzen in Form von Diskriminierung führen.

Die soziale Kategorisierung kann Vorurteile innerhalb und außerhalb der Gruppe schaffen und zu diskriminierendem Verhalten führen. Negative Stereotypen halten bestimmte Gruppen zurück und positive Stereotypen begünstigen andere auf unfaire Weise, so dass die Interessen der jeweiligen Gruppe aufrechterhalten werden. Dies erklärt die Unter- und Überrepräsentation einiger Gruppen in bestimmten Jobs, Berufen und auf Führungsebenen.

ACHTSAMES ERWACHEN: EIN AKTIVES GEWAHRSEIN DER UNTERSCHIEDE

So weit in Ihrem Achtsamkeitstraining ist es vielleicht nicht schwer zu erkennen, wie aktives Gewahrsein und eine Haltung der Urteilslosigkeit und Offenheit für neue Informationen hier hilfreich sein können. Wir haben gesehen, wie Achtsamkeit unsere automatischen Prozesse unterbrechen und ein Echtzeit-Engagement einleiten kann. Was die soziale Kategorisierung betrifft, so glaube ich, dass wir unser Gewahrsein sehr entschlossen und zielgerichtet einsetzen müssen – dies ist schließlich viel zu wichtig, um es dem Zufall oder einer hilfreichen ‚Nebenwirkung' einer Achtsamkeitsübung zu überlassen.

Ellen Langer schlägt vor, dass ein achtsamer Umgang mit Vorurteilen wahrscheinlich nicht darin besteht, die Kategorisierung aufzugeben. Ob Sie es mögen oder nicht, es ist das, was wir Menschen tun und wie wir geschaffen sind. Und der Versuch, unsere unbewussten Vorurteile zu beseitigen, indem wir Unterschiede ignorieren, fühlt sich auch nicht richtig an – und ist wahrscheinlich ohnehin nicht möglich, wie Langer feststellt: „Wenn wir aus irgendeinem Grund eine bestimmte Unterscheidung zwischen

Menschen aufgeben, werden wir vermutlich eine andere dafür einsetzen."[4] Es ist unwahrscheinlich, dass wir einen ersten ‚Eindruck' von einer Person verhindern können, der auf einer automatischen Kategorisierung beruht, aber mit aktivem, gegenwärtigem Gewahrsein können wir verhindern, dass unser Verhalten (die Art und Weise, wie wir sprechen und handeln) dem folgt. Außerdem haben wir eine bessere Chance, die Person objektiv zu sehen und uns mit Offenheit auf sie einzulassen. Das kann die Wolken der Vorverurteilung durchbrechen. Infolge unserer Offenheit für neue Informationen werden wir wahrscheinlich (unbewusst) *neue Attribute* zu der Kategorie hinzufügen, die wir bisher angewandt haben, und diese werden sich auf zukünftige Begegnungen mit anderen übertragen, die in dieselbe Kategorie fallen. Ich hoffe, das hört sich nicht nach einer schweren Aufgabe an, denn das ist es auch nicht, vor allem nicht mit dem Achtsamkeitstraining, das Sie absolvieren und das die Fähigkeit der Achtsamkeit jeden Tag weiterentwickelt. Alles, was wir tun, ist, eine natürliche menschliche Fähigkeit zu nutzen – das Wahrnehmen und aktive Aufnehmen neuer Informationen –, um eine andere menschliche Fähigkeit außer Kraft zu setzen – die Verwendung von kognitiven Abkürzungen. Es ist zwar etwas anstrengender, das Bewusstsein zu schärfen, als sich auf Automatismen zu verlassen, aber es ist ganz einfach, und je mehr wir es üben, desto leichter wird es. Und wir werden dies wegen des Interesses und des Engagements tun *wollen*, das die menschliche Interaktion mit sich bringt. Wir können es genießen, zu erfahren, *was wirklich ist*, und uns an diesen Momenten des Erwachens, der menschlichen Verbindung und der Lebendigkeit erfreuen.

Diskriminierung fortbestehen lassen

Eine der Folgen von Diskriminierung ist, dass wir uns selbsteinschränkende Überzeugungen bilden können. Was andere über uns denken und wie sie sich uns gegenüber verhalten, spielt eine große Rolle (wie wir in Lektion 6 gelernt haben). Die Ansichten anderer können zu unserem Selbstbild und zu dem beitragen, was wir über unsere Fähigkeiten

4 Langer, E. (2015) *Mindfulness. Das Prinzip Achtsamkeit. Die Anti-Burn-out-Strategie.* Vahlen, 146.

und unsere Lebensumstände glauben. Vielleicht übernehmen wir ihre Ansichten, ohne uns dessen bewusst zu sein: „Menschen wie ich tun das nicht ... können nicht ... sollten oder sollten nicht ... " usw. Wir können auf diese Sichtweise hinarbeiten, indem wir Informationen aufnehmen, die sie bestätigen, und Informationen ablehnen, die sie untergraben. Mit anderen Worten: Vorurteile gegen uns können Ansichten bilden, die dann bestimmen, wie wir nachfolgende Informationen verarbeiten und darauf reagieren. Achtsames aktives Gewahrsein kann helfen, die gelebte Erfahrung von Vorurteilen aufzudecken und zu erkennen, wie sich die diskriminierenden Worte oder Handlungen anderer auf uns auswirken. Mit Unterstützung sind wir vielleicht in der Lage, die subjektive ‚Wahrheit' des Stereotyps in Frage zu stellen und anzufechten, und wir können beginnen, uns von den selbsteinschränkenden Überzeugungen zu lösen, die sich gebildet haben. Das ist nicht einfach und sollte nicht unterschätzt werden – wir werden wahrscheinlich Unterstützung brauchen, um diesen schwierigen Weg zu gehen.[5]

WAS KANN ICH TUN?

Die Praxis des aktiven, achtsamen Gewahrseins kann unser Denken, unsere Gefühle und unser Verhalten aufdecken – und das schließt unsere kognitiven Verzerrungen ein. Das macht die Achtsamkeit zu einem sehr nützlichen Werkzeug, denn sie gibt uns die Möglichkeit umzudenken – oder langsamer zu denken, wenn wir auf Unterschiede stoßen oder wenn wir unsere eigene Gruppe unfair bevorzugen. Es gibt bestimmte Arten von Voreingenommenheit, die Studien zufolge durch Achtsamkeit verringert werden können. Zum Beispiel neigen Menschen dazu, andere so zu beurteilen, als ob ihre Handlungen auf ein stabiles Persönlichkeitsmerkmal hindeuten – was sie *tun*, macht sie zu einer ‚schlechten' oder ‚guten' Person. Menschen, die nicht zu ‚unserer Gruppe' gehören, werden weniger wohlwollend beurteilt und Menschen, die zu unserer Gruppe gehören, werden

5 Diskriminierendes Verhalten ist moralisch und ethisch inakzeptabel und Sie sind davor entweder durch Straf- oder Zivilrecht geschützt, je nachdem, wo Sie sich in der Welt befinden. Auf der Website der deutschen Bundesregierung finden Sie Unterstützung und weiterführende Informationen: www.antidiskriminierungsstelle.de

eher nachsichtig beurteilt. Wir halten nicht immer inne, um über die Person, mit der wir interagieren, nachzudenken oder zu überlegen, was in ihrem Leben vor sich gehen könnte – das Urteil ist schnell gefällt. Achtsamkeit hilft nachweislich dabei, diese spezifischen Arten von Korrespondenzen[6] und negativen Vorurteilen zu reduzieren.[7]

Aktives Gewahrsein kann uns auch dabei helfen, besser auf Unterschiede zu achten und Verhaltenssignale zu erkennen, die darauf hindeuten, dass eine Kategorie oder ein Etikett verwendet wurde (von uns selbst, von jemand anderem oder auf uns angewendet). Von dort aus können wir unsere eigenen Annahmen hinterfragen oder voreingenommenes Verhalten anprangern. Achtsamkeit bedeutet, dass wir uns in einer Weise auf die Person konzentrieren, die im gegenwärtigen Kontext verwurzelt ist. Von hier aus ist es einfacher, eine andere Perspektive einzunehmen und Verallgemeinerungen und Annahmen zu untergraben. Wir können auch bewusst auf unsere achtsame Haltung der Neugier, Offenheit und des Mitgefühls zurückgreifen. Ein achtsamer Ansatz kann uns dabei helfen, Unterschiede bewusst wahrzunehmen und uns gleichzeitig für die Möglichkeit zu öffnen, Gemeinsamkeiten und gemeinsame Überzeugungen, Ziele und Erfahrungen zu finden, durch die wahre Verbundenheit und erhebendes Engagement gedeihen können.

ACHTSAMKEIT GEGENÜBER UNBEQUEMEN WAHRHEITEN

Ich habe dieses Kapitel geschrieben, weil ich selbst Angst und Unsicherheit beim Umgang mit dem Thema Diskriminierung habe. Es ist verständlich, dass man sich Sorgen macht, etwas falsch zu machen, einen Fehler zu begehen oder unbeabsichtigt Anstoß zu erregen, wenn man sich mit diesem Thema befasst, und das kann leicht dazu führen, dass man es vermeidet. Aber diese Angst *zu kennen*, ist viel nützlicher und lehrreicher, als sie *zu ignorieren*. Wir können die Anerkennung von Angst oder Unbehagen als natürlichen Ausgangspunkt nutzen. Achtsamkeit kann bei dem helfen,

6 Hopthrow, T., Hooper, N., Mahmood, L., Meier, B.P. und Weger, U. (2017) Mindfulness reduces the correspondence bias. *The Quarterly Journal of Experimental Psychology*, 70(3), 351–360.

7 Kiken, L.G. und Shook, N.J. (2011) Looking up: Mindfulness increases positive judgments and reduces negativity bias. *Social Psychological and Personality Science*, 2(4), 425–431.

was Rebecca Crane als die „innere Arbeit“[8] bezeichnet, die notwendig ist, um sich selbst mit Interesse, Ehrlichkeit, Bescheidenheit und Mitgefühl wahrzunehmen.

Unabhängig davon, ob wir Diskriminierung erlebt haben oder nicht, sind wir nicht disqualifiziert, uns am Dialog zu beteiligen, und wir sind auch nicht davon befreit, zu handeln, zu unterstützen und uns als Verbündete zu zeigen. Wir können unsere Absicht anerkennen, die Dinge richtig zu machen, offen und inklusiv zu sein – und gleichzeitig akzeptieren, dass wir, wenn wir es falsch machen, freundlich zu uns selbst und zu anderen sein können, um die Absicht zu erneuern, es in Zukunft richtig zu machen.

Wenn wir erkennen, wie unangenehm es ist, sich im wirklichen Leben auf dieses Thema zuzubewegen, können wir auch erkennen, wie bequem und einfach es ist, sich in dem zurechtzufinden, was wir als unsere natürliche Gruppe ansehen, wie angenehm, sicher und *überschaubar* die Welt ist. Wir können uns fragen, wie es sich anfühlen würde, wenn die Seifenblase platzen würde und wir uns in der Position wiederfänden, der oder die ‚Einzige‘ in einer fremden Gruppe zu sein. Wir wissen es vielleicht nicht, aber es ist möglich, Demut zu zeigen für das, was jenseits unserer Erfahrung liegt. Wir können achtsames Mitgefühl zeigen, auch wenn wir nicht die gleiche Art von Herausforderung oder Schmerz erleben. Für die aufgrund von Diskriminierung bestehende Not und das Leiden anderer offen zu sein, statt ihnen auszuweichen, kann uns deutlich vor Augen führen, wie wichtig es ist, zu handeln.

EIN AUFRUF ZUM GEWAHRSEIN UND EIN AUFRUF ZUM HANDELN

Am Arbeitsplatz ist Diskriminierung zerstörerisch und verursacht unermesslichen Schmerz. Sie übt eine sich selbst aufrechterhaltende Macht aus und hat zu systematischer und institutioneller Ungleichheit, Ausgrenzung und Ungerechtigkeit geführt. Politische Maßnahmen, Richtlinien, Empfehlungen und Gesetze[9] sind zwar wichtig, aber ein aktives Gewahrsein

8 https://home.mindfulness-network.org/equality-diversity-and-inclusion-in-the-mindfulness-based-field: Building a more humane and just society: what has mindfulness got to do with this? Rebecca Crane, Direktorin, Centre for Mindfulness Research and Practice.

9 www.antidiskriminierungsstelle.de

kann die menschliche Neigung zur Voreingenommenheit aufdecken, so dass wir alle die Verantwortung für unser eigenes Verhalten übernehmen können.

- Je mehr wir uns in aktivem Gewahrsein üben, desto sensibler werden wir für wahrgenommene Unterschiede und haben die besten Chancen, unsere kognitiven Verzerrungen aufzudecken.
- Achtsames Gewahrsein kann uns dabei helfen, zu erkennen, wann wir zu schnell denken, und wir können bewusst zu einem langsameren und überlegteren Denkstil wechseln.
- Das unterbrechende Element der Achtsamkeit hilft uns, unsere Annahmen zu erkennen und zu hinterfragen.
- Achtsame Kommunikation unterstützt einen besseren Gebrauch von Worten, Tonfall und Körpersprache und hilft uns zu verstehen, welche Wirkung sie auf andere haben.
- Achtsame Offenheit und Mitgefühl können den Blick auf das lenken, was wir mit anderen teilen und gemeinsam haben. Wir können die Freude erleben, Menschen an uns heranzulassen, anstatt sie wegzustoßen.
- Achtsames Gewahrsein kann uns auch helfen, uns auf das (absichtliche oder unabsichtliche) diskriminierende Verhalten anderer einzustimmen. Ein achtsames Innehalten, in dem wir unsere Gefühle (Wut, Ungerechtigkeit, Peinlichkeit, Unbehagen) festhalten, bevor wir handeln, kann sehr lehrreich sein.

STEHT ACHTSAMKEIT ALLEN OFFEN?

Es wäre unaufrichtig von mir, nicht auf die Herausforderungen hinzuweisen, denen sich die Achtsamkeitsgemeinschaft selbst in Bezug auf Vielfalt, Gleichberechtigung und Inklusion gegenübersieht. Maßnahmen für Gesundheit und Wohlbefinden, ihre Verfügbarkeit und die Möglichkeit, einen Bezug zu ihnen herzustellen, sind in einer Weise mit dem sozialen und wirtschaftlichen Status verknüpft, die es bestimmten Gruppen wohl schwerer macht, das zu bekommen, was sie brauchen. Achtsamkeit wird oft als Domäne der weißen Mittelschicht wahrgenommen und die Gemeinschaft der Achtsamkeitslehrerinnen und -lehrer beschäftigt sich mit einigen sehr wichtigen Themen, die ganz auf diese zugeschnitten sind. Wir werden oft gefragt: Steht Achtsamkeit allen offen? Zwar können alle

Achtsamkeit praktizieren, aber es mangelt an Vielfalt in der Gemeinschaft der Lehrenden. Das ändert sich und die Institutionen, die Ausbildungen anbieten, bemühen sich, dieses Bedürfnis zu befriedigen. Aber derzeit gibt es nicht genug Lehrende mit diversem Hintergrund und daher auch nicht genug diverse Lernumgebungen. Sie fragen sich vielleicht, warum das so wichtig ist. Sicherlich geht es in erster Linie darum, dass es genügend qualifizierte Lehrkräfte gibt – Vielfalt scheint optional zu sein. Wenn dem so ist, bedenken Sie:

Wenn Sie die oder der ‚Einzige' in einem Achtsamkeitskurs sind, wenn Sie sich in Alter, Gender, Familienstand, Ethnie, Religion, Behinderung, Geschlecht oder sexueller Orientierung unterscheiden, wie sicher würden Sie sich fühlen, über Ihre Gefühle zu sprechen? Wie nachvollziehbar und damit wirksam wird der Kursinhalt sein? Es gibt verschiedene Arten von Schmerz und Leid und verschiedene Möglichkeiten, sich ihnen zu nähern. Jede und jeder hat das Recht zu erwarten, dass die eigene Situation in einem Wohlfühlkurs gewürdigt wird. Wo keine Erklärungen nötig sind, um das Leiden zu offenbaren, können die Menschen viel schneller zum heilenden Teil einer Intervention übergehen.

Eine größere Vielfalt in der Gemeinschaft der Achtsamkeitslehrenden ist von entscheidender Bedeutung, ebenso wie ein Diversitäts-Training, wie es von der Organisation, in der ich ausbilde (dem Mindfulness Network), angeboten wird. Dadurch können Lehrkräfte psychologische Sicherheit für ihre Schülerinnen und Schüler schaffen. Bitte denken Sie daran, wenn Sie planen, Achtsamkeit an Ihrem Arbeitsplatz einzuführen oder Kolleginnen und Kollegen Achtsamkeit zu empfehlen.

Lektion 8

VORWÄRTSGEHEN UND ZURÜCKBLICKEN

Willkommen zu Lektion 8.

Wir haben die letzte Lektion dieses Kurses erreicht, aber in vielerlei Hinsicht ist Lektion 8 eher ein Anfang als ein Ende und enthält viele Hilfen, wie Sie weiterhin achtsames Gewahrsein in Ihr Leben bringen können.

Wie immer lade ich Sie ein, diese Lektion mit einer kurzen Übung zu beginnen.

SELBSTERKUNDUNG

In Lektion 7 haben wir gelernt, dass wir nicht aufgeben oder gegen Dinge wüten müssen, die nicht so laufen, wie wir wollen, und dass achtsame Akzeptanz uns helfen kann, unsere gegenwärtige Erfahrung so wahrzunehmen, wie sie ist. Eine achtsame Herangehensweise kann verhindern, dass sich zusätzliches Leiden durch Spekulationen, Frustration oder dadurch, dass wir etwas in Gedanken immer wieder durchspielen (Grübeln), aufbaut. Sobald wir wahrgenommen haben, *was ist*, können wir überlegen, was wir als Nächstes tun, und das ist ermutigend.

Eine wichtige Erkenntnis ist, dass wir uns vollkommen bewusst sein können, *wie wir uns fühlen – als direkte Folge dessen, was wir denken und tun* –, und dass dies eine Inspiration sein kann, um Veränderungen zu bewirken. Dies wird ein Thema in Lektion 8 sein und etwas, das Sie nach Abschluss dieses Kurses fortsetzen können. Was wir tun und was wir denken, wirkt sich auf unsere Gefühle aus. Wie wir uns fühlen, ist unsere größte Realität, daher könnte dies nicht wichtiger sein. Während der gesamten Lektüre dieses Buches haben Sie gelernt, diesen Zusammenhang zu erkennen. Wenn Sie aus der Struktur dieses Kurses heraustreten, haben Sie die Fähigkeit, Ihre Gedanken zu kontrollieren, was sich positiv auf Ihr Handeln und damit auf Ihre Gefühle auswirken wird.

BEOBACHTUNGEN VON SCHÜLERINNEN UND SCHÜLERN

„Ich stelle fest, dass ich die Nachrichten immer dann lese, wenn ich meine nächste Aufgabe aufschiebe, und wenn ich müde oder gestresst bin, schaue ich noch häufiger in die Nachrichten. Ich stelle auch fest, dass die Nachrichten selten meine Stimmung heben! Ich habe die App jetzt von meinem Telefon entfernt und versuche zu entscheiden, ob ich sie wirklich lesen möchte oder nicht. Manchmal tue ich das, oft aber auch nicht."

„Ich habe letzte Woche zum ersten Mal eine ungeleitete Übung ausprobiert. Ich habe bemerkt, dass meine Gedanken viel abschweiften, und ich war abgelenkt, weil ich versuchte, mich an die Worte der Übungen zu erinnern, die Sie für uns durchgeführt haben! Als ich das losließ, konnte ich einfach auf meinen Atem achten und zu ihm zurückkehren, wenn meine Aufmerksamkeit wegging."

„Ich wurde in der Nacht von einem Autoalarm geweckt. Das hat mich so wütend gemacht, denn ich brauchte dringend eine gute Nachtruhe. Ich war noch lange nach dem Abschalten des Alarms wütend (und wach!), plante, was ich den Leuten nebenan sagen würde, und machte mir Sorgen, wie müde ich am nächsten Tag sein würde. Ich erinnerte mich an das, was Sie über das zusätzliche Verstärken von Schmerz gesagt hatten, wenn so etwas passiert. Ich habe dann aufgehört, mich mit meinen eigenen Gedanken zu beschäftigen, ich habe ihnen ‚Danke, aber nein danke' gesagt und mich bewusst auf die Wärme und den Komfort meines Kissens und meiner Bettdecke konzentriert und darauf, dass mein Körper von der Matratze gestützt wurde. Es gelang mir, wieder einzuschlafen."

„Mein Verstand schwirrt immer weiter und weiter. Achtsamkeit hat mir geholfen, zu sehen und zu akzeptieren, was für mich im Hier und Jetzt real ist. Ich fühle mich nicht mehr so sehr von meinen Gedanken gefangen. Es gelingt mir immer besser, mich auf etwas anderes zu konzentrieren, meine Aufmerksamkeit im Griff zu haben. Ich ertappe mich dabei, wie ich sage: ‚Hallo Gedanke . . . ich habe dich schon mal gehabt . . . der Nächste!'."

„Ich habe zu Hause und bei der Arbeit eine Menge zu tun. Ich habe wirklich versucht, alles, was ich fühle, willkommen zu heißen, das ist so neu für mich. Ich bin es gewohnt, mich wie eine aufgespannte Feder zu fühlen, bereit zu kämpfen oder meinen Gefühlen hinterherzujagen, um sie zu vertreiben. Ich habe festgestellt, dass es mir geholfen hat, ruhiger zu werden, wenn ich nachgegeben habe und einfach wusste, was ich fühle, anstatt es zu analysieren."

(ACHTSAME) GEISTESHALTUNGEN

Wenn wir außerhalb der konzentrierten Übung Ärgernisse und Irritationen erleben, wenn die Dinge nicht so laufen, wie wir es uns wünschen, oder wenn wir erhebliche Herausforderungen erleben, wissen wir jetzt, dass wir die Kette der Reaktivität unterbrechen und andere Reaktionen kultivieren können. Das ist natürlich leichter gesagt als getan. Wir alle wissen, wie es sich anfühlt, überwältigt zu sein und uns in unserem eigenen Kopf zu verheddern. Wie wir in früheren Lektionen gelernt haben, sind die anfänglichen Reaktionen, die wir erleben, normal, aber mit dem fortgesetzten Denken und der Reaktivität können wir oft auf bessere, hilfreichere Weise umgehen. Wir haben viele Techniken erkundet und in dieser letzten Lektion wollen wir auf das Konzept der Geisteshaltungen zurückkommen, das ich in Lektion 7 vorgestellt habe, damit wir das Konzept der achtsamen Akzeptanz, der Ermächtigung und der Wahlmöglichkeiten ein wenig mehr mit Leben füllen können (siehe unten).

Vielleicht haben wir zu Beginn dieses Kurses unser Leben sehr stark auf Autopilot gelebt. Die Beschreibungen auf der linken Seite der Abbildung werden uns daher vertrauter sein als die auf der rechten Seite, und wir wissen, dass es leicht ist, den Bezug zu dem zu verlieren, was *hier* ist. Die Beschreibungen für *hier* stehen für das, was in diesem Buch eingeführt und gefördert wurde und was durch Achtsamkeit aktiv geübt werden kann, so dass wir leichter zurückfinden, wenn wir uns verfangen haben.

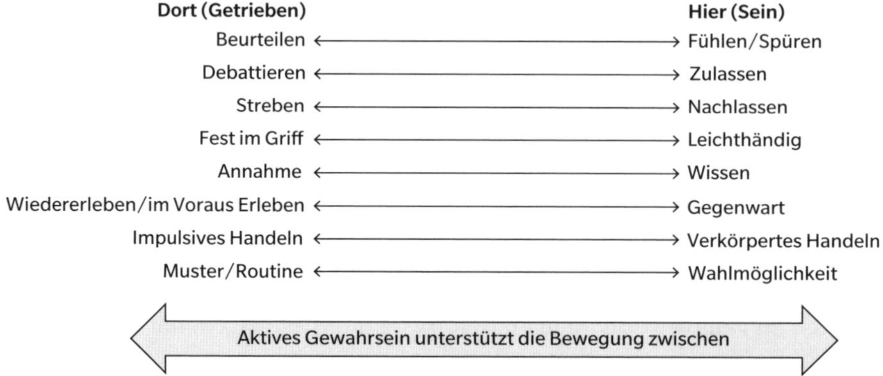

Werfen Sie einen Blick auf die Liste in Abbildung 8.1. Diese Aktivitäten und Situationen profitieren meinen Schülerinnen und Schülern zufolge von achtsamer Akzeptanz und überlegtem Handeln. Keines dieser Dinge ist ‚schlecht' – beachten Sie mit Interesse, ob Sie eines davon automatisch so abgestempelt haben! Es ist möglich, jedes dieser Dinge im Modus *des Getriebenseins* und auch im Modus des *Seins* zu erleben. Wahrscheinlich erleben wir sie hauptsächlich im getriebenen Modus.

ABBILDUNG 8.1 Aktivitäten und Situationen, die meinen Schülerinnen und Schülern zufolge von achtsamer Akzeptanz und überlegtem Handeln profitieren

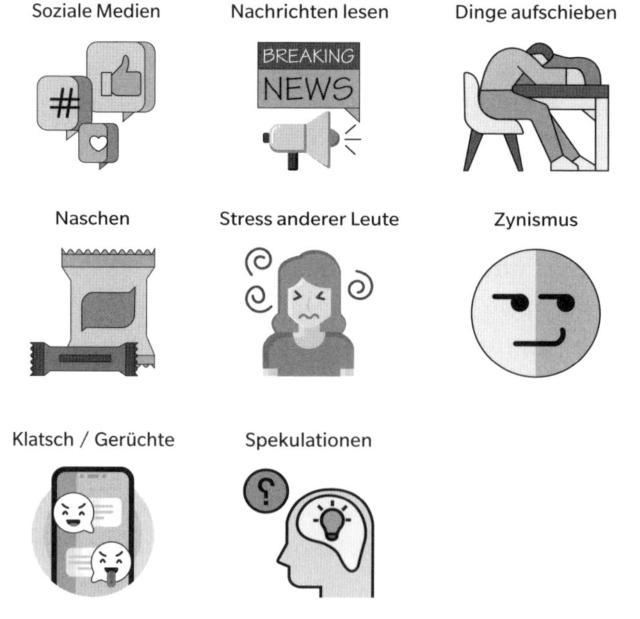

Wählen Sie nun eine davon aus und betrachten Sie sie im Zusammenhang mit den Beschreibungen auf der linken Seite (getriebener Modus). Vielleicht stellen Sie fest, dass Sie bei dieser Tätigkeit in der Regel etwas impulsiv sind, dass Sie sich einfach dabei ertappen, sie auszuführen, oder dass Sie viel automatisch denken. Sie fühlen sich vielleicht sehr gefangen in dem, was Sie tun, und sind sich dessen kaum bewusst; Sie sind in Ihrem Kopf und überhaupt nicht in Ihrem Körper. Wahrscheinlich haben Sie das Gefühl, dass Sie kaum eine andere Wahl haben: Sie tun, was Sie immer tun.

Nehmen Sie nun dieselbe Aktivität oder dasselbe Szenario und überlegen Sie, wie es sich anfühlen könnte, wenn Sie es im *Modus des Seins* erleben, indem Sie die Beschreibungen auf der rechten Seite verwenden. Vielleicht spüren Sie ein Gefühl des gegenwärtigen Engagements, der Intentionalität, vielleicht erkennen Sie Ihre Muster oder Routinen, was zu der Möglichkeit einer Wahl führen könnte. Was könnte in Ihrem Körper passieren? Es ist leicht, vom Seinsmodus zurück in den Modus des Getriebenseins zu rutschen – Sie könnten zum Beispiel Kritik oder ein Urteil über die Aktivität bemerken, aber wenn Sie das bemerken, sind Sie bereits vom *Dort* zum *Hier* zurückgekehrt. Unsere Aktivitäten oder ein alltägliches Szenario im Seinsmodus zu erleben, kann uns die Möglichkeit zu größerer Leichtigkeit im Umgang damit geben und uns Einsichten sowie ein Gefühl der Erleichterung, der Sinnhaftigkeit oder des Loslassens vermitteln.

Etwas aufzuschieben, kann beispielsweise zu Schuldgefühlen, Sorgen oder auch einer vorübergehenden Entlastung von Stress führen, wenn die Aufgabe, die Sie aufschieben, schwierig ist. Im Modus des Getriebenseins können diese Gefühle immer nur *erlitten* werden und die Prokrastination könnte unbewusst durch Ablenkung oder Vermeidungstaktiken aufrechterhalten werden. Im *Seinsmodus* wird das Gefühl, etwas aufschieben zu wollen, immer noch auftreten, aber wenn wir uns diese Situation bewusst machen, können wir sie besser verstehen: Ich schiebe das auf, weil ich befürchte, dass ich bei dieser Aufgabe versagen könnte oder dass sie unangenehm oder langweilig sein wird. Jetzt können wir uns vornehmen, mit der Aufgabe anzufangen oder uns auf kleine Etappen zu einigen, anstatt alles auf einmal in Angriff zu nehmen – oder wir können beschließen, die Anstrengung weiter aufzuschieben und darauf zurückzukommen, wenn wir etwas Energie haben – oder wir bitten um Hilfe bei der Aufgabe. Im Seinsmodus haben wir plötzlich eine ganze Reihe von Möglichkeiten und alles begann von einem Ort des achtsamen Gewahrseins, der Annäherung und Akzeptanz aus.

WARUM SOLLTE ICH ES AKZEPTIEREN?

Um einen Punkt aus Lektion 7 zu wiederholen: Achtsame Akzeptanz bedeutet nicht, sich mit Dingen abzufinden, die *nicht akzeptabel* sind.

Es mag viele Dinge in unserem Arbeitsleben geben, die wir auf keinen Fall hinnehmen sollten, aber wenn wir nicht bereit sind, sie wirklich zu erkennen und uns damit auseinanderzusetzen, wie sie sich auf uns auswirken, werden wir uns wahrscheinlich machtlos fühlen. Wenn wir im Modus des Getriebenseins feststecken, können wir ein Problem nicht so leicht in den Griff bekommen. Während sich die Herausforderung *hier* entfaltet, stecken wir *dort* fest, mit unseren alten Standard-Denkweisen und Mustern oder Vorgehensweisen. Bei der Arbeit könnte das bedeuten, dass wir ein unrealistisches oder unfaires Arbeitspensum, diskriminierendes Verhalten, eine schlechte oder ungesunde Arbeitsumgebung hinnehmen. Außerhalb des achtsamen Gewahrseins könnten wir durchaus die Ansicht vertreten, dass diese Dinge unveränderbar sind. Achtsame Akzeptanz ist eine ermächtigende Technik, die zur Einsicht führen und zu selbstinitiierten, aufschlussreichen Handlungen inspirieren kann. Nicht alles wird lösbar sein. Der Arbeitsplatz ist ein komplexer Ort, aber es gibt kaum etwas, das nicht davon profitieren würde, wenn wir *mehr darüber wissen*.

LEKTION 8 Konzentrierte Achtsamkeitsübung

Vorbereitung

Unser Achtsamkeitstraining geht weiter, indem wir die Erfahrung des ‚Seins' erforschen und uns von *dort* nach *hier* bewegen.

Vorbereitung

Es gibt keine Vorbereitung, üben Sie einfach, wo immer Sie sind.

DIE GEWOHNHEIT PFLEGEN

Sie haben diesen Kurs fast abgeschlossen und dies ist ein guter Zeitpunkt, um all die Zeit, Mühe und Energie zu würdigen, die Sie dem Erlernen dieser neuen Fähigkeit gewidmet haben: die Seiten, die Sie gelesen haben, die Überlegungen, die Sie angestellt haben, die Praktiken, die Sie ausprobiert haben, die Informationen und Erfahrungen, die Sie jetzt haben und die Sie vorher nicht hatten – jedes Stück davon zählt. Gut gemacht! Lassen Sie so gut wie möglich los, was *Sie hätten tun sollen* und was *Sie hätten tun können*. Wenn Sie den ‚Erfolg' an den Ergebnissen messen, kann es hilfreich sein, alle Vorteile, die Sie erfahren haben, als *Indikatoren für Ihre Entwicklung* zu erkennen – die Vorteile, die wir erfahren, sind Zeichen dafür, dass *Wachstum und Lernen stattgefunden haben*.

An dieser Stelle könnte es hilfreich sein, sich die Zusammenfassungen der einzelnen Kapitel der Achtsamkeitslektionen noch einmal durchzulesen, um sich an die wichtigsten Lerninhalte zu erinnern. Die Themen der Achtsamkeit, die wir behandelt haben, überschneiden sich an vielen Stellen und wie viele Dinge im Leben ist das Erlernen von Achtsamkeit keine gerade Linie von A nach B. Wenn Sie sie jetzt noch einmal lesen, werden Sie vielleicht feststellen, dass die Themen der früheren Lektionen aus der Perspektive der späteren Lektionen und Ihrer eigenen Erfahrungen in der Praxis mehr Sinn ergeben. Wenn Sie regelmäßig zu diesem Buch zurückkehren und die Übungen und Aktivitäten auf der Website nutzen, sollten Sie dies als Teil der Etablierung und Pflege Ihrer Achtsamkeitsgewohnheit betrachten, denn die Themen werden noch mehr Sinn ergeben, wenn Sie sie zur Unterstützung von Situationen im wirklichen Leben nutzen. Mit der Zeit und den neuen Erfahrungen im Leben gewinnen und verlieren die verschiedenen Themen an Bedeutung. Die Samen sind bereits gepflanzt worden, und wenn Sie weiterhin einen achtsamen Ansatz praktizieren, werden sie weiter keimen und Sie unterstützen, wenn Sie es brauchen.

Jeder Geist ist anders, jedes Leben ist anders. Ich hoffe, dass Sie sich befähigt fühlen, Achtsamkeit so in Ihr Leben zu integrieren, wie es Ihnen passt. Wie Sie zweifellos festgestellt haben, ist die Praxis der Achtsamkeit einfach, aber es ist nicht immer leicht, die Praxis der Achtsamkeit zu etablieren. Selbst kleine Änderungen an unserer Routine können eine Herausforderung sein – aber genau das haben Sie ja getan. Es gibt vieles, was wir tun können, um die Gewohnheit der Achtsamkeit zu fördern, und ich möchte Sie ermutigen, geduldig, realistisch und pragmatisch an die Sache heranzugehen, während Sie Ihr Lernen vorantreiben. Es kann helfen, sich einige Vorsätze für die Durchführung regelmäßiger konzentrierter Übungen zu machen, aber ich finde es hilfreich, die informelle Seite der Achtsamkeit als gleichwertig zu betrachten. Aktives Gewahrsein und achtsame Unterbrechungen sind nun Teil des Lebens und Sie können so bewusst damit umgehen, wie Sie es für nötig halten.

AKTIVITÄTEN UND BEOBACHTUNGEN FÜR DIE KOMMENDEN WOCHEN UND MONATE

Die Ideen in diesem Abschnitt werden Sie beim weiteren Lernen unterstützen.

Es ist möglich, dass wir die Notwendigkeit der Achtsamkeit aus den Augen verlieren. Wir können aufhören zu üben, wenn wir uns besser, ruhiger und ausgeglichener fühlen. Das macht uns anfällig für unsere alten Gewohnheiten. Wenn Sie das Gefühl haben, dass Sie Achtsamkeit nicht brauchen, ist das der richtige Zeitpunkt, sie zu üben! Machen Sie Heu, solange die Sonne scheint!

Es wird Ihnen helfen, das Gelernte in diesem Buch regelmäßig zu wiederholen, indem Sie immer wieder in die Kapitel und Übungen eintauchen. Wenn Sie mehr Erfahrung mit Achtsamkeit haben, werden die Informationen in den acht Lektionen eine neue Bedeutung bekommen.

Finden Sie Ihr Gleichgewicht zwischen zwanglosem und konzentriertem Üben – es gibt auch ein Gleichgewicht zwischen Routine und Unterbrechung, so dass Sie auch mit dieser Idee spielen können. Passen Sie Ihre Übungsparameter an Ihren aktuellen Zeitplan und Ihre Bedürfnisse an. Wenn Sie ein Zögern beim Üben verspüren, machen Sie sich keine Sorgen – das ist normal.

Es ist äußerst nützlich und angenehm, andere zu finden, mit denen Sie üben können – entweder in einer Gruppe am Arbeitsplatz oder im sozialen Umfeld, oder es gibt Online-Gruppen. Ich habe am Ende des Buches einige Ressourcen aufgeführt.

Wenn Sie ein paar Tage oder Wochen (oder sogar Monate) nicht geübt haben, machen Sie sich keine Sorgen, fangen Sie einfach von vorne an. Es kann sich manchmal so anfühlen, als würden wir den ganzen Weg zurück an den Anfang geschickt, aber das ist nicht der Fall: Wir *beginnen* immer *ab jetzt*. Selbst wenn Sie regelmäßig üben, fangen Sie jedes Mal, wenn Sie sich hinsetzen, ab jetzt an, in diesem Moment. Lassen Sie sich also nicht von ein paar (oder vielen) verpassten Übungen abschrecken, sondern machen Sie einfach weiter.

Essen und trinken Sie achtsam – dies ist eine großartige Gelegenheit, um konzentriert zu üben.

Nehmen Sie Stress wahr, ohne zu versuchen, das ‚in Ordnung zu bringen'. Versuchen Sie zu bemerken, wenn Stress auftritt – in Ihrem Körper und Ihrem Geist. Seien Sie freundlich zu ihm, seien Sie freundlich zu sich selbst, bleiben Sie bei den Empfindungen und Emotionen und beobachten Sie, wie sich die Erfahrung verschiebt und verändert.

Tragen Sie alle paar Monate einen Tag der Achtsamkeit in Ihren Kalender ein – das hilft wirklich, eine vernachlässigte Praxis wieder in Gang zu bringen und eine regelmäßige neu zu beleben, und kann spürbare Vorteile bringen.

Buchen Sie einen Achtsamkeits-Retreat. Diese sind aus so vielen Gründen von unschätzbarem Wert – ein professionell geführter Retreat gibt Ihrer Praxis einen Superschub, er ist freundlich und friedlich und eine echte Investition in Ihre psychische Gesundheit. Die von mir empfohlenen Berufsverbände und Organisationen haben alle Links zu Retreats und viele bieten auch Online-Optionen an, wenn Sie nicht reisen oder von zu Hause wegbleiben können oder wollen.

Versuchen Sie, sich auf Ihre eigene Achtsamkeitspraxis zu konzentrieren: Es ist verlockend, die Vorteile der Achtsamkeit für andere zu preisen. Das kann Ihre persönliche Reise beeinträchtigen und Sie beim Üben ablenken (Sie denken dann vielleicht darüber nach, was Sie an andere weitergeben können). Seien Sie versichert, wenn Sie sich in Achtsamkeit üben, werden die Vorteile für Ihre Mitmenschen offensichtlich sein – und sie können dieses Buch lesen!

Um eine regelmäßige Praxis aufrechtzuerhalten, kann es sehr hilfreich sein, sich die Gründe für Ihr Interesse an Achtsamkeit in Erinnerung zu rufen. Wenn Sie sich hinsetzen oder über eine Übung nachsinnen, können Sie sich einfach fragen: Was ist mir heute wichtig? Was bringt mich hierher? Und hören Sie auf die Antwort. Beachten Sie, dass dies etwas anderes ist, als sich ein Ziel zu setzen oder zu versuchen, etwas zu erreichen.

Wenn es Ihnen schwerfällt zu üben, kann es sich so anfühlen, als sei Achtsamkeit unerreichbar. Seien Sie sich sicher, dass Sie alles haben, was

Sie dazu brauchen. Achten Sie darauf, ob Sie *Ich kann nicht* mit *Ich will nicht* verwechseln. Seien Sie gütig zu sich selbst. Wenn Sie das Gefühl haben, dass das Üben unerreichbar ist, legen Sie die Füße auf den Boden oder atmen Sie ganz bewusst und seien Sie offen für das, was als Nächstes passiert. Das ist Achtsamkeit.

Versuchen Sie, Achtsamkeit als etwas zu verstehen, das Sie tun, etwas, das Ihnen gehört. Sie könnten sagen: „Achtsamkeit ist mein Ding" – es ist das, was Sie für sich selbst in Ihrem eigenen Interesse tun. Wenn Sie Achtsamkeit zur ‚Normalität' machen, wird sie zugänglich und erreichbar – was sie natürlich auch ist.

Es gibt so viel über Achtsamkeit, ihre Geschichte und Wissenschaft zu lernen; so viel zu lesen und zu wissen, aber es kann auch eine Ablenkung sein. Wählen Sie Ihre Lerninhalte achtsam aus – und seien Sie sich bewusst, dass das größte Lernen das ist, was sich während Ihrer Praxis ergibt.

UND SCHLIEßLICH

Viele Schülerinnen und Schüler, die sich mit Achtsamkeit beschäftigen, haben Angst davor, ihren Kurs zu beenden. Autonomie und Unabhängigkeit ohne die Struktur des Kurses können sich beängstigend anfühlen, aber es kann auch befreiend, inspirierend und aufregend sein. Deshalb möchte ich Ihnen meine Gedanken dazu mit auf den Weg geben: Seien Sie versichert, dass der Lernprozess, den Sie erfahren haben, nicht wirklich von mir ausgegangen ist – er ist von IHNEN ausgegangen. Sie sind und waren schon immer die Expertin oder der Experte für Ihre eigenen Erfahrungen: Sie sind für Sie einzigartig und als solche haben Sie die Worte auf der Seite und die angeleiteten Übungen übernommen und sie wirklich, relevant und zielführend gemacht.

Achtsamkeit ist keine Blaupause oder Anleitung, *wie* Sie Ihr Leben leben sollen, sondern eine Einladung, Ihr Leben *zu* leben.

RESSOURCEN

BRAUCHEN SIE HILFE?

Es gibt viele Organisationen, die Unterstützung anbieten. Dieses Buch bietet Ihnen zwar die Werkzeuge, das Wissen und den Ansatz, um eine gute psychische Gesundheit am Arbeitsplatz zu fördern, aber wenn Sie gerade leiden, dann bitten Sie um Hilfe.

Wenn Sie das Gefühl haben, dass die Achtsamkeitspraxis schwierig oder in irgendeiner Weise unangenehm ist, versuchen Sie bitte nicht, trotzdem weiterzumachen. Ich würde Ihnen zu zwei Dingen raten: Erstens sollten Sie die Hilfe von qualifizierten Achtsamkeitslehrenden in Anspruch nehmen (die unten aufgeführten Achtsamkeitsorganisationen können Ihnen Listen von Lehrenden zur Verfügung stellen, die die anerkannten Lehrkriterien erfüllen). Zweitens: Wenn Sie mit dem Buch weitermachen möchten, lassen Sie die konzentrierten Übungen (Meditationen) aus und verwenden Sie das aktive Gewahrsein und die anderen von mir angebotenen Techniken. Denken Sie immer daran, dass Achtsamkeit eine Einladung ist und dass Sie die Expertin oder der Experte für Ihre Erfahrungen sind – fühlen Sie sich ermächtigt, bei jedem Schritt des Weges Ihre eigenen Entscheidungen zu treffen.

TelefonSeelsorge: Ein 24-Stunden-Notdienst für Personen in schwierigen Lebenssituationen und Krisen. Erreichbar unter anderem via Telefon, Chat, E-Mail. Alle Kontaktmöglichkeiten unter www.telefonseelsorge.de.

Krisenintervention der Rettungsdienste: Versorgung für unverletzte Beteiligte und Angehörige bei akut psychisch traumatisierenden Unfällen, Notfällen und Katastrophen. Angeboten beispielsweise vom Arbeiter-Samariter-Bund oder den Maltesern.

Viele Unternehmen und Organisationen bieten ihren Mitarbeitenden kostenlosen Zugang zu einem **Employee Assistance Programme** (EAP). Diese Programme sind absolut vertraulich und Sie können kostenlose psychologische Beratung sowie eine Reihe von Hilfestellungen in Anspruch nehmen, z.B. in den Bereichen Rechtsfragen, Geldmanagement, Familien- und Beziehungsprobleme, Trauerfälle, häusliche Gewalt, Mobbing und Belästigung, Gesundheit, Einsamkeit sowie Kinder- und Familienpflege.

Sprechen Sie mit lizenzierten **Mental-Health-Ersthelfer** an Ihrem Arbeitsplatz. Mental Health First Aid International ist eine weltweite Organisation, die Mitarbeitende darin ausbildet, Kolleginnen und Kollegen zu unterstützen und ihnen den Weg zu weisen, wo sie am besten die richtige Hilfe bekommen können. Genau wie bei der körperlichen Ersten Hilfe ist dies eine unschätzbare erste Hilfe. Bitte beachten Sie, dass MHFAs nicht qualifiziert sind, um Beratung oder Hinweise zur psychischen Gesundheit zu geben. www.mhfa-ersthelfer.de

ONLINE-RESSOURCEN UND ACHTSAMKEITS-RETREATS

Die folgenden Organisationen bieten Achtsamkeitskurse in Präsenz und online sowie akkreditierte Lehrendenausbildungen an. Sie informieren außerdem über aktuelle Retreat-Angebote und geben weiterführende Forschungshinweise.

The Mindfulness Network:

www.mindfulness-network.org (Netzwerk in UK, in dem die Autorin aktiv ist.)

Verband der Achtsamkeitslehrenden MBSR-MBCT

www.mbsr-verband.de

Institut für Achtsamkeit

www.institut-fuer-achtsamkeit.de

Achtsamkeitsinstitut Ruhr

www.achtsamkeitsinstitut-ruhr.de

ACHTSAMKEITS- UND MEDITATIONS-APPS

Insight timer
Headspace
Calm

LESELISTE

Im Folgenden finden Sie einige meiner Lieblingsbücher über Achtsamkeit und verwandte Themen. Sie sind alle faszinierend und leicht zu lesen.

Das Achtsamkeitstraining. 20 Minuten täglich, die Ihr Leben verändern
Mark Williams und Danny Penman
Goldmann

Mindfulness. Das Prinzip Achtsamkeit
Ellen J. Langer
Vahlen

Im Alltag Ruhe finden. Meditationen für ein gelassenes Leben
Jon Kabat-Zinn
Barth

Aufstehen oder liegen bleiben?
Dr. Julie Smith
Rowohlt

Glücksfaktor Stress. Warum Stress uns erfolgreich und gesund macht
Kelly McGonigal
TRIAS

Das Achtsamkeits-Manifest. Wie man in einer überdrehten Welt Gelassenheit findet
Dr. Jonty Heaversedge und Ed Halliwell
Arbor

How to be Really Productive. Achieving clarity and getting results in a world where work never ends
Grace Marshall
Pearson

Das Wunder der Achtsamkeit
Thich Nhat Hanh
Arkana

The Altruistic Capitalist. How to lead for purpose and profit
Lyn Yapp
New Degree Press

Im Folgenden finden Sie einige meiner bevorzugten psychologischen und wissenschaftlichen Bücher über Achtsamkeit und verwandte Themen, die zu einem besseren Verständnis des menschlichen Gehirns und Verhaltens beitragen.

Gesund durch Meditation. Das vollständige Grundlagenwerk zu MBSR
Jon Kabat-Zinn
Barth

Siebeneinhalb Lektionen über das Gehirn
Lisa Feldman Barrett
Rowohlt

Beyond Threat
Nelisha Wickremasinghe
Triarchy Press

Traumasensitive Achtsamkeit. Posttraumatischen Stress erkennen und vermindern
David A. Treleaven
Arbor

Mindfulness. Ancient wisdom meets modern psychology
Christina Feldman und Willem Kuyken
Guilford Presse

Das Gehirn eines Buddha. Die angewandte Neurowissenschaft von Glück, Liebe und Weisheit
Rick Hanson und Richard Mendius
Arbor

Achtsamkeitsbasierte kognitive Therapie
Rebecca Crane
Arbor

Die achtsamkeitsbasierte kognitive Therapie der Depression
Zindel V. Segal, J. Mark G. Williams und John D. Teasedale
dgvt

Essential Resources for Mindfulness Teachers
Herausgegeben von Rebecca S. Crane, Karunavira und Gemma M. Griffith
Routledge

Index